首都经济贸易大学新入职青年教师科研启动基金项目（编号：XJ2024000801）、
最高人民法院2023年度司法研究重大课题“深化诉源治理改革研究”
（编号：ZGFYZDKT202306-01）的阶段性成果

知识产权诉讼
禁令制度研究

ZHISHI CHANQUAN SUSONG
JINLING ZHIDU YANJIU

牛正浩　著

法律出版社
LAW PRESS · CHINA
——北京——

图书在版编目(CIP)数据

知识产权诉讼禁令制度研究 / 牛正浩著. -- 北京:法律出版社,2024

ISBN 978-7-5197-9100-1

Ⅰ.①知… Ⅱ.①牛… Ⅲ.①知识产权-民事诉讼-研究-中国 Ⅳ.①D923.404

中国国家版本馆 CIP 数据核字(2024)第 088725 号

知识产权诉讼禁令制度研究
ZHISHI CHANQUAN SUSONG JINLING ZHIDU YANJIU

牛正浩 著

策划编辑 张 颖
责任编辑 张 颖
装帧设计 鲍龙卉

出版发行 法律出版社
编辑统筹 法律应用出版分社
责任校对 裴黎
责任印制 刘晓伟
经 销 新华书店

开本 880 毫米×1230 毫米 1/32
印张 12.125 **字数** 292 千
版本 2024 年 5 月第 1 版
印次 2024 年 5 月第 1 次印刷
印刷 北京建宏印刷有限公司

地址:北京市丰台区莲花池西里 7 号(100073)
网址:www.lawpress.com.cn
投稿邮箱:info@lawpress.com.cn
举报盗版邮箱:jbwq@lawpress.com.cn
销售电话:010-83938349
客服电话:010-83938350
咨询电话:010-63939796

书号:ISBN 978-7-5197-9100-1
定价:66.00 元

凡购买本社图书,如有印装错误,我社负责退换。电话:010-83938349

序

知识产权诉讼禁令制度作为知识产权诉讼中的一项重要制度，近年来在国内外知识产权诉讼特别是关于标准必要专利的诉讼纠纷中得到广泛运用。禁令程序的法律适用及其规则建构，日益成为民事诉讼法学与知识产权法学研究交叉领域的新兴热点问题。牛正浩博士在本书中对我国知识产权诉讼禁令制度的基本理论、基本概念、比较渊源、优化路径、滥用防止等主要方面进行了深入细致的分析研究。虽然我国2012年《民事诉讼法》修正时已对禁令的同源制度，即民事行为保全制度进行了增设和原则性的规定，但知识产权诉讼禁令程序基于其诉讼种类的特殊性和诉讼场域的独特性，难以完全套用既有的民事诉讼行为保全程序进行法律适用，致使知识产权诉讼禁令程序存在司法适用率偏低、尺度不一等现实问题，在一定程度上制约了禁令程序作为临时性救济措施在知识产权诉讼中的功能发挥，亦不利于在国际平行诉讼中维护我国司法主权和充分保证我国企业的合法权益。从这个意义上讲，本书的选题和研究成果具备一定的理论和实践意义。

本书是牛正浩博士在其博士学位论文基础上经过认真修改、完善之后付梓出版的学术专著，作者主要从知识产权诉讼禁令制度的基本原理和基本概念、比较法上的知识产权诉讼禁令制度分析研究、我国当前知识产权诉讼禁令程序存在的若干问题及优化完善的对策建议、知识产权诉讼禁令制度的证明责任和证明标准以及对滥用知识产权诉讼禁令行为的识别与规制等方面，对我国知识产权诉讼中的禁令程序进行了具有较高原创性的、系统深入的理论研究，并且对我国知识产权诉讼禁令程序的优化完善提出了相应建议和对策。本书的创新之处主要包括以下三方面：第一，研究问题层面的创新。知识产权诉讼禁令程序是2018年通过司法解释进行明确细化的新制度，目前学界对知识产权诉讼禁令制度尚未进行系统研究，因此本书研究对象较新，本书提出的研究问题本身具有较高的创新性。第二，研究资料层面的创新。本书研究资料一方面源于作者曾经参与办理的知识产权诉讼案件获得的第一手原始文献，另一方面源于作者前往各地司法实务部门进行调研收集到的数据、案例等材料，都具有较高的原创性和不可替代性。第三，研究成果层面的创新。本书探索并研究了知识产权诉讼禁令程序的优化完善方案，提出了较多具有可行性的建议，具有较高的理论和实践价值；另外，作者提出了诸如“准实体性程序裁决”、“多元化弹性证明标准”、对滥用禁令行为的“行为画像机制”等全新概念，并就程序性制裁理论在禁令程序中的适用问题作了较为翔实的理论研究探索。这些研究成果都体现出作者的原创思考和本书的创新价值。

牛正浩博士是我指导的2019级博士研究生，2023年7月以比较优秀的成绩从北大法学院毕业，现任教于首都经济贸易大学法学院。正浩博士具有一定的法律实务基础，基本功比较扎实，学习科研工作也比较用功努力，勤恳完成各项教学科研任务，近年来取得了较为突出的学术科研成果。他的第一本学术专著得以顺利出版，也令作为导师的我感到十分欣慰喜悦。希望本书的问世对他来讲是一个崭新的起点，期望他在民事诉讼法学教学与研究的道路上持之以恒、继续探索，刻苦钻研、再接再厉，为社会主义法治事业作出自己的贡献。

是为序。

潘剑锋

2023 年 12 月 1 日

前言

知识产权诉讼禁令程序，是知识产权和竞争纠纷诉讼程序之前或之中，人民法院为防止当事人权利遭受不可逆转、无法恢复的损害，并防止生效裁判无法执行而结合案件事实情况和证据，运用司法权对特定当事人作为或不作为特定行为的禁令进行审查判断并作出是否颁发相应禁令的程序性裁决。知识产权诉讼禁令制度是我国程序法规范中规定知识产权诉讼禁令程序的总称。当前，我国知识产权诉讼禁令制度在理论和实践层面均面临诸多问题和挑战，亟须通过有针对性的全面研究，从诉讼法学理论角度加以建构分析，从而探索针对知识产权诉讼禁令制度的优化建议和完善方案。本书研究工作中，笔者采用了理论与实践相结合的研究方式，综合运用规范研究、实证研究、比较法研究等研究方法，以实践问题为切入，科学系统地针对知识产权诉讼禁令制度中存在的三重理论与实践困境，从民事程序法的研究角度，提出我国知识产权诉讼禁令制度完善发展的基本理论面向与实践因应方案。

第一章是关于知识产权诉讼禁令基本问题的研讨，旨在从知识产权诉讼禁令程序的概念、价值功能、主要类型、构成要件、基本性质、指导理论、实践考察与困境检视等主要方面，对我国知识产权诉讼禁令制度进行全方位研究和剖析，是其后各章节的基础。本章给出了知识产权诉讼禁令制度的基本概念和种类，并分析认为知识产权诉讼禁令具有程序性、紧迫性和准实体性等特征性质，知识产权诉讼禁令制度属于民事程序法范畴，知识产权诉讼禁令的申请权是一项重要的诉讼权利和程序权利。当前，我国知识产权诉讼禁令的总体司法适用情况呈现出整体适用比率低、适用案由不均衡、时空分布较为集中的特点，知识产权诉讼禁令的审查程序存在管辖问题理解不一、听证程序不健全、技术事实查明机制缺失、复议程序形式化、担保数额计算方式模糊、救济机制缺位等问题，这些问题从侧面体现出知识产权诉讼禁令制度面临三个层次的程序困境和挑战。

第二章是关于知识产权诉讼禁令制度比较法方面的研究，目的在于通过比较检视英美普通法系和大陆法系主流国家和地区同源性制度，包括美国法上的中间禁令制度、英国法上的临时禁令制度、德国法上的假处分制度的规范学理渊源和最新司法实践情况，为我国知识产权诉讼禁令制度的完善与发展总结经验教训。通过同源制度的比较研究，可以发现：第一，知识产权诉讼禁令的颁发标准问题，“四要素”理论较为适合我国当前知识产权诉讼的审判实际；第二，针对知识产权诉讼禁令的审理程序，应当以听证审理为原则，以保障当事人的法定听审请求权和言词辩论权利，只有在少数情况下，如紧急、当事人无正当理由拒不执行禁令等情形，法院才可依职权单方经过审查后颁发禁令；第三，针对知识产权诉讼禁令的担保问题，英美普通法系采用较为灵活、较为动态的担保金额计算和调整方式，值得参考借鉴；第四，程序救济层面，大多数国家和地区允许当事人在不服禁令时，向上级法院提起上诉或抗告以获得程序救济，未来我国可以考虑构建对知识产权诉讼禁令裁决不服的当事人向上级法院申请复议或上诉的机制。

第三章是关于当前我国知识产权诉讼禁令制度中存在问题的分析与因应。研究发现，我国知识产权诉讼禁令审查程序面临着程序效率难以得到保障、程序公正难以得到实现、程序滥用成为普遍化、程序救济呈形式化的多重问题，上述程序困境在具体禁令程序中的表现形式为禁令管辖程序设置不合理、禁令审查听证程序缺失、技术事实查明规定空白、禁令裁决复议程序形式化、禁令担保问题不明确以及禁令出现错误时纠正和解除机制不完善等。应然层面的知识产权诉讼禁令审查机制应当采用协同主义的诉讼构造，并以利益衡量原则、正当程序原则、公正与效率相统一原则作为禁令审查程序的指导性原理。在上述理论的基础上，本章针对知识产权诉讼禁令程序存在的程序困境给出具有针对性的若干方面优化完善对策与路径，并明确检察机关对知识产权诉讼禁令的审查过程和裁决结果具有法律监督权，检察机关对禁令的监督应当遵循精准监督原则和补位监督原则，并且采取“检察建议监督为原则，职务犯罪侦查为补充”的协同治理观念和检察监督方式。

第四章深入探讨和论述了知识产权诉讼禁令制度证明理论中的两个核心问题，即知识产权诉讼禁令程序中的证明责任分配和证明标准设定问题。对于证明责任分配问题，我国知识产权诉讼禁令有关的司法解释仅进行了原则性粗略规定，造成司法实践中的大量困惑。研究认为，作为一类重要的程序性裁决，知识产权诉讼禁令程序的证明责任分配问题，应当原则上遵循罗氏规范说，并且结合事案解明义务理论和程序性制裁理论对其进行补充修正。对于证明标准选取问题，当前无论是《民事诉讼法》抑或司法解释，均未对禁令的证明标准进行任何规定，考察比较法立法例和我国司法实践，当前对于知识产权诉讼禁令的证明标准主要有三种理论学说，即优势证据标准说、高度盖然性标准说和多元化证明标准说。经过比较分析研究可以得出，当前多元化证明标准说可以作为我国知识产权诉讼禁令证明标准的最优解。在理论上采纳该理论学说的同时，未来知识产权司法审判实践方面，关于禁令证明标准的选取问题，应当从目前的高度盖然性为主的实操标准向多元化弹性标准转向和过渡，在知识产权特别审理法或其配套的司法解释中，明确规定行为保全禁令的审理程序所应当适用的多元化弹性证明标准的一般基准，即优势证据标准，明确原则性标准明确授予法官对知识产权诉讼禁令证明标准的动态识别与弹性选择权，通过不断完善程序性裁决相关的类案识别与强制检索机制，以及更大范围和更深程度的程序性裁决裁判文书公开机制，促进法官在裁判文书中加强说理，及时公开自由心证，尽量减少在禁令审理程序中出现突袭裁判和滥用自由裁量权的情况，实现对法官在禁令证明标准选取过程中自由心证的有效监督和规制。

第五章试图分析并解决当前知识产权诉讼禁令滥用的识别与规制问题，并通过禁令的滥用规制问题，提出准实体性程序裁决中应当坚持程序性制裁的理念，并给出相应的理论建构。当前，随着新技术革命浪潮席卷全球，知识产权诉讼禁令制度日益成为守成国家及企业向新兴科技强国及其企业实体进行技术劫持与限制的重要工具，境外主体在国际平行诉讼中滥用知识产权诉讼禁令，损害我国国家安全与发展利益的情况呈现普遍化，在非涉外知识产权诉讼中对禁令程序的滥用亦逐渐呈现高发态势。知识产权诉讼禁令的滥用是基于知识产权诉讼的竞争属性所产生的必然现象，已逐渐成为制约知识产权诉讼禁令制度发展完善的三大困境之一。禁令程序的异化与滥用具有法教义学、法经济学及法社会学三方面原因，致使我国法院在识别规制日益普遍化、常态化的知识产权诉讼禁令滥用行为时面临识别失序与规制失范两方面实践困境。对此，应以程序性制裁理论为基础，对现有禁令程序加以整合优化，同时充分运用人工智能和大数据技术，构建针对禁令申请权滥用的行为画像精准动态识别机制，并辅以惩罚性赔偿、失权性裁量驳回、司法惩戒与司法移送制度等配套程序设置，实现对知识产权禁令滥用行为的有效规制。

目 录

导 论

一、研究背景

（一）研究缘起：现代型诉讼中知识产权诉讼禁令程序适用困境

开宗明义，就民事诉讼法学理论而言，广义的民事诉讼禁令制度，包含人格权禁令、海事强制令、行为保全、财产保全、证据保全以及判决停止侵权等类型的临时性和永久性程序的运行机制、原理和法律适用的过程。而在知识产权诉讼语境中，知识产权诉讼禁令程序通常包括两类：一是狭义的知识产权诉讼禁令程序，即临时禁令程序，在我国民事诉讼法规范和法教义学语境下，通常亦称“行为保全”程序，包括诉前行为保全、诉讼（诉中）行为保全；二是永久禁令程序，主要是指法院在进行司法审查之后，作出责令停止侵权行为等履行永久性义务的实体裁判程序。本书的主要研究内容和研究对象为狭义的知识产权诉讼禁令制度，即以诉前行为保全、诉讼行为保全作为主要研究对象。如无特别说明，下文所指涉的知识产权诉讼禁令程序为狭义的知识产权诉讼禁令程序。纵观制度的演进历史，禁令程序特别是知识产权诉讼禁令的相关制度，是近现代伴随“现代型诉讼”的诞生，而逐渐产生、发展和完善的特殊程序。

1. 现代型诉讼语境中的知识产权诉讼禁令制度

根据理论界通行观点，“现代型诉讼”是指建立在自由主义民事诉讼法典基础之上、用于解释和解决现代型纠纷的一种崭新的民事诉讼理念和相关的诉讼程序制度安排，具有区别于传统型民事诉讼的诉讼构造及其独特的法律功能、社会功能和政治功能。① 理论界普遍认为，知识产权诉讼属于典型的“现代型诉讼”②。因此，知识产权诉讼制度中的相关程序设置和制度安排，应当在原则上适用现代型诉讼的基本理论和基本制度逻辑，③ 对于知识产权诉讼禁令制度的研究，不应脱离知识产权诉讼作为“现代型诉讼”的基本概念语境和基本特征；否则，将导致相关研究缺乏司法实践的现实土壤支持而空泛无味。

在以知识产权诉讼④为代表的现代型知识产权诉讼中，诸多临时性、中间性程序性裁定，相较于普通民事诉讼程序中的临时性、中间性程序裁定，已不再是单纯处理程序性问题，反而具备了实体权利义务关系意义上更为广泛深远的影响力，部分裁决的作出，能够直接影响案件最终的实体处理走向或结果。调研发现，知识产权诉讼禁令与最终生效判决绝大多数情形下系同一合议庭组成人员作出的。这就意味着实体生效判决往往会维护或重复禁令裁

---

① 参见肖建国：《现代型民事诉讼的结构和功能》，载《政法论坛》2008 年第 1 期；［日］小岛武司：《现代型诉讼的意义、性质和特点》，载《西南政法大学学报》1999 年第 1 期。

② 参见张晓薇、周玉宇：《知识产权诉讼正当性标准的确立及意义》，载《知识产权》2007 年第 4 期。

③ 参见牛正浩：《新时代知识产权检察统合保护论纲》，载《湖南社会科学》2022 年第 4 期。

④ 基于本书研究对象的限定，本书中的“知识产权诉讼”程序，如无特别说明，通常是指知识产权民事诉讼程序，不包含知识产权刑事诉讼程序及知识产权行政诉讼程序，特此说明。

决的基本内容，以防错案责任追究模式下被追究错误颁发禁令的司法责任。所以，实质上禁令的处理结果同样会反作用于实体生效判决结果。可将其称为“准实体性程序裁决”。准实体性程序裁决理论是对既往民事裁定理论的发展与补充。既往民事裁定理论通常强调，裁定是人民法院基于对诉讼活动中临时性、程序性事项作出的判断与处置，又可称为民事程序性裁决。诉讼法学通说认为，裁定是民事诉讼过程中，法院用以解决诉讼程序性问题和涉及当事人实体权利义务的过渡性、中间性判定。① 而现代型诉讼中部分准实体性程序裁决的效度、影响力和影响范围已远超普通民事程序性裁定。就定性角度而言，准实体性程序裁决与诸如管辖权异议裁定、财产保全裁定、再审裁定等单纯程序性裁定相比，本质在于后者具备更强的实体权利的处分与负担属性色彩，在一定情况下更是具备与实体性裁判几乎同等的法效果；就定量角度而言，准实体性程序裁决对实体权利义务的影响程度和法官的自由裁量权的权力密度比普通意义上的裁定程序更高，甚至等同于实体生效判决。② 正如量子物理场域中经典力学原理不再适用，基于准实体性程序裁决的基本特征，民事程序法学者有必要以全新的理论工具对其加以研究、解构和检视，否则，将陷入“刻舟求剑”式的理论窠臼。

知识产权诉讼中，常见的准实体性程序裁决通常包括三类：其一，诉讼禁令程序，特别是知识产权诉讼中的行为保全临时禁

① 参见胡思博：《民事裁定研究》，社会科学文献出版社2014年版，第1页。

② 公法上的权力密度，通常是指一个组织或结构中，权力的施加者对权力作用对象的控制、作用程度。参见胡晓东：《上下级政府间的督考权：边界与规范——探寻我国基层负担背后的深层原因》，载《北京行政学院学报》2021年第5期。据此，笔者认为，一项诉讼程序中，法官或合议庭掌握的权力密度越大，通常意味着其享有的自由裁量权范围越广。

令程序，其效果完全可以令被申请人的某一产品于特定时间和空间内完全禁止销售，抑或导致某一核心专利完全被禁止用于生产经营，从而造成被申请人市场份额及竞争优势的不可逆化减损。[①]其二，证据提出命令。“三审合一”知识产权诉讼结构中，对于侵权行为要件事实、损失计算等关键性文书等证据，提交与否将直接左右最终侵权认定和损失数额，甚至直接决定是否追究侵权行为人的侵犯知识产权犯罪刑事责任。其三，秘密保持命令。在商业秘密侵权案件中，合议庭是否颁发秘密保持命令将影响是否存在当事人以诉牟利、“二次泄密”之可能。知识产权诉讼禁令制度作为准实体性程序裁决中最为重要的一种特殊的程序，对当事人实体权利义务和案件最终的走向影响深远，具有重要的研究价值和研究必要性。

法律乃善良与利益衡平之艺术，由于准实体性程序裁决特别是禁令程序对案件当事人实体权利的处分与负担影响深远，且法官自由裁量权较大，基于正当性程序理论的视角，必然应当赋予各方当事人更多权利救济与程序保障手段。而脱胎于古典自由主义两造积极对抗推动诉讼进程、法官消极居中作出裁判的民事诉讼程序理念的经典民事证明责任理论，难以充分实现对当事人权利的妥适保障，致使知识产权诉讼禁令制度在一定程度上存在程序失灵、利益失衡的问题，上述问题已成为诉讼法学理论界与实务界无可回避的现实疑难困境。因此，有必要在认真梳理既有理

① 例如，上海市浦东新区人民法院在2022年卡塔尔世界杯期间，受理并作出的申请人央视国际公司针对被申请人悦保公司等主体，禁止在世界杯比赛期间转播任何场次世界杯比赛的诉前禁令。参见《上海浦东法院作出首例世界杯诉前禁令，向赛事盗播说不》，载澎湃新闻官网2022年12月10日，https：//www.thepaper.cn/newsDetail_ forward_21111068。就被申请人而言，如果无法在世界杯比赛期间内转播上述赛事，则有可能对其经营产生严重且不可逆的损害。

论与实践的困境之基础上，结合原有证明责任论及举证妨碍说，重构知识产权诉讼禁令制度的理论基础，透过民事诉讼程序性制裁理论视角加以科学检视，以期实现对以知识产权诉讼禁令制度为代表的准实体性程序裁决各方当事人之诉讼利益的均衡分配，同时也为中国特色知识产权诉讼禁令制度的完善寻觅科学理论证成。

2. 知识产权诉讼禁令程序若干问题与困境亟待解决

知识产权诉讼中，狭义的诉讼禁令程序是指知识产权行为保全程序。行为保全制度是我国2012年《民事诉讼法》所设立的全新制度。行为保全制度在暂时性冻结各方权利义务关系、有效防止知识产权侵权行为扩大、防止造成难以弥补的损害等方面发挥了重要作用，2018年，最高人民法院针对知识产权诉讼中的行为保全制度，专门制定了有关司法解释，① 该司法解释于2019年施行，从行为保全的申请时间、申请主体、管辖法院、证明事项、审理程序、构成要件等多个方面对我国知识产权诉讼禁令制度进行了初步规定。但是，目前我国的行为保全制度中，仍然存在着值得进一步深入研究和思考的若干理论与实践方面的重大问题，且行为保全领域中，时常涉及国际司法礼让、不方便法院原则、国际平行诉讼的禁诉令及禁执行令等问题。以华为公司与康文森公司一案为例，该案行为保全禁令裁定引发了知识产权法学界、民事诉讼法学界和实务界广泛的关注和研究讨论，围绕着该案行为保全的争议较多，在一定程度上反映出我国行为保全制度，尤其是知识产权诉讼禁令制度依然存在着较大理论探讨和研究空间。

---

① 参见《最高人民法院关于审查知识产权纠纷行为保全案件适用法律若干问题的规定》（以下简称《知识产权行为保全规定》）（法释〔2018〕21号）。

具言之，关于知识产权诉讼中的行为保全问题，民事诉讼法学界目前较为关注的问题包括：第一，禁令与相关制度的关系，即禁令争议各方在不同法域之间相互拮抗的禁诉令、反禁诉令、禁执行令以及国际平行诉讼如何处理的问题。[①] 第二，禁令的管辖问题，即我国法院是否具备诸如标准必要专利 FRAND（公平、合理、无歧视；Fair，Reasonable and Non – discriminatory）全球费率确认案等当中知识产权诉讼禁令的审查与颁发的优先管辖权问题，即禁令的管辖与不方便法院原则之间的相互关系问题、我国司法主权如何与有关国际司法礼让通行原则进行协调的问题。第三，禁令程序的适用案由范围问题，如专利费率确认案件是否属于确认之诉，确认之诉等非给付之诉的典型适用场域中是否适用禁令的问题，在此种情况下禁令有无执行力以及对于各方当事人如何加以拘束的问题。第四，知识产权诉讼禁令的颁发标准、措施、范围、救济等法律适用问题[②]等。在世界逐渐走向冲突对抗，以高新技术核心的知识产权国际竞争色彩愈加鲜明，由协作逐步转向对抗[③]的历史新阶段背景下，研究如何对我国知识产权诉讼禁令制度的理论基础、基本原理进行检视，并借此优化完善微观层面和法律适用层面上我国的知识产权行为保全禁令程序，从而在促进我国推动知识产权强国战略、不断维护我国司法主权的同时，积极深入参与全球治理和涉外法治的发展，具有尤其重要且深远的

① 参见黄志慧：《我国涉外民事诉讼中禁诉令的法理阐释与规则适用》，载《法律科学（西北政法大学学报）》2022 年第 5 期。文章指出，我国现行相关法律规范不能妥善应对国际平行诉讼问题，对涉外民事诉讼中的禁诉令制度也暂付阙如。

② 参见李宗辉：《标准必要专利跨国诉讼中禁诉令的适用标准研究》，载《法商研究》2022 年第 4 期。

③ 参见易继明：《中美关系背景下的国家知识产权战略》，载《知识产权》2020 年第 9 期；易继明：《后疫情时代“再全球化”进程中的知识产权博弈》，载《环球法律评论》2020 年第 5 期。

意义和价值，也是理论界和实务界的当务之急。

在知识产权诉讼禁令制度中，存在诸多理论和实践问题。而笔者认为，上述问题的根源在于，诉讼法学理论界对知识产权诉讼制度的特殊性和据此应当遵循的基本原则缺乏深入研究和理论成果。笔者认为，知识产权诉讼程序与普通民事诉讼程序相比，具备其本质上的特殊性。

第一，知识产权诉讼程序综合性强，交叉程度较高。知识产权诉讼案件，基于知识产权本身的特殊属性，大多数知识产权属于一种法定权利，其基础权利的确认或产生往往需要行政机关予以授权、登记、核准，故其天然关乎社会公共利益属性，带有较强烈的公法与私法相结合的色彩，涉及正当市场竞争秩序的维护。大多数知识产权民事诉讼的发生，往往伴随行政诉讼确权类、无效类案件，甚至伴随刑事案件。因此，知识产权诉讼程序中，“刑民交叉”、“行民交叉”甚至“刑行民交叉”案件发生率极高。从这个意义来讲，知识产权争议通常基于其牵连性和公私权交织的属性，较少能够通过仲裁等“私力救济”的途径加以解决，当事人意思自治发挥作用的空间往往较小，如最高人民法院多次明确强调，垄断类知识产权侵权纠纷不得约定仲裁，约定的仲裁协议无效。故相较于普通民事诉讼案件，知识产权诉讼程序的综合性更强、法律关系及各个诉讼程序之间发生重叠和交叉的程度较高。

第二，知识产权诉讼专业化程度更明显，法院自由裁量权更大。在知识产权案件特别是技术类知识产权案件中，技术类事实的查明和证据发现扮演着核心地位。虽然许多普通民事诉讼案件的事实认定亦仰赖于审计、鉴定、勘验等专业方式，如建筑施工合同纠纷中，通常涉及对工程量的鉴定或审计，但与普通民事诉讼不同的是，在知识产权诉讼程序中，系争焦点本身往往就是技术类问题，例如某流程是否落入商业秘密的保护范围、专利许可费率数值多少更公允、商标的相似程度是否足以引起混淆等问题，上述问题中，技术类问题通常与法律适用问题相伴相生，杂糅于案件审理的全过程，很难将技术问题与法律问题加以区别。知识产权案件的专业化水平高，一是决定了其审理程序的特殊性；二是决定了其审判主体和审判法院的专门性；[①] 三是决定了该类案件中法院自由裁量权的扩张性。

第三，知识产权诉讼程序通常兼具紧迫性与漫长性。程序的紧迫性，是指在互联网时代，基于知识产权客体的无形性，知识产权权属遭受侵犯的概率较高，侵权的地域和空间往往难以控制，短时间内大规模、跨地域甚至全球化侵权的可能性相较于以物权和债权作为诉讼标的的普通民事诉讼，发生频率大大增加，且一旦侵权行为出现，难以通过单纯的“停止侵权行为 + 金钱损害赔偿”的形式予以修复或弥补。程序的漫长性，是指知识产权诉讼程序前述交叉性、专业性和综合性特征明显，且大多数知识产权诉讼通常具备涉外因素，知识产权诉讼的周期通常较为漫长，且加之举证难、损害赔偿计算难等诸多挑战，均对其程序运行效率产生负面影响。因此，知识产权诉讼中权利救济的紧迫性与诉讼程序的漫长性成为一对似乎难以解决的体制机制性矛盾。

知识产权诉讼程序的上述基本特性，要求相关诉讼程序和制度的设置应予以考虑和体现，与普通民事诉讼程序相比，其程序异质性、专门性较强，且其程序的设置与其他法律诸如知识产权实体法、刑事诉讼法、行政诉讼法等程序法律规则的协同程度更高。然而，当前我国最高人民法院在进行知识产权诉讼禁令等程

① 参见刘华俊：《知识产权诉讼制度研究》，法律出版社 2012 年版，第 30 页。

序性规则等司法解释制定时，往往陷入“头痛医头”式局部性和局限性的怪圈中，针对某一具体、特定程序，如行为保全、证据保全等领域，就制定一个司法解释或规范性文件，表面上看是暂时解决了法律适用中的疑难问题，但是也造成我国知识产权诉讼有关司法解释在宏观上缺乏体系化、系统化和整体化建构，各方面程序性规则的协同性不强，甚至其中个别规定与民事诉讼基本原则存在冲突，关于知识产权诉讼禁令的不同时期司法解释规定相互之间亦存在不协调之处。因此，需要从理论层面系统加以检视和梳理。

（二）研究知识产权诉讼禁令制度的重要意义

2020 年 6 月，时任最高人民法院副院长、知识产权法庭庭长的罗东川便提道：一方面，由于知识产权诉讼中的侵权、确权、权属、诉讼保全等程序相互交叉，导致诉讼结果存在不确定性，严重影响了知识产权保护和激励创新的实效，最高人民法院知识产权法庭在现行法律框架下，其统筹协调作用的发挥尚受到限制。另一方面，从外部环境来看，知识产权已成为国际竞争焦点问题。然而，我国涉外知识产权诉讼程序中的相关国际管辖规则尚不明确，又缺乏禁诉令、反禁诉令机制，不仅难以在国际竞争中形成反制，也无法构建争议解决的主场优势。① 因此，通过知识产权诉讼禁令程序的研究，优化完善中国特色的知识产权审判制度，具有重要价值和紧迫性。

笔者认为，本书研究价值与研究意义主要可体现在四个层次，即国家战略政策意义、法学理论意义、司法实践意义和社会治理

① 参见《罗东川代表建议：制定知识产权诉讼特别审理法》，载最高人民法院知识产权法庭官网 2022 年 12 月 10 日，http：//ipc. court. gov. cn/zh – cn/news/view – 351. html。

意义。现详细分述如下。

1. 国家战略和政策意义

党的二十大报告强调："加强知识产权法治保障，形成支持全面创新的基础制度。"① 知识产权诉讼禁令制度的研究及其优化与完善，与我国"十四五"规划和2035年远景目标所确立的知识产权强国战略②和促进"一带一路"国际合作、推动构建人类命运共同体战略③相契合。党中央、国务院在权威文件中亦强调，加强科技创新等重点领域法治实践研究，促进新技术新业态新应用领域法律制度供给研究，加强习近平法治思想国际传播，提升中国特色社会主义法治体系和法治理论的国际影响力和话语权。④ 笔者认为，研究知识产权诉讼禁令制度，具备以下两方面的国家战略和政策意义。

一方面，强调知识产权的严格保护是习近平法治思想的重要组成部分。⑤ 习近平总书记多次强调，保护知识产权就是保护创新⑥，科技创新是提高社会生产力和综合国力的战略支撑，必须摆在国家发展全局的核心位置。⑦ 而在整合理顺现有程序规范的基础

---

① 谷业凯：《知识产权强国建设加快推进》，载《人民日报》2022年11月24日，第1版。

② 国家发展和改革委员会编写，何立峰主编、胡祖才副主编：《〈中华人民共和国国民经济和社会发展第十四个五年规划和2035年远景目标纲要〉辅导读本》，人民出版社2021年版，第26页。

③ 参见《习近平谈治国理政》（第2卷），外文出版社2017年版，第497、521页。

④ 参见中共中央办公厅、国务院办公厅《关于加强新时代法学教育和法学理论研究的意见》第14条、第16条，载《人民日报》2023年2月27日，第1版。

⑤ 参见吴汉东：《新时代中国知识产权制度建设的思想纲领和行动指南——试论习近平关于知识产权的重要论述》，载《法律科学（西北政法大学学报）》2019年第4期。

⑥ 参见吴汉东：《保护知识产权就是保护创新》，载《理论导报》2020年第12期。

⑦ 参见《习近平谈治国理政》（第1卷），外文出版社2018年版，第119页。

上，建立起一套包括知识产权诉讼禁令程序在内的、贴合我国知识产权制度发展现状并符合中国特色知识产权司法审判规律的程序性、基础性诉讼法律体系，无疑对促进保护知识产权、保护创新、促进知识产权强国战略的贯彻落实发挥了积极而深远的影响，这也是坚持全面依法治国、推进国家治理体系和治理能力现代化的必然要求。

知识产权诉讼禁令制度的研究，将从以下三个方向促进创新、保护创造：第一，完善禁令程序中的构成要件研究，进一步推动禁令制度科学化、合理化，使其能够发挥权利及时救济的制度价值，并完善有关程序性制裁、禁令申请权利的滥用规制、涉嫌犯罪的司法移送等制度或原则，有助于有效严厉惩治侵害知识产权的行为，以及滥用知识产权的诉讼行为，从而保护权利人的合法权益；第二，通过知识产权诉讼禁令制度与中国特色的知识产权审判指导性案例制度的协调，并辅之以类案强制检索制度、专业法官会议制度，有效依托知识产权审判体系（最高人民法院知识产权法庭+知识产权法院+各地中高级人民法院知识产权法庭）建立起中国特色的知识产权诉讼禁令制度多层次的裁判案例参考和标尺，推动解决知识产权诉讼禁令程序中的“同案不同判”问题；第三，通过讨论知识产权诉讼禁令制度与证据提出命令、秘密保持命令、禁诉令、禁执行令以及禁令的救济等程序之间的相互关系，协调理顺知识产权诉讼程序体系中各个相近程序和关联程序间相互矛盾与冲突的问题，促进知识产权诉讼审判效率的提升与优化，缩短知识产权案件禁令程序的审理周期，推动解决前述知识产权诉讼中紧迫性与漫长性的矛盾，从而节约司法资源和当事人的诉讼成本，最终实现知识产权司法保护的宏观目标。

另一方面，知识产权诉讼禁令是当前国际知识产权竞争的主要表现形式之一。一套公平、公正、合理、高效的能够切实捍卫我国国家主权、安全、发展利益和海外利益的知识产权诉讼禁令程序，也是推动构建“一带一路”国际司法协作、构建人类命运共同体的必要保证。事实上，考察近年来国内外知识产权的博弈与竞争，绝大多数是以禁令的形式进行的。随着经济和科技不断发展，在5G技术[①]、自动驾驶技术、量子通讯技术、人工智能（AI）识别技术[②]、大数据与云计算技术等产业革命所必需的关键核心技术相关领域，我国已经逐渐由“跟跑者”成为“领跑者”，而针对上述核心技术有关的知识产权相关的禁令制度和程序，已经成为国际斗争的焦点以及其他国家对我国进行制裁的重要工具。

根据马克思主义辩证唯物主义史观，守成大国与新兴国家的冲突与摩擦，都是历史发展的正常规律且不可避免。[③] 因此，无论是“贸易战”“科技战”，还是所谓的“舆论战”，抑或“法律战”[④]，都不过是守成国家与新兴国家之间在国家综合实力对比发生变化时，客观上存在且不可避免的冲突在国际政治经济文化全面斗争中的外化表现形式而已，也是历史发展规律所决定的必然。对于这种必然存在的困难，应当积极考虑建构应对的法律制度，加强我国涉外法治建设。笔者认为，司法制度是一国政治制度的

---

① 根据5G专利申请量测算，我国已成为世界上5G通信技术的领先国家。参见韩文艳、熊永兰、张志强：《美国信息通信产业近20年发展态势分析及启示》，载《世界科技研究与发展》2021年第2期。

② 据清华大学工程物理系孙启明博士介绍，目前我国最新AI识别技术已实现万人同时精准捕捉识别，在该领域成为世界第一。上述信息源于笔者在清华大学参加的建党百年“党史联学”座谈参观活动时，清华大学方面介绍的情况。调研时间：2021年5月13日。

③ 参见［美］格雷厄姆·艾利森：《注定一战：中美能避免修昔底德陷阱吗?》，陈定定、傅强译，上海人民出版社2019年版，第10页。

④ 参见沈伟：《中美贸易摩擦中的法律战——从不可靠实体清单制度到阻断办法》，载《比较法研究》2021年第1期。

重要组成部分，也是参与国际竞争的重要制度依据和支撑。因此，在当前局面下，应当尽快建立并完善符合我国国际实际的公平公正的“公道而不霸道”的涉外知识产权司法制度，同时应当在知识产权诉讼禁令制度研究过程中，认真思考禁令程序如何兼顾域外法律“长臂管辖”“阻断机制”① 和遵循国际法上的国际司法礼让原则和司法主权原则，以维护国家利益和促进“一带一路”倡议推进。

2. 法学理论意义

笔者初步进行文献检索和研究后发现，目前关于知识产权诉讼禁令制度的有关研究理论成果，主要源于知识产权实体法领域的研究人员和审判实务界人士；而民事程序法领域中，目前学者对包括知识产权诉讼禁令程序在内的知识产权特别程序的理论建构和立法建构缺乏具有开创性和权威性的研究成果。对于知识产权诉讼特别程序，在诉讼法学界普遍对此暂时缺少充分重视和足够关注。对此，笔者将在后续文献综述章节中加以具体阐释。只有不断优化营商环境，提升我国知识产权司法保护水平和能力，尊重知识、尊重创新，进一步扩大开放才不是空话，参与国际治理的步伐才能蹄疾步稳。总体而言，目前对知识产权诉讼禁令程序的研究现状呈现两方面“短板”：一方面，在知识产权诉讼禁令具体的制度研究领域，目前较为缺乏民事诉讼法学者的成体系化的理论研究贡献和诉讼法与知识产权实体法相结合的交叉研究；另一方面，民事程序法领域的学者在研究诉讼禁令等知识产权有关诉讼程序时，主要关注的是保全程序、证据性质和证明力等传

① 《阻断外国法律与措施不当域外适用办法》（中华人民共和国商务部令 2021 年第 1 号）。

统的民事诉讼问题，缺乏对知识产权实体法（包括《著作权法》《商标法》《专利法》《反不正当竞争法》等）、国家安全法、反垄断法、国际私法等实体法学科的相关理论和制度的关注，且未能够形成诉讼法学与相关交叉学科的有效深层对话。

本书涉及大量民事诉讼法学、知识产权法学、竞争法学、国际私法学、国家安全法学等领域的交叉理论前沿热点问题，对知识产权诉讼禁令制度进行全面系统研究，希望能够从宏观角度，对知识产权诉讼禁令制度中存在的重大焦点问题加以全面的分析讨论，为知识产权诉讼禁令制度诸多理论争议问题的最终解决和厘清抛砖引玉，提供有益的观点和思路，以期能够有效填补相关领域的研究空白。同时，本书将对交叉学科进行充分关注，尽量克服和避免在民事诉讼法这一单独领域内进行理论上“自说自话”的问题。具体而言，笔者将从以下各方面进行关于知识产权诉讼禁令的理论研究和分析，对于有关理论问题加以充分阐释和概括：第一，知识产权诉讼禁令制度的基本原理和基本原则；第二，知识产权诉讼禁令程序的具体制度设计与建构；第三，知识产权诉讼禁令程序与其他部分法学科之间的关系，以及其他部门法学科的基本制度在知识产权诉讼禁令制度实践中的衔接与协调；第四，通过上述各种具体制度原理的分析与厘清，在具体的知识产权诉讼禁令程序条文中加以明确进行构建，并且将具体的制度加以总结完善。

3. 司法实践意义

本书的初步构想和研究思路最早源于笔者此前在律所工作多年来办理的百余件重大疑难知识产权诉讼案件的实践、思考和总结，以知识产权诉讼禁令程序运行当中困扰司法实践的诸多现实性问题作为出发点，从理论层面分析、回应这些问题，并以禁令制度的程序法本质特征与属性为原点，提炼出妥适的理论模型作为主要研究内容与方向，以通过对知识产权诉讼禁令程序相关的法教义学分析和从制度完善建议层面上解决这些问题作为落脚点。制度的生命在于实践，作为一项理论和应用并重的研究，本书对知识产权诉讼禁令制度的研究，最终的落脚点应当放在提炼形成相应的理论学说，并对所设立程序的顺利适用和对知识产权诉讼司法实践提供有效指引。笔者认为，本书研究对于知识产权诉讼禁令程序的司法实践意义，主要包括以下三个方面内容。

其一，促进禁令程序裁判公正效率。通过有效优化完善知识产权诉讼禁令的审理程序，确保高效公正地实现知识产权严格司法保护。众所周知，衡量一个国家司法审判体系和审判能力现代化的重要维度包括公正和效率两大方面内容。司法审判程序作为知识产权纠纷解决和知识产权司法保护的核心环节，具有“牵一发而动全身”的关乎全局的重要意义。知识产权司法审判程序的优化与完善直接决定了我国知识产权纠纷解决的效能、效率和公正指数。为了将我国打造为知识产权保护的新高地，进一步优化营商环境，并有效促使国际知识产权诉讼等当事人将我国作为优先管辖地，应当尽快构建一套公正高效的知识产权审理程序。而构建知识产权审理程序中的重要一环，就是有效优化发展知识产权诉讼禁令制度。因此，本书所开展研究的首要司法实践意义便体现在确保实现公正高效的知识产权司法保护。

其二，促进司法体制改革。通过知识产权诉讼禁令制度的优化与完善，可以进一步理顺我国司法实践在禁令审理程序中长期以来想解决而未能解决的困扰裁判者和当事人的制度性、体制机制性问题，如知识产权诉讼禁令程序的审查标准问题、证明责任分配问题、国际平行诉讼的管辖问题、“三审合一”审判模式下知识产权诉讼禁令与其他诉讼种类的协调问题、知识产权行政保护与司法保护的协同问题、知识产权多元化纠纷解决机制的构建问题、知识产权诉讼禁令程序中检察机关的角色地位和监督限度等问题，从而进一步通过制度的创新，整合审判资源，并加以高效利用，从而有效促进知识产权领域审判体系和审判能力的现代化。

其三，促进我国知识产权司法制度与国际知识产权保护对接。知识产权诉讼禁令程序相较于普通的民事行为保全制度，兼有公法和私法的双重色彩，所涉及的国内法与国际法结合程度较为紧密。对于大多数知识产权诉讼案件，往往涉及双边或多边国际条约，例如《伯尔尼保护文学和艺术作品公约》、《与贸易有关的知识产权协定》（以下简称《TRIPs 协定》）、《保护工业产权巴黎公约》等；对于知识产权诉讼刑民交叉案件，往往也会涉及国际跨境执法和国际刑事司法协助。因此，对于知识产权诉讼禁令制度的国际司法协助和域外法律适用、国际平行诉讼管辖等问题，可以通过在知识产权禁令程序中加以明确规定的形式加以完善，从而使我国国内法项下知识产权诉讼禁令制度与国际知识产权公约和跨境司法、执法相协调，减少摩擦和冲突。

4. 社会治理意义

法治是国家和社会治理的重要方式。[①] 而在中国语境下“通过法律的社会控制”[②]，主要通过以人民法院为中心的多元化纠纷解决机制加以实现。[③] 换言之，以人民法院审判权运行为核心的知识

① 参见张文显：《法治与国家治理现代化》，载《中国法学》2014 年第 4 期。

② 参见［美］罗斯科·庞德：《通过法律的社会控制》，沈宗灵译，商务印书馆 1984 年版，第 2 页。

③ 参见牛正浩：《政治安全风险防控法治化问题研究——以聚焦“四大检察”为视角》，载《上海法学研究》2021 年第 1 卷。

产权诉讼程序，是在知识产权制度领域以法治为基本方式进行社会治理的中心环节。知识产权制度容纳和体现着公权力与私权利的分野、私有财产与国家创新的平衡、合理垄断与营业自由的界分、当事人之间的利益衡平，[①] 因此知识产权制度特别是知识产权司法制度涉及各种国家与社会力量、资源、利益关系的对比与协调，是各方力量进行角逐与交锋的复杂开放性系统场域；而对于这一复杂系统场域，更应当强调全面综合的社会化协同治理。[②]

社会协同治理机制，是指在各级党委和政府的领导下，各种社会力量在维护社会秩序、解决纠纷矛盾、保障公共安全、协调社会关系、促进社会公共事务发展中的相互配合、相互协作、共同行动的运行方式，其核心在于“协同”，即要求参与社会治理工作的主体要有同一的目标，在实现目标过程中要有行动上的协调配合。[③] 以知识产权诉讼禁令制度的相关理论作为研究视角，笔者拟对知识产权领域审判权运行进行有效规范与优化，同时对审判权与其他国家公权力及有关社会解纷资源的协调配合机制进行建构，可有效实现知识产权领域的社会化高效协同治理，为知识产权诉讼案件的多元化解决提供思路与参考。事实上，知识产权诉讼禁令程序与案件最终的和解、调解等多元化纠纷解决方式顺利“案结事了”具有高度关联性：知识产权诉讼往往是交易各方商业博弈的延伸、策略和手段，最终通过禁令胁迫交易相对方，并以优势条件达成交易。

---

① 参见牛正浩：《新时代知识产权检察统合保护论纲》，载《湖南社会科学》2022年第4期。

② 参见牛正浩、尹伟：《论执行工作“一案双查”制度的实践与完善——基于J省三级法院应对消极执行的实证研究》，载《法律适用》2020年第11期。

③ 参见李明建：《积极构建社会治理协同机制》，载《新华日报》2020年10月13日，第11版。

基于上述事实，笔者认为，通过完善知识产权诉讼禁令理论、优化知识产权诉讼禁令程序来实现社会协同治理，主要包含以下三方面的价值和意义。

第一，当前无论是知识产权法学界抑或诉讼法学界均未对在知识产权制度和领域应用社会协同治理理论加以深入研究，少有学者将系统治理、多元解纷的理念纳入知识产权诉讼的法律适用和程序选择之中，而主要是单纯就程序论程序，忽略了当事人申请知识产权诉讼禁令申请的目的和禁令制度的价值取向。因此，对于很多司法实践中的制度建构，目前尚缺乏从协同治理理论层面的分析探讨，笔者期望通过本书可以促进理论界关于上述理论问题的关注和对知识产权诉讼纠纷多元化解决机制的重视。

第二，通过社会协同治理理论在知识产权司法保护中的运用，综合哈贝马斯的协商性治理理论①的有关研究成果，可以有效解决知识产权诉讼中诸多立法和司法疑难问题。例如，协商性司法与替代争议解决方式（ADR）在知识产权诉讼禁令程序中的运用、知识产权仲裁与禁令程序的衔接问题，特别是在知识产权有关仲裁程序中能否申请禁令的问题等关键性学术问题。协同治理和多元解纷理论共同强调，通过非诉讼纠纷化解路径，将大多数知识产权争议化解于实体裁判之前，实现争议各方“案结事了”与“定分止争”，这应是知识产权诉讼和争议得到实质性解决的理想状态和应然路径，也更符合知识产权诉讼禁令的现实申请初衷。

第三，事实上很多知识产权争议并非适合通过单纯诉讼的方式进行解决，诸如标准必要专利全球费率确认问题，无论最终哪

---

① 关于哈贝马斯的协商性治理理论，参见任岳鹏：《哈贝马斯：协商对话的法律》，黑龙江出版社2009年版，第32页。

一法域中的审判机构被确立为管辖法院，都会引发非该国主体对司法保护主义的质疑；① 即便是作为标准制定者的国际电信联盟、电气与电子工程师协会等主体本身的裁决，也时常引发相关主体的担忧。而作为独立性和非官方的国际商事仲裁或调解机构，则先天对上述问题的解决具有制度优势。因此，对于此类疑难案件的化解，可以充分运用协同治理理论并将其拓展至全球治理的视域下加以解决。

二、研究现状

（一）民事诉讼行为保全制度研究综述

当前，直接研究知识产权诉讼禁令的文献较为有限，大多数研究局限于普通的民事诉讼行为保全禁令的范围内。针对普通民事行为保全问题，既有研究成果较为丰富。在 2012 年民事行为保全制度正式在《民事诉讼法》中确立之前，已经有学者针对民事行为保全程序进行了初步研究。其中，自 2007 年《民事诉讼法》修正以来，较为具有典型性和代表性的研究成果包括：学者范跃如针对行为保全问题，提出了我国行为保全的适用范围、具体适用条件和程序的初步设想，② 王福华在其博士论文中对民事保全制度进行了系统性研究，并比较了英美法系的中间禁令制度与大陆

① 参见聂建强、潘雪娇：《专利跨国诉讼中禁诉令适用的困境与纾解》，载《科技与法律（中英文）》2022 年第 4 期。该文进一步指出，禁诉令等知识产权诉讼禁令程序在专利平行诉讼中的适用，对专利的地域性、当事人诉权以及他国法院的司法管辖权等均带来重大影响，造成困境。为纾解上述困境，国际社会应该就禁诉令救济展开国际合作、协调，摒弃完全依赖于固定确立某一国家法院具备最佳管辖权的观点，应构建多元化解决知识产权争议的有关机制。

② 参见范跃如：《试论我国行为保全制度及其构建与完善》，载《法学家》2004 年第 5 期。

法系保全程序相互之间的区别，是国内最早专门研究民事保全制度的博士论文，[①] 司法实务界人士张淑隽、朱晓邀，学者方义等研究和论述了我国民事诉讼程序中设立行为保全制度的必要性与法律价值，[②] 学者郭小冬从功能主义视角出发，将民事诉讼行为保全制度定义为“民事诉讼侵害阻断制度”，并分析了其立法必要性，[③] 学者郑贤宇从环境公害诉讼的视角，探讨了民事诉讼行为保全制度的构建。[④] 总而言之，在 2012 年行为保全制度正式确立之前，大多数研究集中于讨论行为保全制度的立法模式和具体制度构想，以及立法的必要性等前提性基本问题。

2012 年行为保全制度被《民事诉讼法》确立为正式制度之后，学界对民事诉讼行为保全制度的研究呈现多元化趋势，主要包括以下三类。

其一，对策研究类成果。这部分成果主要是针对民事诉讼行为保全制度实践的难点与困境的对策研究成果。较有代表性的包括：学者任重指出，民事诉讼行为保全的难点根源在于程序启动门槛较高，“申请难”局面难以克服；[⑤] 学者李昌超、王晓飞认为，不作为的民事诉讼行为保全应当采取混合审理模式，在行为保全制

---

① 参见王福华：《民事保全制度研究》，中国政法大学 2005 年博士毕业论文，第 2－5页。

② 参见张淑隽、刘园园：《论行为保全：兼谈我国民诉法设立行为保全制度的必要性》，载《法律适用》2006 年第 10 期；朱晓邀、江明映：《民事诉讼行为保全制度探析》，载《湖北行政学院学报》2007 年第 4 期；方义：《我国民事诉讼行为保全制度的建立及其法律价值》，载《学术交流》2009 年第 2 期。

③ 参见郭小东：《民事诉讼侵害阻断制度释义及其必要性分析》，载《法律科学（西北政法大学学报）》2009 年第 3 期。

④ 参见郑贤宇：《论行为保全制度的构建——以公害诉讼为视角》，载《厦门大学学报（哲学社会科学版）》2012 年第 5 期。

⑤ 参见任重：《我国诉前行为保全申请的实践难题：成因与出路》，载《环球法律评论》2016 年第 4 期。

度的类型化、体系化的基础上完善行为保全禁令的救济程序;① 司法实务界人士丁文严考察了2012年至2017年5年来民事诉讼行为保全程序的运行情况，指出司法实践中民事诉讼行为保全存在支持率低、构成要件难以把握、审查周期过长等问题，并相应地提出了一系列优化程序的方案和建议。②

其二，比较法研究类成果。此类研究者主张通过借鉴大陆法系或者英美法系的相关同源性制度中的相关程序设计模式，对我国民事诉讼程序行为保全制度加以优化完善，吸收借鉴其他立法例中的优良经验。此类成果中，较有代表性的包括：学者李曼指出，行为保全制度本来就源于法律移植，德国法上的行为保全制度长于理论和规则一体化，美国法长于裁量和原则一体化，我国可以利用"框架借鉴+细节填充"的思路，构建我国特色的行为保全制度。③ 学者李曼的上述观点，对笔者的影响和启发较大。此外，学者李龙等结合大陆法系的假处分制度等相关制度，提出我国民事诉讼行为保全制度功能与适用条件的重置方案。④

其三，针对特定某一个行为保全构成要件或相关制度的细化、深入研究成果。比较有代表性的成果包括：学者李曼对民事诉讼保全构成要件中"难以弥补的损害"进行深入分析，认为财产保全和终局裁判均不能弥补的损害，属于难以弥补的损害。在裁量

---

① 参见李昌超、王晓飞：《不作为行为保全的现实困境及制度前景》，载《内蒙古社会科学》2016年第4期。

② 参见丁文严：《民事行为保全的申请与审查》，载《人民司法（应用）》2017年第34期。

③ 参见李曼：《我国行为保全制度借鉴模式探讨》，载《国家检察官学院学报》2016年第5期；李曼：《行为保全制度的标准构建——以美国法中间禁令制度的衡量标准为参考》，载《烟台大学学报（哲学社会科学版）》2016年第5期。

④ 参见李龙、李一鑫：《民事行为保全的功能定位与制度重塑》，载《江西社会科学》2020年第1期。

路径上，应结合难以弥补的损害的性质，将其类型化为损害赔偿无法弥补和赔偿数额难以计算两种类型；① 在研究保全错误的判断时，李曼认为，行为保全申请错误的判断要剥离于最终裁判，根据是否满足行为保全标准和案情裁量。在错误申请的弥补上，要以合理且可变动数额的担保为首要选择，以保全错误赔偿之诉为备位选择。② 此外，李曼系统研究了我国行为保全的担保要件，强调应当在民事诉讼行为保全担保审查过程中赋予法官自由裁量权，参考双方当事人的利益，解释担保的必要性、裁量担保数额、严格担保责任启动条件、赋予反担保适用空间，以期实现担保环节对行为保全功能的保障。③

上述三方面具有代表性的现有成果文献，为笔者在此基础上进一步研究知识产权诉讼程序当中的禁令制度，提供了基本的思考方向与理论依据。但是上述研究成果主要侧重于普通的或者一般意义上的民事诉讼保全程序，并未能突出强调或研究知识产权诉讼中禁令程序的特殊性和准实体性等特殊性质，因此需要在上述民事行为保全禁令的研究基础上，针对知识产权诉讼程序中的行为保全制度等禁令程序进行深入研究。

（二）知识产权诉讼禁令制度研究综述

我国学者对知识产权诉讼禁令制度的研究始于 2012 年民事诉讼行为保全制度确立之后，主要可以划分为两个阶段。

第一阶段是自 2012 年行为保全制度确立直至 2018 年知识产权

---

① 参见李曼：《行为保全标准中“难以弥补的损害”的裁量》，载《北京科技大学学报（社会科学版）》2019 年第 5 期。

② 参见李曼：《民事行为保全申请错误的判断与赔偿》，载《昆明理工大学学报（社会科学版）》2019 年第 4 期。

③ 参见李曼：《民事行为保全担保制度的完善路径》，载《当代法学》2018 年第 3 期。

诉讼行为保全司法解释颁行之前。这一阶段中，学者在研究知识产权诉讼禁令程序时，主要持有的研究思路还是以民事诉讼行为保全制度的基本规定为制度框架，研究的思维方式聚焦于行为保全制度在某些特定知识产权案件当中的理解与适用，且这一阶段的研究者主要集中于知识产权审判实务界人士。较有代表性的研究成果包括：谭筱清法官讨论了《TRIPs 协定》中的诉前停止侵权行为有关规定与知识产权诉讼行为保全禁令制度的关系，① 姚建军分析了侵害商业秘密纠纷中民事诉讼行为保全制度的运用，② 北京市第三中级人民法院针对诉前行为保全进行专题研究，③ 宋鱼水、杜长辉、冯刚、蒋利玮法官系统研究了知识产权诉讼中的行为保全制度，指出作出行为保全，应当对胜诉可能性、难以弥补的损害、双方利益平衡以及社会公共利益四个因素进行整体判断综合考虑，且难以弥补的损害应当从损害赔偿制度与行为保全制度之间的关系理解，其对应于损害赔偿制度的缺陷，同时也是行为保全制度正当性的依据。④

除了审判实务界人士，我国知识产权法学界对知识产权诉讼禁令也进行了一定的初步研究。较具影响力的观点与成果包括：学者何炼红、邓欣欣指出了中国知识产权诉讼禁令制度由于缺乏

① 参见王莉娟、谭筱清：《从知识产权禁令到行为保全制度的完善》，载《人民司法》2014 年第 5 期。

② 参见姚建军：《新〈民事诉讼法〉框架下行为保全制度问题研究——以侵害商业秘密纠纷案件为样本》，载中华全国专利代理人协会编：《提升知识产权服务能力 促进创新驱动发展战略——2014 年中华全国专利代理人协会年会第五届知识产权论坛优秀论文集》，知识产权出版社 2014 年版。

③ 参见祝文明、蒋利玮：《北京三中院组织知识产权诉前行为保全专题研讨》，载《中国知识产权报》2014 年 4 月 23 日，第 9 版。

④ 参见宋鱼水、杜长辉等：《知识产权行为保全制度研究》，载《知识产权》2014 年第 11 期。

类型化思考和体系化构建，目前存在禁令概念表述不严谨、禁令类型缺失、禁令性质定位模糊、立法体系混乱、审查标准和程序规则不完善等一系列问题，[①] 学者应振芳、储晓丹认为，知识产权行为保全禁令制度是一项较为严厉的制裁性临时措施，不仅涉及营业自由和财产权的限制，还涉及平等权问题，现行知识产权行为保全制度存在缺陷。具体而言，缺乏正当程序保障，可能侵害平等权，对营业自由与财产权的侵害不合比例原则。因此，现行知识产权行为保全制度有违宪之嫌。[②] 学者钱玉文从两种不同的知识产权禁令程序制度出发，研究和探讨了不同的知识产权诉讼禁令在功能上的分野，对笔者启发颇深：知识产权司法保护中的禁令制度可分为临时禁令和长期禁令两种，临时禁令能有效遏制对权利人正在逼近的实质性损害，长期禁令能促成潜在被许可人与权利人之间知识产权许可交易的达成，禁令还具有惩罚性赔偿责任功能。司法实践中准确适用两种禁令，不仅能弥补我国知识产权领域惩罚性赔偿责任的缺失，还有利于促进知识产权的市场化交易。[③] 上述观点从不同角度对知识产权诉讼禁令制度进行了探讨，对本书研究提供了有意义、有价值的思考素材。

2018 年知识产权诉讼行为保全司法解释颁行之后，对知识产权诉讼禁令的研究整体的大方向和趋势是以知识产权行为保全司法解释为主导，与知识产权诉讼中的其他相关程序的关联性研究逐渐增加，且研究的涉外因素和国际性逐步增强。在本阶段，主

---

① 参见何炼红、邓欣欣：《类型化视角下中国知识产权禁令制度的重构》，载《中南大学学报（社会科学版）》2014 年第 6 期。

② 参见应振芳、储晓丹：《我国知识产权行为保全制度的合宪性研究》，载《知识产权》2016 年第 2 期。

③ 参见钱玉文：《知识产权禁令制度功能新探》，载《常州大学学报（社会科学版）》2015 年第 5 期。

要既有研究成果包含两类。

其一，是整体上讨论中国知识产权诉讼禁令程序的基本原则和发展方向。较有影响力的观点包括：学者张卫平在研究了《民法典》和《民事诉讼法》的衔接后指出，行为保全制度的初衷以及行为保全概念本身都是以保全裁判结果的实现为目的，是一项程序上或程序性措施。在知识产权领域中，这类行为禁令依然有其必要，仅仅有程序上的行为保全是不够的。与之不同，民事诉讼上的财产保全和行为保全，《民事诉讼法》都明确将其限定在“保全”的意义上。所有以保全为目的的措施都是程序性的。实体上的行为禁令（可以称为“实体禁令”）与程序上的诉前行为保全有所不同是显而易见的。因此，《民事诉讼法》所要进行的调整不是将行为禁令纳入作为程序范畴的行为保全之中，而是如何对接的问题，即对行为禁令的获得应当设置怎样的程序。[①] 针对行为保全禁令的总体适用尺度和规则，学者李扬认为，知识产权行为保全规则承载着一定的价值理念，与一个国家的知识产权现状相适应，作为实现这些价值目标的突破口，我国现阶段应当采取“有侵权就有不可弥补的损害就有临时禁令救济”的知识产权行为保全规则。[②]

其二，是对新司法解释颁布之后，知识产权诉讼禁令制度的适用情况进行的现实考察类成果。例如，学者喻玲、汤鑫运用实证研究的方法，从不停止侵权的反面角度来讨论知识产权诉讼禁令程序的司法适用，强调应设置侵害者抗辩作为前置程序，明确

---

① 参见张卫平：《民法典的实施与民事诉讼法的协调和对接》，载《中外法学》2020 年第 4 期。

② 参见李扬：《中国需要什么样的知识产权行为保全规则》，载《知识产权》2019 年第 5 期。

利益平衡原则在相关案件中的适用以及支持由法院决定替代措施及其内容类型。[1] 最高人民法院知识产权法庭罗素云法官分析了行为保全与先行判决制度的司法适用情况和相互关联性，提出需要明确先行判决的适用条件，构建二元启动模式，避免剩余标的处理方式的异化，在具体操作层面作出精细化设计，并借鉴英美法系的禁令制度，在同案中处理好先行判决与行为保全的关系。[2] 学者管荣齐、刘少华从个案视角，分析了知识产权诉讼禁令在专利案件中的司法适用。[3] 学者郭小冬在分析了 2013 年至 2020 年的知识产权诉讼 392 件行为保全禁令案例后认为，在本质上，诉讼保全是为可能被侵害的权利提供的临时性保护，但这种保护自实体法律确认权利之际就已存在，是实体权利与生俱来的权能。因此，诉讼保全需求源自实体权利所固有的请求权。对诉讼保全的理解应当融入实体法的因素，即行为保全禁令的请求权基础源自知识产权实体法，并以此为基础对知识产权诉讼保全制度进行结构性改造。[4]

其三，2018 年至 2023 年，知识产权诉讼禁令程序相关研究的涉外方面成果较多，与国际竞争中的禁诉令问题、平行诉讼问题等问题的交叉研究逐渐出现。比较有代表性的成果包括：学者刘哲玮强调，知识产权的平等保护需要诉讼武器的平等，应加强对知识产权审判的重视，针对知识产权案件的特点，为争议各方当

---

① 参见喻玲、汤鑫：《知识产权侵权不停止的司法适用模式——基于 138 份裁判文书的文本分析》，载《知识产权》2020 年第 1 期。

② 参见罗素云：《技术类民事案件适用先行判决的正当性思辨与规则构建》，载《知识产权》2020 年第 5 期。

③ 参见管荣齐、刘少华：《专利侵权行为保全措施的适用——“机动车刮水器”发明专利侵权案》，载《中国发明与专利》2020 年第 12 期。

④ 参见郭小冬：《诉讼保全的实体法视角及其展开》，载《北方法学》2021 年第 1 期。

事人提供平等的诉讼武器，使其实体权利和程序权利得到充分尊重；[①] 南京市中级人民法院张先砉、殷越法官认为，禁诉令制度是源于英美法系应对国际平行诉讼的一项制度，也是欧美法院在全球管辖权博弈中取得优势地位的重要策略。我国涉外知识产权诉讼中频频遭遇禁诉令冲击，严重影响我国企业公平地参与国际竞争。我国没有禁诉令制度或类似制度，不能有效应对禁诉令对我国司法管辖权造成的冲击。因此应当完善知识产权国际争议解决机制，尽快在知识产权诉讼禁令制度中增加设立禁诉令制度。[②] 学者李凡等探讨了知识产权诉讼禁令程序与长臂管辖的相互关系。[③]

综合上述文献综述与研究现状，关于我国知识产权诉讼禁令程序的研究，目前已经积累了一定具有代表性和影响力的研究成果，基本研究范式和研究框架较为明确。但从现有研究成果分析，目前我国知识产权诉讼禁令制度的研究现状总体呈现出研究相对不充分、不平衡的情况，主要的理论研究"短板"或付之阙如之处在于以下几个方面。

第一，对于知识产权诉讼禁令程序及其请求权基础的基本性质仍有较大争论。例如，民事程序法学界普遍认为知识产权诉讼禁令属于民事诉讼程序，即当事人的禁令申请权属于一项程序性权利，知识产权诉讼禁令程序是行为保全程序在知识产权诉讼这一特殊情境或场域中的特殊表现形态；而知识产权实体法领域的

① 参见刘哲玮：《为中外权利人提供平等诉讼武器》，载《人民法院报》2021年1月16日，第1版。

② 参见张先砉、殷越：《知识产权国际竞争背景下禁诉令制度探索与构建》，载《法律适用》2021年第4期。

③ 参见李凡、郜宙翔、李芮：《涉外知识产权诉讼中长臂管辖的影响与应对》，载《中国发明与专利》2021年第4期。

专家学者普遍倾向于认为禁令权利本质上是一种实体性民事请求权，因此该基本理论问题仍待进一步明确探讨和研究，这个问题也属于知识产权诉讼禁令制度的基本理论问题。由于学界缺乏足够关注和充分讨论，知识产权诉讼禁令及相关行为保全禁令的基础理论研究呈现出“未形成制度体系、亦缺乏理论资源或实践积累”的局面，[①] 这一局面亟待理论研究予以填补和完善。

第二，对知识产权诉讼禁令制度的具体要件研究仍不足，主要研究成果过度集中和依赖于比较法层面的讨论，即通过考察大陆法系和英美法系的主要禁令相关程序和制度来为我国行为保全制度提供参考借鉴。我国目前针对知识产权诉讼行为保全的各个程序性要件尚无学者进行系统研究，仅有的民事诉讼保全程序中的构成要件理论研究成果在知识产权诉讼中适用的空间和范围存在局限性。

第三，研究范式和研究路径略显陈旧。知识产权诉讼禁令制度的系统研究，离不开各种研究方法和多角度的理论描述。而目前关于知识产权诉讼禁令制度的研究，主要集中于教义学上的规范分析以及功能主义的立法构想分析，尚未发现通过法经济学的制度成本与效能理论、法社会学协同治理理论、程序性制裁理论等创新的理论研究范式，因此亟须创新理论研究范式加以弥补。

第四，检察机关对于知识产权诉讼禁令制度运行的重要法律监督职能被忽略。检察机关对民事诉讼裁定等制度具有依法监督的职权和法律授权，中央文件已明确要求检察机关加强法律监督工作，将社会主义核心价值观融入监督，重点关注对损害社会公共利益、程序违法、裁判显失公平等突出问题的监督，加强对审

---

① 参见傅向宇：《人格权紧急救济之诉的程序机制与阶梯式证明》，载《国家检察官学院学报》2022 年第 6 期。

判工作中自由裁量权行使的监督。检察机关对法院生效民事裁定同样应当享有法定的监督权，因此，对于现代型诉讼中以知识产权诉讼禁令制度为代表的准实体性程序裁决机制，应当形成以依职权主动发现和依当事人申请双轨并行的民事检察精准监督程序，及时通过法律监督权的运行，实现对人民法院准实体性程序裁决的有效监督与救济。

三、研究主要创新点

本书以“知识产权诉讼禁令制度”为研究主题和研究对象，主要源于笔者此前多年担任诉讼律师，在知识产权诉讼第一线执业过程中办理的大量复杂疑难案件中所发现和观察到的知识产权诉讼禁令程序中的体制机制性不足甚至弊端，关于知识产权诉讼禁令的疑难与挑战总结均源于笔者的第一手司法实践资料，具有一定的原创性、独特性和较高的研究必要性；同时，笔者试图兼顾中国特色的知识产权司法保护政策和当前所面临的最新国内外局势等现实因素，提出在现代型诉讼中，对以知识产权诉讼禁令制度为代表的准实体性程序裁决机制亟须通过新的方法论和研究思路开展研究。对于这样一个宏观的、理论与实践高度相结合的课题，通过前文文献综述便可一斑窥豹，即我国对知识产权诉讼禁令程序的立法论和解释论的研究均处于不完整、不充分的状态，直接体现出目前无论是诉讼法学界，抑或知识产权法学界等主流学界均尚未对知识产权诉讼的禁令程序给予充分的重视和发掘。

通常所谓的“学术创新”，一般包含四个层次：第一层次，提出前人没有发现或关注的问题，并提出行之有效的科学解决方案；第二层次，单纯发现并提出前人未能充分关注的问题；第三层次，对于前人已充分关注并开展研究的热点问题，提出一套行之有效的解决方案；第四层次，对于前人已关注研究并获得解决方案的问题，加以验证和优化。[①] 据此，总体而言，笔者不揣冒昧地认为，本书研究将力争在圆满完成达到第二层次创新的基础之上，努力向第一层次的目标趋近。笔者认为，本书研究的创新方向主要体现在以下几个方面。

（一）研究问题层面的创新

本书研究主题属于崭新的问题，提出的研究问题本身具有较强的创新性。知识产权诉讼禁令程序是2018年通过司法解释正式予以明确设立的新制度，且在设立之后，特别是2019年最高人民法院知识产权法庭设立后，方才得以激活；直至2020年8月，最高人民法院知识产权法庭方才作出首例具有代表意义的知识产权诉讼禁令裁决。[②] 且中国科技企业与国外科技企业的国际平行诉讼所涉及的禁诉令、禁执行令问题，也基本发生于2019年至2024年年初，目前尚无博士论文系统加以讨论分析。因此，在知识产权诉讼中研究禁令制度，应当是一个在理论层面上创新程度较高的选题。笔者才疏学浅、能力有限，根据目前所查询和检索到的有关著作和论文，学界尚未对此问题进行充分关注，与知识产权诉讼禁令制度有关的讨论、分析、批评或其他有针对性的研究成果较少。究其原因，在于民事诉讼法学领域的学者对知识产权诉讼程序原本就关注较为不足，同时知识产权法学界通常关注的重点在于知识产权实体法领域，对知识产权具体诉讼程序的关注也同样较为有限。与此同时，知识产权法学界和民事诉讼法学界一直

① 参见周义程：《社会科学类学术论文：评价标准、写作步骤及要领》，载《社会科学管理与评论》2013年第4期。

② 参见孙益武：《〈TRIPS协定〉下的禁诉令措施——欧盟诉中国知识产权执法措施案探讨》，载《武大国际法评论》2022年第4期。

以来较少关注及时、系统、有效的学术对话机制的构建。因而，本书所聚焦和讨论的知识产权诉讼禁令程序问题，是一个富有现实意义而未引起学界所充分关注的、“内卷化”程度较低的、崭新的“蓝海式”[①] 学术问题，因此提出研究问题本身便具有较强的创新意义，是诉讼法学向实体法领域延伸和交汇的未来创新发展方向之一。具言之，对知识产权诉讼禁令制度的研究，首先可作为一个独特的切入点和分析视角，激发民事程序法学界对知识产权诉讼和程序相关制度与普通民事诉讼程序之间区别与联系的比较研究，并借此促进对知识产权诉讼程序的基本理念、基本原则的再发现；其次，通过对知识产权诉讼禁令的研究，学界可系统建构起一类重要的程序性裁决即准实体性程序裁决所应当遵循的基本原理和程序设计要义，为知识产权诉讼中其他准实体性程序裁决研究奠定一定的理论基础，并据此构建起中国特色的民事诉讼程序性制裁基本理论框架。最后，推动知识产权诉讼特别审理法的立法研究、论证和发展。通过对知识产权诉讼禁令这一知识产权诉讼核心制度的探索，为中国特色、中国方案之下的知识产权特别审理程序立法的进一步研究奠定初步基础。

（二）研究资料层面的创新

本书研究问题全部源于中国的知识产权司法保护实践，在研究资料层面上，主要包括以下几类材料：第一，笔者参与办理的知识产权诉讼禁令案件的相关资料，包括多起指导性案例、首创性案例以及公报案例等，上述资料和心得体会是笔者在多年办案

---

① 笔者认为，无论是商业抑或学术科研领域，“蓝海战略”的基本理论和内容都是值得借鉴的。关于“蓝海战略”，参见［韩］W. 钱·金、［美］勒妮·莫博涅：《蓝海战略：超越产业竞争，开创全新市场》（扩展版），吉宓译，商务印书馆 2016 年版，第 2 页。

工作中积累的原创性第一手资料，具有独特性、不可复制性和创新性。第二，笔者自2020年至2022年，在本书的写作与研究过程中，曾多次前往最高人民法院知识产权审判庭及知识产权法庭、北京市高级人民法院、浙江省高级人民法院、北京知识产权法院、上海知识产权法院、广州知识产权法院、深圳市中级人民法院以及全国各地其他省区市中高级人民法院进行调研学习，收集到许多资料和数据以及相关访谈纪要等，据笔者了解，目前开展对知识产权诉讼各制度特别是禁令制度的学术研究较少，笔者拟通过上述调研来获取和发现司法实践中的“真问题”、“新问题”和“难问题”，从而更有针对性地作出制度建设与回应。同时，在写作本书的过程中，笔者将研究成果和实证资料同时形成了针对中国知识产权诉讼程序发展的调研报告，对此问题所涉及的有关事实情况作全景式系统梳理，从而为此后研究中国知识产权诉讼制度的学者提供第一手原始资料。第三，是通过公开渠道可以查询了解到的有关资料，包括：（1）法律法规和司法规范性文件；（2）中国和各主流国家及地区关于知识产权诉讼禁令程序的相关理论文献论述；（3）域外主流国家和地区的立法例参考；（4）中外知识产权诉讼禁令的典型性、代表性案例分析与统计。对于上述文献，目前尚无学者进行系统梳理归纳研究，笔者拟对上述资料进行认真梳理总结，进行全方位深入研究。综上所述，本书研究资料具有高度原创性，也是本书研究的重要创新方向之一。

（三）研究方法与视角层面的创新

一方面，研究方法的创新。在开展本书相关的研究工作时，笔者拟尝试采用多种研究方法并行的方案，如文献/规范研究、比较法研究、实证分析研究、政治学（公共政策）研究、社会学田野调查研究、法经济学研究与价值分析、历史研究等方法，关于其中具体的研究方法将在下一部分详述。笔者认为，对任何一项诉讼程序的改进与完善，必然应当经过对其制度价值、立法可行性和既有法律体系的影响等因素的分析，以及对司法实践疑难问题的有效回应。简言之，研究问题的系统性和复杂性决定了研究方法的多样性，而研究方法的多样性就体现着对知识产权诉讼禁令程序的研究方法的创新性。另一方面，研究视角的创新。目前现有关于知识产权诉讼禁令制度的研究主要停留在规范层面和某一具体方面，如紧急性的判断、难以弥补的损害的司法认定、程序异议权的保障等单个领域，并没有对上述问题进行系统梳理整合后，再在知识产权诉讼禁令程序基本理论和制度逻辑的宏观高度层面上进行分析讨论。而知识产权诉讼禁令制度的研究是一项复杂系统的工程，应当从宏观视角甚至社会治理的视角和高度进行研究讨论，这也是本书研究将始终坚持贯彻的基本创新视角。

四、研究方法

本书采取的研究方法主要包括规范研究、比较法研究、实证分析研究、法经济学分析研究、法史学研究等，从多角度、多层次分析讨论知识产权诉讼禁令程序中的理论与实践问题。现详述如下。

（一）规范研究方法

文献研究和法律规范研究是任何社会科学研究的基础。为了全面了解梳理和发现问题，笔者全面研究了近年来关于知识产权诉讼禁令程序的相关法律规范、司法解释、司法规范性文件、地方各级法院的规范性文件，以及关于知识产权诉讼禁令的各项具体程序、适用的情形以及构成要件等问题的相关权威论述和文献资料，并对上述资料进行“穷尽式”检索分析，并运用文义解释的方法，进行语义、语境分析，寻找问题以及问题深层次的援引和立法司法理念。

（二）比较法研究方法

由于知识产权诉讼禁令特别程序在我国的制度规定和设计较为粗线条，为进行立法论层面的研究，宜将目光聚焦于域外主流国家或地区的知识产权诉讼中的禁令程序立法例及其司法实践案例当中，总结规律，并加以批判性地分析讨论，提取立法例中的先进经验为我所用。笔者从我国当前面临的问题出发，主要以美国、日本、德国、欧盟等国家和地区的主要立法例中的知识产权禁令案件审理程序进行横向比较研究，以发现知识产权禁令程序的发展趋势和一般经验规律，并为我国立法寻求参考。

（三）实证分析研究方法

实证分析研究是法学理论中的重要研究方法。本书研究领域中的实证研究和分析主要包括三个模块：第一，基于对司法机关、知识产权行政管理机关、市场监督管理机关等进行实地调研走访，开展“田野调查”得到第一手资料数据；第二，基于对现有案例进行统计研究后得出的反映诸如司法政策趋势变化、司法审判尺度、部分案件发案率等问题的相关分析结论；第三，基于调查了解到的宏观社会现实背景，对经济社会的基本信息材料，如各地区“蓝皮书”、地方政府数据、专项调查问卷等进行梳理总结得到相关的结论。

第一章

知识产权诉讼禁令基本问题

知识产权诉讼禁令制度，是作为“现代型诉讼”的知识产权民事诉讼程序中①最为重要的一类程序性裁决制度之一。对于任何一项诉讼程序的应用研究，基础的工作就是在分析和了解所研究对象的基本概念、基本特征、现行法规范基础和司法实践的前提之上，准确发现和检视该制度中存在的理论问题和实践问题，并运用知识产权法学和诉讼法学的理论工具加以有针对性地解释、补正和完善。据此，本章将围绕知识产权诉讼禁令程序的基本概念、基本性质、理论基础、现实情况四方面展开分析，对知识产权诉讼禁令基本问题提出自己的观点，从知识产权诉讼禁令程序的概念、价值功能、主要类型、构成要件、基本性质、指导理论、实践考察与困境检视等主要方面，对我国知识产权诉讼禁令制度进行全方位研究和剖析，以作为其后各章的立论基础。

① 由于我国当前尚未实施较为全面的知识产权诉讼“三审合一”制度，知识产权民事、行政和刑事诉讼尚未进行统一管辖和合并审理，因此如无特别注明，本书所称“知识产权诉讼”，特指对知识产权民事诉讼案件的简称。

第一节　知识产权诉讼禁令程序概述

一、知识产权诉讼禁令的概念与特征

（一）知识产权诉讼禁令的概念

研究知识产权诉讼禁令程序的概念，实际上可以将其拆分为三个元素或维度加以辨析，即“知识产权”、“诉讼”和“禁令”。第一，本书所研究和讨论的禁令制度的作用场域是知识产权相关案由的案件。知识产权案件，根据《民法典》和《民事案件案由规定》等法律和司法解释的有关规定，通常被理解为与著作权、商标权、专利权、地理标志、商业秘密、集成电路布图设计、植物新品种等知识产权种类有关的合同案件、权属确认案件、侵权损害赔偿案件、不正当竞争侵权案件和垄断侵权案件等类型。① 第二，本书所研究的对象主要是在诉讼程序之前或之中的禁令制度，是人民法院行使临时性司法权作用的场域，其主要包括以日后起诉为前提条件的、在正式提起诉讼前发生的禁令程序和诉讼程序过程中发生的禁令程序，而不包括非讼特别程序中的禁令，如人格权禁令，亦不包括行政机关作出的具有具体行政行为性质的禁令，如道路交通禁令、海关禁令、限制经营者集中禁令、国际贸易禁令、外汇管制禁令等。第三，本书所研究和讨论的禁令是指在诉讼过程中，由人民法院依申请或依职权实施的，禁止当事人

① 参见《民法典》（2021 年实施）第 123 条、《民事案件案由规定》（法〔2020〕347 号，2020 年修正，2021 年实施）第 146～185 条。

进行特定作为或不作为等行为的临时性、中间性、非终局性程序性裁决，而不包括对财产或证据等物质性的保全措施。

从以上三个元素维度组成的立体参考坐标系出发，可以将本书的研究对象即知识产权诉讼禁令制度的定义作如下简要概括：知识产权诉讼禁令制度是知识产权和竞争纠纷诉讼程序之前或之中，人民法院为防止当事人权利遭受不可逆转、无法恢复的损害，防止生效裁判无法执行，而结合案件事实情况和证据，运用司法权对是否强制特定当事人在生效裁判作出之前作为或不作为特定行为进行审查判断，并作出是否颁发相应禁令裁决所依据的程序性法规范的总称。结合我国现行民事诉讼法律和司法解释体系规定，知识产权诉讼禁令程序主要分为诉前禁令（知识产权诉前行为保全）和诉中禁令（知识产权诉讼行为保全）两种类型。

此外，从我国民事诉讼法的现实语境进行分析，知识产权诉讼禁令制度的目的主要在于三个方面：其一，执行保障目的，即保障知识产权生效裁判文书的有效执行，确保权利人最终得到较为完整而充分的终局性救济；其二，阻遏侵权目的，即在知识产权诉讼案件审判过程之中，防止侵权行为进一步扩大导致权利人遭受难以弥补的损害，通过保全程序对侵权行为予以限制和阻遏；其三，社会治理目的，即通过禁令的颁发情况，在一定程度上体现出人民法院对某一特定知识产权争议案件的初步或基本态度，从而促进当事人选择诉讼行为和诉讼策略，适时通过调解、和解、仲裁等多元化纠纷解决机制及时有效解决知识产权争议，在全社会有效贯彻弘扬保护知识产权的国家政策，促进知识产权利用效率的最优化。①

① 知识产权诉讼禁令制度的社会治理目的，源于笔者所参与的最高人民法院知识产权法庭朱理法官的演讲及访谈内容。访谈时间：2023 年 4 月 25 日，访谈地点：贸仲知识产权仲裁中心。

（二）知识产权诉讼禁令的特征性质

根据导论中对知识产权诉讼禁令基本概念的理论分析和逻辑推理，可以观察总结出知识产权诉讼禁令程序应当具备的一般特征性质，主要包括程序性、紧迫性和准实体性三方面。

1. 程序性

程序性是知识产权诉讼禁令的本质属性。程序性又可以被理解为"非实体性"，亦即知识产权诉讼禁令是一类过渡性、程序性或过程性的暂时性裁决，不属于对当事人案涉权利义务的实体性或终局性处分。也就是说，禁令裁决本身的效力是临时性的，其持续期间始于颁发并由当事人送达签收，止于终审实体裁判的生效，仅在上述诉讼进程当中具有暂时限制当事人特定行为自由的程序性效力，而不具有生效裁判所具有的形式或实质上的既判力。[①] 当知识产权诉讼终审生效裁判作出后，禁令的强制效力既告解除。也就是说，知识产权诉讼禁令裁决并不具备大陆法系民事诉讼法学界所强调之"执行名义"意义上的效力、特征和属性。基于知识产权诉讼禁令的程序性特质，对其审查程序设置、证明责任、证明标准以及诉讼权利滥用的判断等方面，与实体裁判的审理程序相比，应当具有一定的特殊性。

2. 紧迫性

紧迫性是知识产权诉讼禁令的直接属性。知识产权诉讼禁令的颁发，必然是以防范当事人的诉争权利免受对方行为不可逆转的侵害或防止生效判决无法执行为直接目的。因此，绝大多数情

---

① 参见袁发强、黎喆：《海事请求保全错误救济制度研究》，载《河北法学》2021年第6期；李仕春：《民事保全程序研究》，中国政法大学2002年博士学位论文，第28页。

况下，知识产权诉讼禁令的适用情形通常伴随一系列紧急性事由出现，禁令的审理程序通常较普通民事诉讼程序行为保全而言，其时限要求和审理效率要求更为紧迫。由于知识产权诉讼特有的情形，即无形资产遭受损失的不可回转性、不可弥补性、侵权范围的广泛性和不可控性，因此相较于财产保全、证据保全等有形物质性保全的审查程序，知识产权诉讼禁令程序对效率的强调和要求原则上要更强；当遭遇程序公正与效率的冲突时，通常情形下，应当将保障禁令程序的审理效率作为第一要务和优位性位阶的价值考量。①

3. 准实体性

准实体性是知识产权诉讼禁令的衍生属性。由于知识产权诉讼禁令本质上属于一种程序性裁决，准实体性并非禁令的固有属性，而是由知识产权诉讼中争议标的的独特属性所决定的。基于系争知识产权通常具备极强的无形性和时效性，禁令的颁发往往会对当事人的实体权利义务造成重大的实质性影响，因此相较于其他保全程序和民事诉讼程序的其他过程性裁决而言，知识产权诉讼禁令具备较强的“准实体性”。“准实体性”是指禁令虽然本质上是一种程序性的裁决，但是其往往具备与实体生效裁判相同甚至更强的实质性权益处分效力，② 更加近似于实体生效裁判的效

① 参见毕潇潇、房绍坤：《美国法上临时禁令的适用及借鉴》，载《苏州大学学报（哲学社会科学版）》2017 年第 2 期。

② 大多数知识产权诉讼案件中，禁令裁决的效力是高于最终的实体生效裁判的，其根本原因在于知识产权诉讼中，权利的时效性极强，且损害的不可逆性突出。知识产权的获得需投入大量的科研研发成本，而侵权行为的成本极其低廉，权利人一旦面临侵权，其苦心经营形成的竞争优势可能稍纵即逝，且竞争优势的丧失往往是不可逆的过程。故知识产权诉讼中“赢了官司，输了市场”的情形十分常见。

力，但毕竟知识产权诉讼禁令属于临时性、中间性、过程性裁决，并非真正意义上的实体性裁决，故笔者认为，宜将其命名为“准实体性程序裁决”。因此，对禁令的审查和裁决的作出，其程序相较于通常的程序性事项，必然应当更加审慎。

程序性、紧迫性和准实体性三方面独特属性，构成知识产权诉讼禁令程序的特征性质和识别源代码。对其审查程序的任何改进和完善，以及对其证据问题和滥用权利问题的制裁机制，也必然以上述三方面属性作为准绳和依据。

（三）知识产权诉讼禁令程序与普通行为保全程序的主要区别

除去前述知识产权诉讼禁令程序本身的本质特征，探究其作为特别法意义上的特别程序与普通程序相比所具有的特异性，也是本书重点关注的内容。厘清知识产权诉讼禁令程序相较于普通民事诉讼行为保全程序的特殊性，是进一步细化本书研究对象、明确研究目的、发掘研究价值的必由之路。

我国程序法规范语境之下，知识产权诉讼禁令程序与普通民事诉讼法上的行为保全程序，是“特别法”与“一般法”或“特别程序”与“普通程序”的关系。值得关注的是，知识产权诉讼禁令程序与普通民事诉讼中行为保全的程序的特征性质存在诸多不同，二者的诉讼程序特点具备较大差异和区别。学界较为通行的观点认为，禁令程序与行为保全程序的功能非常相似，但也存在诸多诸如独立性上的差异。① 而总结分析知识产权诉讼禁令程序与普通民事诉讼行为保全程序的特征性差异，也是本书后续建构禁令程序所遵循的基本原理和探究优化知识产权诉讼禁令审理程

---

① 参见吴英姿：《民事略式诉讼程序初论》，载《中外法学》2022 年第 6 期。

序等基本问题的逻辑原点之一。根据比较法的视角和实证分析的结论，笔者经过研究认为，知识产权诉讼禁令程序与普通民事诉讼行为保全程序的主要区别或特殊之处主要体现在以下三个方面。

1. 独立性高

知识产权诉讼禁令程序独立性相对较高，而普通民事诉讼程序中的行为保全程序独立性相较而言受到弱化。虽然知识产权诉讼禁令程序在我国程序法中是作为一种行为保全的特别法的立法定位，但从比较法视角分析，美国、德国等国家的知识产权诉讼禁令程序均具备一定程度上的独立性，立案、审理和执行等环节均可以与主诉案件相互分离，即便主诉案件已发生诉讼系属；而普通民事诉讼中的行为保全程序，并不具有独立性，不能独立运行，而是依附于主诉案件实体审理程序运行。虽然学界有观点认为，普通民事诉讼中的行为保全程序的地位亦应独立，即从诉讼程序中分立出来并获得独立的程序地位，[①] 但是该观点尚未成为主流理论，且笔者认为，将全部行为保全禁令程序分立出来会凭空增加法院的受案量，不符合程序效率原则。综上所述，就诉讼法学理论而言，知识产权诉讼禁令程序因其具备相对较强的独立性，通常可被划归为“民事略式诉讼程序”[②]，而普通民事诉讼程序中的行为保全程序由于不具备任何独立性，其本质仍属于普通民事诉讼程序范畴和组成部分，无法独立适用。

2. 关联性强

通常而言，知识产权诉讼禁令相较于普通民事诉讼行为保全而言，与其他程序关联性更强。该种关联性主要体现在两方面：

---

① 参见张海燕、苏捷：《论人格权禁令程序的路径选择》，载《甘肃社会科学》2022 年第 6 期。

② 参见吴英姿：《民事略式诉讼程序初论》，载《中外法学》2022 年第 6 期。

一方面，知识产权诉讼禁令执行实施主体的多元化。基于知识产权诉讼标的大多具备公私交融属性，相较于普通民事诉讼行为保全的裁判和执行单纯属于法院司法权作用场域和空间、法院是民事诉讼行为保全禁令的单一实施主体，知识产权诉讼禁令与行政机关的行政执法程序、处罚程序、确权程序乃至刑事诉讼侦查程序的耦合度和关联程度更高，其执行实施主体由法院一元主体逐渐向“法院 + 行政机关 + X”的多元主体扩张。例如，在我国广东省的司法实践中，近年来陆续出现海关与法院配合共同执行和实施知识产权诉讼禁令的案例。① 也就是说，知识产权诉讼禁令的执行，很大程度上依赖于行政机关等多元主体的共同配合与协助。另一方面，知识产权诉讼禁令的申请事项与执行内容通常与其他程序的启动和实施内容相重叠。例如，就笔者参与办理的一起最高人民法院专利侵权诉讼二审案件而言，该案中，被上诉人向最高人民法院知识产权法庭提交申请事项为申请颁发知识产权诉讼禁令，禁止上诉人向国家专利行政机关申请宣告案涉相关方法专利和产品专利无效。② 上述禁令申请，按照“禁诉令”的制度逻辑，在一定程度上具备“禁申请令”的浓厚色彩。笔者认为，如上述禁令申请得以准许，则禁令将不合理限制其他当事人基于

---

① 参见蔡岩红：《各地海关因地制宜探索知识产权强国建设新举措》，载《法治日报》2022 年 12 月 2 日，第 6 版。据报道，2020 年 9 月底，深圳海关根据权利人广州三雅摩托车有限公司申请，查扣了涉嫌侵犯其外观设计专利权摩托车 420 台。在权利人的积极配合下，深圳海关在 48 小时内就配合广州知识产权法院完成了诉前行为保全工作，这也是深圳海关配合广州知识产权法院首次共同实施诉前禁令行为保全。

② 参见山东省青岛市中级人民法院民事判决书，（2021）鲁 02 知民初 88 号；最高人民法院民事判决书，（2022）最高法知民终 1961 号；国家知识产权局专利局专利无效申请审查案号：4W112246。截至本书成稿时，本案正处于最高人民法院知识产权法庭二审审理程序中。

知识产权实体法所拥有的行政法意义上的权利，侵夺了预期行政利益。从上述案例中可以看出，知识产权诉讼禁令所禁止或强制的内容，往往是其他行政程序的申请行为、运行过程或结果本身，二者具有较高的重叠性。另有部分案例中存在当事人向法院申请诉讼禁令，禁止另一方在本案诉讼生效裁判作出前，向特定机关如市场监督管理机关等部门进行投诉或举报的行为。上述现状的根本原因在于知识产权争议案件具有多个法律关系交叉的属性，以及在知识产权保护方面行政权与司法权相互叠合的本质特征。

3. 不可逆性强

知识产权诉讼禁令相较于普通民事诉讼的行为保全裁定，其裁决的作用结果方面不可逆性更强。司法实务界通常将知识产权诉讼禁令的颁发称为“未判先赢”①。也就是说，即便终审生效判决尚未作出，知识产权诉讼禁令的效力也往往对争议各方的生产经营能力造成准终局性的实质性影响；而且绝大多数当事人在法院作出知识产权诉讼禁令裁决之后，能够基于禁令中合议庭的法律适用和逻辑思路，以及针对案涉诉争要件事实的分析论证，对实体生效裁判结果进行较为明确的预测。普通民事诉讼行为保全通常难以对当事人的实体权利义务造成不可逆的影响，即便存在影响，也多能够通过后续执行回转程序或错误保全损害赔偿诉讼程序加以恢复。而知识产权诉讼禁令所针对的营业自由限制、禁止或其他强制事项之时效性、无形性更加强烈，禁令所指向的民事法律关系内容既包含人身权利义务，也包含财产权利义务，且

① 参见秦善奎：《知识产权民事审判证据实务研究——以智慧的方式善待智慧》，知识产权出版社2018年版，第67页。

通常与相关市场份额抢占、最新科技成果转化、商业信誉之得丧密切相关。也就是说，禁令所产生的次生性影响，往往远超知识产权诉讼中所涉及的权利义务本身。其不可逆性的根本原因正如学者孔祥俊指出，知识产权在很大程度上是一种竞争性工具；[①] 宋鱼水亦强调知识产权自身带有较为强烈的公共政策属性。[②] 因此，知识产权诉讼带有天然的竞争色彩，以市场竞争为目的的知识产权诉讼禁令在知识产权的司法保护领域尤为突出。知识产权诉讼禁令的颁发将直接影响市场主体的竞争关系、竞争结果，而竞争的胜负成败不可逆转，也很难通过错误保全的损害赔偿等单纯的司法途径加以救济。从综合性视角出发，其根本原因在于，知识产权诉讼禁令是各方商业竞争关系和竞争行为的有机组成，而商业竞争的最终胜败淘汰，很难通过单纯的司法途径如国家赔偿、错误申请保全诉讼等方式进行救济，因为竞争中的淘汰往往无法通过“司法权定价”的方式进行计量。

相较于普通民事诉讼行为保全程序，知识产权诉讼禁令程序具有相对较高的独立性、较强的关联性以及不可逆性，上述三个特征，决定着知识产权诉讼禁令的特殊研究价值，也决定着相较于普通民事诉讼行为保全程序，知识产权诉讼禁令程序的研究方法、制度定位和主要规则设置也必然有所不同。

二、知识产权诉讼禁令制度的价值功能

根据我国现行《民事诉讼法》和相关司法解释的规定，我国

---

① 参见郑丹：《国内首场司法维权论坛举行：破解企业诉讼囚徒困境，提升各方法治素养鸿沟》，载中国经营报2004年1月10日，https：//baijiahao. baidu. com/s?id = 1751624389379926442。

② 参见宋鱼水、肖俊逸：《高质量发展阶段司法机关对商标实质合法性的动态审查权探析——从icourt案出发》，载《法律适用》2022年第11期。

知识产权诉讼禁令制度的价值功能包括两方面，即临时性救济功能，及时有效为权利人提供暂时性、临时性救济的功能；既判力保障功能，即防止知识产权诉讼的实体生效裁判无法执行。① 除了规范主义法学研究进路外，笔者认为，还应从法社会学角度和国际法学角度出发，更为全面地观察禁令的深层次功能。事实上，禁令除了程序法规范上所规定的功能预设之外，还应包含两项功能：第一，在微观社会治理层面上，通过禁令的多元化纠纷解决机制化解焦点社会矛盾的功能；第二，在宏观国际法层面上，禁令具备维护我国司法管辖权、反制境外法院的不当管辖、捍卫我国海外竞争利益和优势的功能。以下笔者将逐一加以详述。

（一）预防性临时性救济功能

知识产权诉讼禁令的预防性临时性救济功能，是禁令作为一种临时性裁决机制和救济机制所拥有的基础和根本意义上的功能。而该制度的其他功能，均可以被理解为是权利临时性救济功能的衍生和发展。行为保全禁令制度在英美法系衡平法上诞生之初，便是为了向漫长的普通法诉讼过程中的当事人提供及时、有效的预防性、暂时性衡平法救济；② 与知识产权诉讼禁令性质近似的海事诉讼强制令制度、财产保全制度、人格权禁令与人身保护令等相似制度，均具备相同的暂时性权利救济和保障的功能。由于临

---

① 参见《民事诉讼法》（2023 年修正）第 103 条第 1 款规定：人民法院对于可能因当事人一方的行为或者其他原因，使判决难以执行或者造成当事人其他损害的案件，根据对方当事人的申请，可以裁定对其财产进行保全、责令其作出一定行为或者禁止其作出一定行为；当事人没有提出申请的，人民法院在必要时也可以裁定采取保全措施。《知识产权行为保全规定》（法释〔2018〕21 号）第 4 条第 3 项规定：申请所依据的事实、理由，包括被申请人的行为将会使申请人的合法权益受到难以弥补的损害或者造成案件裁决难以执行等损害的具体说明。

② 参见余佳楠：《网络服务提供者的妨害人责任——以合比例性为中心》，载《中外法学》2021 年第 6 期。

时性救济功能的基础性，当此项功能与禁令的其他功能相冲突之时，不应舍本逐末，而应着重强调其“紧急权利保护”之必要性。① 一方面，由于禁令具有预防性临时性权利救济功能，其审查程序的核心导向应包含对效率的追求，如对证明标准应加入弹性因素的考量；就总体审理程序而言，相较于实体审理程序应更为灵活和具备“韧性”。另一方面，由于禁令申请权对于当事人而言，属于一类重要的程序性救济权利，故其存在较大被滥用的可能性。因此，知识产权诉讼禁令是一把锋利的“双刃剑”。

（二）既判力保障功能

既判力保障功能同样是知识产权诉讼禁令程序的重要功能。虽然通说认为，禁令裁决本身不具有既判力，但这并不能妨碍禁令制度对知识产权实体裁判既判力的捍卫。笔者认为，禁令裁决对知识产权诉讼实体裁决既判力之保障功能是通过保障生效裁判的执行力间接实现的。其逻辑路径如下：根据民事强制执行法较有代表性的观点，生效裁判所具备的执行力与裁判的既判力主观范围和客观范围应属一致，且生效裁判的既判力必然由执行力所外化和体现，裁判执行力是既判力的重要表现形式，并由既判力所确认。② 在上述理论前提下，禁令裁决通过对当事人行为的禁止，实质性地维护了生效判决的执行力，并通过法院执行名义的作出程序实现执行力，最终有力地维护和保障生效知识产权诉讼裁决的既判力。当然，禁令对于既判力的保障同样也是一种临时

① 参见甘培忠、赵文冰：《对公司决议效力的一些思考——析〈最高人民法院关于适用《中华人民共和国公司法》若干问题的规定（四）〉（征求意见稿）中的相关规定》，载《法律适用》2016 年第 8 期。

② 参见肖建国：《中国民事强制执行法专题研究》，中国法制出版社 2020 年版，第 55 – 57 页；张红、裴显鹏：《公司利润强制分配之具体分配方案——兼谈〈公司法〉相关制度的修订》，载《河北法学》2021 年第 12 期。

性的措施，其保障效力在生效判决发生之后便不复存在，而由生效判决及其执行名义的强制执行效力所覆盖。

（三）多元解纷促进功能

我国程序法学界对行为保全禁令制度的功能主要聚焦于法规范所确认的预防性临时性救济措施功能和既判力保障功能，对以上两方面价值功能的讨论成果较多，笔者不再赘述。[①] 而自行为保全制度被确立为我国《民事诉讼法》的基本程序制度以来，学界似乎较少将关注的焦点放在禁令制度在其他场域的功能与价值实现上。笔者认为，知识产权诉讼禁令制度在客观上和实质上促进了知识产权诉讼通过多元化解纷机制加以处结，成为知识产权诉讼中多元解纷的重要平台和窗口。在我国语境下，多元化纠纷解决机制广泛适用的主要动力源于四方面：第一，权力推动：法院对调解、和解、仲裁、公证等其他多元化解纷机制的支持和保障力度。第二，权利选择：当事人面对案件事实较为清晰、法律适用较为明确、结果较为可预判的案件，选择调解或和解等非诉讼途径解决案件的意愿较为强烈。第三，结果导向：其他多元化纠纷解决机制运行结束之后产生的结果法律效力越强，则当事人选择其作为解纷方式的动机越明显。[②] 第四，文化影响：和谐厌讼的传统文化对于当事人行为的影响。

知识产权诉讼禁令对于多元解纷的促进作用至少可以从两个方面体现：第一，禁令是国家司法权对当事人行为的暂时性强制，体现出国家强制力对多元解纷机制的强大支持。例如，当事人在

① 代表性文献可参考江伟、肖建国：《民事诉讼中的行为保全初探》，载《政法论坛》1994 年第 3 期；范跃如：《试论我国行为保全制度及其构建与完善》，载《法学家》2004 年第 5 期。

② 参见潘剑锋：《论司法确认》，载《中国法学》2011 年第 3 期。

仲裁程序中同样有权向法院申请禁令，因此，通过禁令程序，国家的司法权能够保障其他解纷机制的强制性，从而有效促进知识产权争议案件的多元化解决。第二，禁令的裁决通过对法律关系和要件事实的明确，虽并非实体审理，却准确全面体现出法官对于案件所持有的主要心证判断。事实上，禁令的审查程序便是双方当事人进行理性商谈、法官披露心证的过程。[①] 禁令的审查程序在本案的“主线程序”即实体审理程序之外，为各方当事人提供了一个“额外”的支线通道，一个协商对话的场域和机会，各方当事人可以预先对争点进行简洁、高效、凝练的辩论，其可以说是最终正式实体审理程序的浓缩和预演，能促进当事人在理性考量案件事实的基础上，积极通过和解或调解，迅速高效且成本低廉地解决纠纷。[②] 国外学者亦统计后指出，绝大多数知识产权诉讼案件始于禁令程序，但也终结于禁令程序。[③] 因此，禁令制度对于多元解纷机制和社会矛盾协同化解方面的促进作用，是其重要的功能价值。禁令程序在知识产权诉讼中普遍存在的现实，与知识产权诉讼程序大量通过多元化解决的现象，应当是一种互为因果的关系。一方面，基于知识产权诉讼的竞争属性，大多数案件中当事人会选择禁令程序作为其常规诉讼策略，推动“以打促谈”的谈判、和解、调解进程，最后的实体判决结果显然不是其完全追求的目的；另一方面，既然双方当事人通过谈判、调解、和解等多元解纷的主观愿望和动机较强，双方当事人选择协商对话的

---

① 参见张斌：《论我国行为保全类型的制度完善》，载《司法改革论评》2016 年第 2 辑。

② 参见张海燕、苏捷：《功能主义视角下知识产权诉前行为保全制度的激活》，载《中国应用法学》2020 年第 6 期。

③ See Heckmann，F. & Bausch，T.，*The Use of Mediation in Settling Patent Disputes*，1 International In – House Counsel Journal 11 （2018）.

主观意愿就越高，其利用、穷尽一切诉讼权利进行彼此间对话的可能性就越高，因此多数当事人会将禁令的审理作为重要窗口进行利用。综上所述，二者呈互为因果的关系。

（四）维护司法管辖权功能

反制国外司法机关不合理的“长臂管辖权”，维护我国司法主权和管辖权，并最终维护我国产业和创新优势等公共利益，是禁令制度在当前国际竞争时代背景下的最新功能。无论是“贸易战”还是“法律战”，任何表现形式的国际竞争结局，本质上都是国际政治经济军事综合实力对比的结果。① 近年来，我国科技创新实力不断增强，实现高端制造业和电子数据通信领域由“紧随其后”到“势均力敌”再到少部分领先的竞争态势变化，而相应的涉外法治体系建设却不够完备。据此，其他国家为捍卫其自身科技优势和维护其产业利益，围绕知识产权问题，动辄以贸易制裁和跨国诉讼等形式对我国高科技企业实施全方位封锁。② 因此，部分海外企业对我国高新技术企业在其本国提起专利侵权诉讼或反垄断诉讼，规避我国司法管辖权，防止和干预我国司法机关维护我国企业的合法权益，通过禁诉令禁止我国企业向其本国法院起诉，通过禁执行令禁止我国企业向其本国法院执行境内外知识产权诉讼生效裁判，对我国公共利益和竞争优势造成严重损害。由于我国缺少系统化的外国管辖和域外法律适用阻断机制，我国法院在受理上述案件时时常面临被动局面。2020 年，我国最高人民法院创造性地运用知识产权诉讼禁令的形式颁发了

① 参见洪延青：《“法律战”旋涡中的执法跨境调取数据：以美国、欧盟和中国为例》，载《环球法律评论》2021 年第 1 期。

② 参见沈伟：《中美贸易摩擦中的“法律战”——从不可靠实体清单制度到阻断办法》，载《比较法研究》2021 年第 1 期。

禁诉令，[①] 有效维护了我国企业的合法权益，防止外商在其变相控制和施加影响的境外法院执行对我国不利的司法裁判，成功反制了外国法院的不当司法管辖权，并最终捍卫了我国的产业利益和创新优势，[②] 成为全球知识产权治理博弈中的重要程序性组成部分。[③]

三、知识产权诉讼禁令的主要类型

（一）诉前禁令

知识产权诉讼中的诉前禁令，根据我国现行法规范，又称知识产权诉前行为保全。知识产权诉前禁令是在提起诉讼之前，在权利受到妨害或受到妨害之虞时，作为知识产权人或知识产权合法使用人的申请人基于其权利，向具有管辖权的法院提出禁令申请，要求被申请人为或不为一定行为的制度。[④] 概言之，诉前禁令是指法院在诉前发布的责令行为人停止侵犯知识产权行为的命令。[⑤] 虽然诉前禁令是发生于诉讼之前，但是应当注意的是，诉前禁令制度原则上要求申请人应当向法院后续提起实体诉讼或申请仲裁，否则在一定期限内未起诉或进行仲裁的，则将被认定为“错误申请”[⑥]。

---

① 参见最高人民法院民事裁定书，（2019）最高法知民终 732、733、734 号之一、之二。

② 参见顾昕、宋飞云：《构建规范合理的知识产权域外适用规则》，载《科技中国》2021 年第 10 期。

③ 参见邵科：《全球知识产权治理博弈的深层话语构造：中国范式和中国路径》，载《法学研究》2021 年第 6 期。

④ 参见刘知函：《知识产权诉前禁令制度研究》，中国政法大学出版社 2018 年版，第 82 页。

⑤ 参见吴英姿、张文郁：《两岸知识产权诉讼特别程序制度比较研究》，载《中国应用法学》2018 年第 6 期。

⑥ 参见《知识产权行为保全规定》（法释〔2018〕21 号）第 16 条规定：有下列情形之一的，应当认定属于《民事诉讼法》第 105 条规定的“申请有错误”：（1）申请人在采取行为保全措施后 30 日内不依法提起诉讼或者申请仲裁……

申请诉前禁令之后，向人民法院提起知识产权诉讼，是绝大多数诉前禁令程序的必然结果；通过起诉，诉前禁令即转化为诉中禁令。因此，广义上来说，知识产权诉前禁令应当包括在知识产权诉讼禁令的概念体系之中。

（二）诉中禁令

诉中禁令，又称诉讼禁令。狭义的知识产权诉讼禁令，是指在知识产权诉讼程序启动之后，法院在立案受理到终审生效判决作出的阶段之内，法院根据申请人申请或依职权要求被申请人为或不为一定行为的制度。由于我国现行民事诉讼程序并未对禁令的颁发时点和阶段进行任何限制，原则上一审程序、二审程序、再审程序中，法院均可基于自由裁量权颁发行为保全禁令。如华为公司与康文森公司案，最高人民法院便是在二审程序中根据申请人华为公司的申请，颁发了行为保全禁令。虽然我国目前尚未出现再审审理程序法院颁发行为保全禁令的案件，但是理论上进行分析可知，再审案件审理程序适用原一审或二审程序，因此也应当将其作为一个独立的审级程序来对待，故应保障再审审理程序中的当事人禁令申请权。此外，在再审审查程序中，再审申请人是否有权申请禁令的问题，目前我国程序法学界尚未进行关注；但随着四级法院职能定位的重塑，[①] 再审审查申请案件已迅速增加。笔者认为，再审审查程序中不宜赋予当事人禁令申请权，一方面，通常此种情况下，当事人不服原生效裁判；如果再审审查受理法院根据申请人的申请作出行为保全禁令，则很大程度上可能存在禁令与原审生效裁判认定的基本事实存在冲突的情况，导

① 参见《最高人民法院关于完善四级法院审级职能定位改革试点的实施办法》（法〔2021〕242号）第11～16条。

致前后裁判效力冲突。另一方面，再审审查程序中，原审生效判决的既判力尚未受到质疑或挑战，如果贸然赋予再审申请人申请知识产权诉讼禁令的程序性权利，则相当于直接侵害了原审生效判决的既判力和公定力。因此，现阶段不应当赋予当事人在再审审查阶段的禁令申请权利。

四、知识产权诉讼禁令的构成要件

（一）知识产权诉讼禁令的现行法规范考察

对任何一项程序的构成要件进行研究，应当首先以法规范层面的考察分析作为基础。当前，针对我国知识产权诉讼禁令的相关规定，主要见于《民事诉讼法》和有关司法解释、司法规范性文件之中。笔者在此对知识产权诉讼禁令的各项规范渊源作概要梳理，并从规范出发，结合民事诉讼法学理论，分析概括禁令的构成要件。

首先是《民事诉讼法》的规定。2012 年《民事诉讼法》的修正，增加了关于行为保全的程序规定。这也是知识产权诉讼禁令根本的上位法规范依据。2023 年《民事诉讼法》修正后，现行《民事诉讼法》第 103 条规定，法院可以依职权作出行为保全禁令，行为保全禁令的作出是可以而并非必需的，并明确了紧急情况下保全的审理时限是 48 小时，并应当立即执行。第 104 条明确了诉前行为保全禁令的管辖法院是被申请人住所地或对案件有管辖权的人民法院。第 105 条明确规定了行为保全的禁令应仅限于请求的范围。第 108 条规定，申请有错误的，申请人应当赔偿被申请人因保全所遭受的损失。① 根据全国人民代表大会常务委员会法制

---

① 参见《民事诉讼法》（2023 年修正）第 103 条、第 104 条、第 105 条、第 108 条。

工作委员会（以下简称全国人大法工委）的权威条文释义，行为保全程序的增设，源于司法实践中法院无法要求当事人停止实施侵权行为的不便。且我国在《民事诉讼法》修改之前，已经在海事海商领域和知识产权诉讼领域逐步出现了相近似的程序或制度规定，即海事强制令制度和知识产权诉讼启动之前的“诉前责令停止侵害行为”等制度，因此在程序规范上存在一定缺口，故应当在民事程序基本法之中规定行为保全制度。[①] 但是我国《民事诉讼法》中对行为保全的规范是较为粗线条的，仅规定了基本的问题；早在2012年《民事诉讼法》修正之时，便有学者在审议法律草案时指出“行为保全的规定比较原则”，亟待进一步完善。[②]

其次是相关司法解释规定，这里主要包括《最高人民法院关于适用〈中华人民共和国民事诉讼法〉的解释》（以下简称《民诉法解释》）和《最高人民法院关于审查知识产权纠纷行为保全案件适用法律若干问题的规定》（以下简称《知识产权行为保全规定》）两个司法解释。现行《民诉法解释》在《民事诉讼法》的基础上，对行为保全制度进行了进一步的细化和补充：第152条补充明确规定了行为保全应当书面通知利害关系人或当事人提供担保，情况特殊的可以酌情处理，数额由人民法院根据具体情况决定。第160条规定，向禁令颁发法院以外的法院起诉的，应对禁令措施进行移送。[③] 除此之外，《民诉法解释》中并未对行为保全禁令作出其他细化规定。

2019年实施的《知识产权行为保全规定》相较于《民诉法解

① 参见王胜明主编：《中华人民共和国民事诉讼法释义》，法律出版社2012年版，第187页。

② 参见全国人大常委会法制工作委员会民法室编：《民事诉讼法立法背景与观点全集》，法律出版社2012年版，第71页。

③ 参见《民诉法解释》（法释〔2022〕11号）第152条、第160条。

释》、《最高人民法院关于民事诉讼证据的若干规定》（以下简称《民事诉讼证据规定》）等普通民事诉讼程序司法解释属于“特别程序规定”，是对知识产权诉讼禁令的专门化特别规定。根据特别法优于一般法的基本原理，原则上《知识产权行为保全规定》应当具有优先适用的效力，也是当前我国法院系统审理知识产权诉讼案件所主要遵循的制度依据。该规定对知识产权诉讼禁令进行了原则性、系统性的明确。具言之，分别对适用案件范围、共同申请、管辖、申请提交材料、“情况紧急”的认定、禁令颁发的考量因素、“知识产权效力稳定”的考量因素、“难以弥补的损害”认定标准、担保问题、审查和保全期限、禁令的执行、“申请错误”的情况、禁令解除与赔偿等重要问题进行了初步规定。[①] 审视《知识产权行为保全规定》的条文可知，相较于之前我国主要依赖于《民事诉讼法》和《民诉法解释》的情况，我国目前已经通过该规定初步建立起较为符合现代民事诉讼规律的知识产权诉讼禁令规范性体系。

（二）知识产权诉讼禁令法定构成要件

在《知识产权行为保全规定》颁行之前，我国学者对禁令的实质性要件的分析研究主要基于《民事诉讼法》的条文规定，从危险性或紧迫性要件和难以弥补的损害要件入手加以研究讨论。[②] 自2019年《知识产权行为保全规定》实施后，该规定第7条专门规定了行为保全禁令的审查要件。对此，笔者认为，对于知识产权诉讼行为保全禁令实质性构成要件的研究，应以作为特别程序的上述条文为蓝本进行讨论分析。应说明的是，笔者所认为的禁

---

① 参见《知识产权行为保全规定》（法释〔2018〕21号）第1~21条。

② 参见周翠：《行为保全问题研究——对〈民事诉讼法〉第100—105条的解释》，载《法律科学（西北政法大学学报）》2015年第4期。

令的“法定构成要件”，是指禁令是否获得颁发的实质性要件，应将其与当事人申请、提供担保等形式要件区分开来。

根据上述规定，知识产权诉讼禁令获得颁发的实质性要件包括：（1）事实要件：申请人的请求应具有事实基础和法律依据；（2）损害要件：不颁发禁令将带来难以弥补的损害或导致生效裁判难以执行；（3）比例要件：禁令对被申请人带来的损害应小于不颁发禁令对申请人带来的损害；（4）公共利益要件：禁令的采取不损害社会公共利益。[①] 事实上，上述法定构成要件第2项便包括和吸收了前述危险性要件和难以弥补的损害要件，《知识产权行为保全规定》将胜诉可能性、比例原则和公共利益均纳入知识产权诉讼禁令的审查范围，体现了禁令制度的整合细化。[②]

第二节　知识产权诉讼禁令请求权实质之辨

对于知识产权诉讼禁令的请求权实质，由于我国现行《民法典》、单行知识产权实体法和知识产权程序法均对停止侵权的救济途径进行了明确规定，因此理论上，围绕着禁令请求权基本属性，学界对知识产权诉讼禁令制度的基本性质存在重大的理论争议。总体而言，针对知识产权诉讼禁令请求权的属性，较有影响力的学说包括实体法请求权说、程序权利说和兼容折中说三种。各自持有不同学说的学者之间的讨论和争辩时有发生，但至今尚未达成较为统一的认识。上述理论的重大争议给禁令程序的构建和完

---

① 参见《知识产权行为保全规定》（法释〔2018〕21号）第7条。

② 参见曹志勋：《〈民法典〉背景下民事给付之诉的原理与认定：以给付的内容为核心》，载《南大法学》2021年第5期。

善造成了严重困扰，使学者时常因过度关注禁令程序究竟是一个实体法问题抑或程序法问题而忽略了禁令程序自身的基本属性和研究价值；也加剧了我国知识产权审判实践中禁令案件的请求权基础不明确、司法适用较为混乱的局面。因此，笔者认为，在对知识产权诉讼禁令的研究中，对于禁令基本性质的把握应当是其中必不可少的前置性、基础性问题。本节中，在归纳和凝聚共识的基础上，笔者将从不同的学说和观点出发加以分析，并尝试提出自己的观点和认识。

一、实体法请求权说

知识产权法学界通常认为，知识产权诉讼禁令请求权的本质是源自民事实体法或者知识产权实体法的实体法请求权。持此种认识的代表性学者观点认为，知识产权诉讼禁令本质并非程序法，而是"建立于精密请求权基础之上的实体法"①。因此，禁令申请权本质上是一种知识产权实体法请求权。其理由主要包括三方面：第一，本质属性层面，行为保全禁令本质上就具有实体法属性，即民事实体请求权的性质决定禁令的类型，民事实体请求权的内容决定禁令的内容。② 第二，法规范依据层面，在行为保全程序被纳入《民事诉讼法》并作为基本程序制度之前，我国法院事实上也同样在援引知识产权单行法中的诉前停止侵害知识产权有关的条款审理行为保全禁令案件，因此知识产权诉讼禁令制度本身便具有现行知识产权实体法上的请求权基础，如《专利法》第72条

---

① 刘知函：《知识产权诉前禁令制度研究》，中国政法大学出版社2018年版，第36页。

② 参见郭小冬：《诉讼保全的实体法视角及其展开》，载《北方法学》2021年第1期。

规定的诉前停止侵犯专利权制度、①《商标法》第65条规定的诉前停止侵犯商标权制度、②《著作权法》第56条规定的诉前停止侵犯著作权制度③等。第三，法体系解释层面，将禁令申请权理解为一种停止侵害请求权，更符合以民法为核心的私法权利和救济体系框架，④ 尤其是在现行《民法典》中对人格权禁令作出相应规定后，⑤ 更应当从体系解释的角度，将各类禁令的请求权基础理解为来自民事实体法的规定，⑥ 方能理顺知识产权单行法与民事一般法之体系关系。

综合上述三方面主要理由，当前我国民法学界和知识产权法学界较为主流的学说认为禁令请求权属于民事实体法请求权，知识产权诉讼禁令制度属于民事实体法上的重要制度。另外，值得注意的是，当前最高人民法院层面的部分司法解释亦逐渐呈现出

① 参见《专利法》(2020年修正) 第72条规定：专利权人或者利害关系人有证据证明他人正在实施或者即将实施侵犯专利权、妨碍其实现权利的行为，如不及时制止将会使其合法权益受到难以弥补的损害的，可以在起诉前依法向人民法院申请采取财产保全、责令作出一定行为或者禁止作出一定行为的措施。

② 参见《商标法》(2019年修正) 第65条规定：商标注册人或者利害关系人有证据证明他人正在实施或者即将实施侵犯其注册商标专用权的行为，如不及时制止将会使其合法权益受到难以弥补的损害的，可以依法在起诉前向人民法院申请采取责令停止有关行为和财产保全的措施。

③ 参见《著作权法》(2020年修正) 第56条规定：著作权人或者与著作权有关的权利人有证据证明他人正在实施或者即将实施侵犯其权利、妨碍其实现权利的行为，如不及时制止将会使其合法权益受到难以弥补的损害的，可以在起诉前依法向人民法院申请采取财产保全、责令作出一定行为或者禁止作出一定行为等措施。

④ 参见李扬：《重塑以民法为核心的整体性知识产权法》，载《法商研究》2006年第6期。

⑤ 参见《民法典》第977条规定：民事主体有证据证明行为人正在实施或者即将实施侵害其人格权的违法行为，不及时制止将使其合法权益受到难以弥补的损害的，有权依法向人民法院申请采取责令行为人停止有关行为的措施。

⑥ 参见王利明：《论侵害人格权的诉前禁令制度》，载《财经法学》2019年第4期。

将知识产权诉讼禁令理解为一种实体法制度并将禁令申请权理解为一种实体法请求权的全新趋势。①

二、程序权利说

认为行为保全禁令和知识产权诉讼禁令程序是程序法制度，是大多数民事程序法学者的观点和主张。我国民事诉讼法学界通说认为，知识产权诉讼禁令本质上是一种准实体性的诉讼保全制度或临时性权利救济措施，因此禁令申请权属于当事人的诉讼权利之一。② 早在我国学者对行为保全的最初探索中，便提到行为保全禁令应当属于重要的民事诉讼程序中的临时性措施这一定性。③随后，我国民事诉讼法学者从以下几个角度系统论证了行为保全禁令的程序法本质属性：其一，目的论层面，行为保全是一项为保障临时救济和生效裁判得以执行的程序性活动，即“以保障判决执行为直接目的的体系性子程序”④，因此行为保全禁令应被理解为一类特殊的民事诉讼程序，从这个角度来说，知识产权诉讼禁令申请权属于重要的程序性权利。其二，从现实可操作性、专

---

① 参见《最高人民法院关于审理申请注册的药品相关的专利权纠纷民事案件适用法律若干问题的规定》（法释〔2021〕13号）第10条规定：专利权人或者利害关系人在《专利法》第76条所称诉讼中申请行为保全，请求禁止药品上市许可申请人在相关专利权有效期内实施《专利法》第11条规定的行为的，人民法院依照《专利法》《民事诉讼法》有关规定处理；请求禁止药品上市申请行为或者审评审批行为的，人民法院不予支持。

② 参见潘剑锋、牛正浩：《书证提出命令程序性制裁理论检视——以商业秘密侵权诉讼为切入》，载《政法论丛》2021年第5期。

③ 参见江伟、肖建国：《民事诉讼中的行为保全初探》，载《政法论坛》1994年第3期。

④ 参见王福华：《民事保全制度研究》，中国政法大学2005年博士学位论文，第42页；肖建国：《从立法论走向解释论：〈民事诉讼法〉修改的实务应对》，载《法律适用》2012年第11期。

业性和程序与实体关联技巧的角度分析，由于民事实体法无法完全兼顾诉讼法的救济功能，① 作为程序基本法的《民事诉讼法》应当被认为是行为保全制度的正当性依据之所在。② 其三，比较法层面，无论是英美法系的临时禁令、中间禁令程序，③ 抑或大陆法系的定暂时状态假处分制度等，均以程序性规范的形式存在于各自的法律体系抑或诉讼法典之中，④ 因此不宜认为禁令制度属于民事实体法上的概念，由此禁令申请权亦应被理解为当事人的一种重要的程序性权利。⑤

无论是从知识产权诉讼程序的目的论层面、实际可操作性层面抑或比较法层面，我国民事诉讼法学界通行观点均倾向于认为知识产权诉讼禁令制度具有民事程序法属性。因此，禁令申请权应当被理解为一种临时救济性诉讼权利，更精确地说，是一种程序性权利。

三、兼容折中说

持有兼容折中说的学者认为，行为保全禁令制度兼具实体法

---

① 参见肖建国：《论诉前停止侵权行为的法律性质——以诉前停止侵犯知识产权行为为中心的研究》，载《法商研究》2002 年第 4 期。

② 参见李曼：《我国行为保全制度借鉴模式探讨》，载《国家检察官学院学报》2016 年第 5 期。

③ See Swenson D R. , *United States Supreme Court Approach to First Amendment Freedom of Religion in Response to the COVID Pandemic*, 237 Review of European and Comparative Law 46 (2021) . Walker, C. & Binti Masood, U. H. , *Domestic Law Responses to Transnational Cyberattacks and Other Online Harms: Internet Dreams Turned on Internet Nightmares and Back Again*, 56 Notre Dame Journal of International & Comparative Law 10 (2020).

④ 参见［德］奥拉夫·穆托斯特：《德国强制执行法》，马强伟译，中国法制出版社 2019 年版，第 287 - 288 页；《日本民事诉讼法典》，曹云吉译，厦门大学出版社 2017 年版，第 288 - 292 页。

⑤ 参见沈达明编著：《比较民事诉讼法初论》，中国法制出版社 2015 年版，第 247 页。

和程序法属性，特别是知识产权诉讼中的禁令程序，由于其具备知识产权实体法和《民事诉讼法》的“双重”请求权基础，故应属于“程序法与实体法的交叉混同”①。因此，该学说认为，从理论上没有必要刻意区分禁令程序的基本性质是实体法还是程序法，具备双重属性会使得禁令救济更为便捷化，② 能够赋予权利人双重救济保障。然而，虽然我国目前法律体系中实质存在着“双轨制”的知识产权诉讼请求权基础设置模式，但上述“双重”请求权基础无疑会进一步导致知识产权诉讼禁令审查实践的割裂。

适用法律条文的不一致，直接影响知识产权诉讼“类案同判”司法理念的实现：首先，“条文割裂”带来证明标准的不统一。如果将知识产权诉讼禁令申请权作为实体法请求权，则对禁令的证明必然应当满足民事诉讼本案判决作出的证明标准，即通常意义上的高度盖然性标准；而如果援引《民事诉讼法》中行为保全有关程序来审查知识产权诉讼禁令程序，为顾及效率的追求，则其适用的标准原则上应当低于实体判决的证明标准。这在客观上就造成由于对禁令制度定性和理解不一，证明标准适用无法统一，造成案件之间实质上的不平等。其次，“令出多门”带来审理程序的不一致，如将禁令理解为实体法制度，则必然应适用实体审理程序进行处理；而若将其理解为临时程序，则原则上应当运用相较于实体审理证据调查、法庭陈述和辩论较为简化的“审查”与听证程序。因此，兼容折中说的根本缺陷在于，其放任禁令请求

---

① 参见施高翔、齐树洁：《我国知识产权禁令制度的重构》，载《厦门大学学报（哲学社会科学版）》2011 年第 5 期；施高翔：《中国知识产权禁令制度研究》，厦门大学出版社 2011 年版，第 100－102 页。

② 参见何平：《比较法视野下行为保全制度之检讨》，载《中国石油大学学报（社会科学版）》2016 年第 1 期。

权基础的二元割裂化，带来法律适用的不统一，法官主观意义上的自由裁量权和程序选择权不受限制，从而与“同案同判”和“类案同判”的司法公正理念相违背。综合上述对于兼容折中说的理论剖析和实践检视，笔者认为，不应用此学说对知识产权禁令请求权性质加以界定。

四、知识产权诉讼禁令请求权实质的科学界定

前述内容已对知识产权诉讼禁令请求权的兼容折中说进行扬弃，不再重复；本部分主要聚焦于实体法请求权说和程序权利说两种理论学说加以分析讨论。在研究比较两种学说之后，笔者坚持认为，知识产权诉讼禁令请求权应属于一种单纯的程序权利和当事人的诉讼权利，而并非实体法请求权。除前述程序法领域学者对此主张在目的论、实操性和比较法层面的理由之外，① 笔者认为应采程序权利说而不应取实体法请求权说的主要理由包括以下三方面。

第一，就本质角度而言，知识产权诉讼禁令申请权的本质是一种程序性权利，是作为国家司法权力行使主体的人民法院提供给当事人的临时性救济措施，禁令裁决亦并非本案实体判决。通说认为，民事诉讼权利是指当事人在民事诉讼过程中所依法享有的各项程序性权利的总称，② 体现着政治国家对市民社会矛盾争议化解和纠纷解决的关照和支持。③ 民事诉讼权利是一种要求法院提供权利救济机会和具体救济手段的权利，而非权利得到终局性救

---

① 对于前述程序法学者所持有的禁令申请权属于程序权利或诉讼权利的三点理由，笔者在大的方向上基本是赞同的。

② 参见肖建国：《程序公正的理念及其实现》，载《法学研究》1999 年第 3 期。

③ 参见牛正浩、刘允霞：《虚假仲裁规制与案外人权利保障》，载《法律适用》2020 年第 17 期。

济或弥补本身。因此，从本质上说，我国的知识产权诉讼禁令程序显然属于一种诉讼权利的行使场域，禁令也并非最终的生效裁判，没有实体裁判所对应的既判力。将禁令申请权作为一种实体权利的理论观点，实际上是将我国法上的行为保全禁令制度与普通法上的“永久禁令”制度相混淆的误识；[①] 而普通法上的永久禁令，更近似于我国法院作出的“责令停止侵权”的生效实体判决。[②] 实体法请求权说似乎混淆了永久性停止侵权的生效判决和临时性禁令之间泾渭分明的关系。即便是实体法中的诉前责令停止侵犯知识产权的禁令制度，其本质上亦属于一种较为特殊的永久禁令，只是基于侵权的紧迫性等因素，将永久禁令的作出时间“提前”至起诉之前而已，其本质上仍属于“责令停止侵权”的生效实体判决，而非知识产权诉讼行为保全禁令。

第二，就历史法学角度而言，在知识产权单行法中规定知识产权诉讼禁令请求权的立法模式，实际上具有较强的历史原因和时代背景，上述历史因素将随着我国知识产权实体法和知识产权诉讼程序的并行发展，而逐渐淡化，实体法中的禁令请求权规定，亦必然随着我国知识产权诉讼中对禁令程序的不断完善发展而逐渐被吸收合并进程序法的范畴中。简言之，知识产权单行法中有关禁令程序和禁令申请请求权的规定，属于我国知识产权法规范在制度演进过程中的“痕迹器官”[③]，不足以作为论证禁令属于实

① See Mark A. Lemley & Carl Shapiro, *Patent Holdup and Royalty Stacking*, 1991 Texas Law Review 85 (2007).

② 参见祝建军：《标准必要专利禁诉令与反禁诉令颁发的冲突及应对》，载《知识产权》2021 年第 6 期。

③ “痕迹器官”是指在物种演化过程中逐渐功能退化但仍然在生物体上保留相应残存遗迹的器官。参见庚镇城、谈家桢：《异色瓢虫的几个遗传学问题》，载《自然杂志》1980 年第 7 期。See Xiangjun Su, *On Characteristics of Chinese Civilization*, 141 International Journal of Social Science Studies 9 (2021).

体法制度的现实依据，原因在于：实际上，在知识产权单行法中设置有关停止侵权行为禁令的规定，是我国当初加入世界贸易组织（WTO）之时，根据《TRIPs 协定》履行“入世”承诺的一部分。[①] 由于彼时我国知识产权保护能力客观而言总体较为有限，[②] 保护水平较低，在多轮“入世”谈判时，WTO 主要成员方便强制性地要求我国在知识产权单行法中根据《TRIPs 协定》有关条款，[③] 加入有关诉前责令停止侵权的相关制度。为履行上述“入世”承诺，我国在 2000 年后修改了《专利法》、《商标法》和《著作权法》这三部主要的知识产权单行法，加入了相应诉前停止侵权禁令制度。全国人大法工委权威释义对此问题亦进行了解释：以《专利法》的变化为例，全国人大法工委亦明确实体法中的禁令规定是为我国“入世”“创造有利条件”而增设的，2020 年修改《专利法》时，由于《民事诉讼法》已就行为保全问题进行了规定，故删除禁令的具体程序规定，而仅是将其修改调整为一种“衔接性规定”，指涉并适用《民事诉讼法》有关行为保全的规定。[④] 从法律演进的路径可以发现，从 2000 年《专利法》，到 2008 年《专利法》，再到 2020 年《专利法》，实体法中的知识产权诉讼禁令制度由“财产保全 + 行为保全具体程序”到删去财产保全的

---

① See Paolo Davide Farah & Elena Cima, *The Implementation of the WTO Agreement on Trade - Related Aspects of Intellectual Property Rights (TRIPs) in China*, 317 Tsinghua China Law Review 2 (2010).

② See Andrew Evans, *Taming the Counterfeit Dragon: The WTO, TRIPS, and Chinese Amendments to Intellectual Property Laws*, 587 Georgia Journal of International and Comparative Law 3 (2003).

③ 主要是《TRIPs 协定》第 41 条第 1 款、第 44 条第 1 款、第 50 条等。参见《TRIPS 协定全文（2017 年 1 月 23 日修正，中文）》，载商务部官网，http://sms.mofcom.gov.cn/article/wtofile/201703/20170302538505.shtml。

④ 参见王瑞贺主编：《中华人民共和国专利法释义》，法律出版社 2021 年版，第 160 - 165 页。

“行为保全具体程序”，再进一步简化并成为仅作为形式化的“衔接性规定”，仅保留这样一种象征性、宣言式规定，其象征意义早已大于实际应用意义。我国知识产权实体法中对诉讼禁令制度的规定逐渐由实质走向形式，由全面走向简化。从上述立法演进趋势的示例可以看出，在我国法治现代化进程中，我国知识产权实体法中的禁令程序是逐渐减少并淡出法规范体系的。而此消彼长、与之相对应的是，我国《民事诉讼法》的保全程序不断发展完善，并逐渐增加行为保全禁令制度。因此，应当有充分理由相信，随着知识产权诉讼禁令的程序制度的不断完善与发展和知识产权涉外法治的推进，未来知识产权实体法中的诉讼禁令制度的有关规定，将彻底消失并退出历史舞台，完全被知识产权诉讼程序法吸纳。因此，从历史法学的角度，不宜“抱残守缺”，而应及时确立禁令的程序法地位，肯定禁令请求权的诉讼权利属性。在法律制度已然发生进化与发展的情况下，过去不合理、不合宜的规定并不能作为论证其应然性和正当性的依据，应当以发展变化的眼光看问题，否则就犯了“刻舟求剑”的经验主义谬误。盲目执着于体系解释而忽略法秩序的变迁与进化，无视禁令属性的演进，则无异于因噎废食之举。

第三，即便知识产权诉讼禁令制度在知识产权单行法中得以长期保留，亦应当将其理解为一种转引性规定，仅具有“指涉”效果或者“准用”效果，此时禁令所最终实际适用的法规范仍然是知识产权诉讼有关的程序法规范，并非知识产权单行实体性法规范。就一项制度而言，应当以其实际适用的法律规范属性对其进行定性，不能简单机械地因为知识产权单行法中具有相应转引性规定而将禁令制度直接理解为实体法有关的制度。全国人大法工委权威释义已经明确，知识产权单行法中有关禁令的规定是“衔接性规定”，笔者理解上述衔接性规定在理论上应当类似于国际私法中的“转致”性质的规定，即一种具有“法律适用法”性质的规定。而这种“准用性”规定或者说“转引性”规定并不属于民事实体法。正如《民法典》《公司法》《反不正当竞争法》中同样具有大量的准用性或转引性条款规定一样，被转引、被指向的条款性质与转引性条款规定的性质是完全不同的。[①] 那么，对知识产权实体法中有关知识产权诉讼禁令的性质应如何界定呢？笔者认为，在上述应准用其他法规范的情况下，实际得到适用的条款是被转引或被指向的法律规定，并非转引性或准用性条款本身。因此，对于法律关系属性的判断，亦应通过表象直击本质，从被实际适用的条文出发，探寻并锁定知识产权诉讼禁令的程序法本质。事实上，自从2012年民事行为保全禁令制度被确认之后，我国司法实践中对知识产权诉讼禁令的适用法和定性问题亦逐渐由过去的民事实体法向民事程序法进行过渡和转向，适用援引三大知识产权单行法作出裁决的裁判文书逐年递减，而主张和坚持知识产权诉讼禁令程序法主张的案件越发增多。

第四，禁令申请权的程序权利定性具备充分的现实必要性。如果将禁令程序理解为实体法制度，则必然导致知识产权诉讼禁

① 在我国现有的法律制度安排中，凡是涉及刑事处罚的基本上都是由《刑法》进行集中调整，其他法律仅作简单的转引性规定，而不具体规定处罚条件和处罚标准。以《公司法》为例，《公司法》第264条规定：“违反本法规定，构成犯罪的，依法追究刑事责任。”上述条文便属于典型的转引性规定。在发生公司领域的犯罪行为时，如内幕交易犯罪、职务侵占罪时，根据《公司法》第264条的规定，便应当转引适用《刑法》中的有关条文，而并非适用《公司法》第264条的规定作为处理其法律关系适用的规范依据。因此，转引性规定的存在，一方面，并不能代表《公司法》就具有《刑法》属性；另一方面，在满足转引条件下，如得到适用的规定实际上是被转引或被指向的法规范，如上文例中的《刑法》规范。那么此时，判断本案中所涉的法律关系所适用的法律属性时，应将其定性为《刑法》，而并非《公司法》。参见赵万一：《合规制度的公司法设计及其实现路径》，载《中国法学》2020年第2期。

令审查程序逐渐沦为对同一案件要件事实的重复审查判断。也就是说，禁令的审查程序将与本案实体诉讼审查程序在功能上和标准上发生重复，这与我国当前知识产权诉讼的司法实践相抵触。且如果将禁令申请权理解为一种实体权利，必然导致审查效率的降低，最终反而致使当事人因无法获得及时的临时性救济而不得不面临难以挽回的损失或生效裁决成为一纸具文。因此，从司法实践中权利的迅速实现要求和禁令同本案判决之间的关系协调的角度，都不能将知识产权诉讼禁令的请求权基础理解为一种民事实体权利，虽然其表面上规定于知识产权实体法之中，但如果将其理解为一种民事实体权利，则将对我国民事诉讼程序造成严重的冲击与挑战，导致其基本功能预设和价值导向发生偏离。

综合笔者上述几方面理由，结合我国诉讼法学界已有的相关理解和主张，笔者坚持知识产权诉讼禁令制度属于民事程序法的定位和范畴，并将知识产权诉讼禁令的申请权理解为一种重要的诉讼权利和程序权利。这也是本书讨论分析知识产权禁令制度和功能构造的基石。

第三节 知识产权诉讼禁令理论基础

研究知识产权诉讼禁令制度各项构造和功能以及完善发展方案，需要科学的理论工具和研究范式作为指导。因此，需要开宗明义，将知识产权诉讼禁令程序所涉及的研究原理和范式在本章专节作系统的研究梳理，以作为贯穿本书前后的理论逻辑红线。根据前述知识产权诉讼禁令的基本功能预设和其程序法的根本属性。笔者认为，可以从程序利益论、利益平衡论、多元解纷论和程序性制裁论四个科学理论维度加以展开，对禁令进行详细研究。

针对上述四个理论的相互关系，知识产权诉讼禁令制度所涉及的以上四方面基本理论具有较强的相互依托、相辅相成的关联属性，具体可以概括为以下几层作用关系：其一，程序利益论是知识产权诉讼禁令制度的理论基础，因为知识产权诉讼禁令程序本质上属于一种特殊的民事诉讼程序，禁令申请权利也应当被理解为一种特殊的民事程序权益而非实体请求权，在停止知识产权侵权、防止生效判决或裁定无法执行等方面，禁令制度具有较强的独立价值而不仅是单纯的工具价值。从这个意义上讲，程序利益论应被认为是禁令制度的理论基础，也是其他理论赖以建构的基石。其二，利益衡量论是知识产权诉讼禁令各具体程序设置的价值指南，由于禁令审查和执行程序中涉及各方面利益冲突、协调和博弈，因此在禁令的颁发考量因素、审查程序、救济机制等问题上必须坚持利益衡量的基本原则，将利益衡量论作为各具体微观层面程序设计的指针和引领。其三，多元解纷论是知识产权诉讼禁令制度功能和社会治理属性的具体表征。也就是说，在研究知识产权诉讼禁令的制度结构和功能设置方面，不仅要从知识产权诉讼这一视角进行分析，而且要从更为宏观的层面上分析禁令制度对知识产权纠纷多元化解决的促进功能，以及从保护知识产权的基本国家方针政策层面进行思考。因此，多元解纷论同样是知识产权诉讼禁令制度在社会治理领域发挥功能的主要理论依托。其四，程序性制裁论是防止知识产权诉讼禁令制度遭受滥用而出现异化的重要保障，当前知识产权诉讼禁令制度滥用普遍化的趋势越发显著，应当适时借鉴参考程序性制裁的基本理念，融贯结合民事诉讼诚信原则等基本原理对滥用的行为加以系统性识别和规制，从而真正地从根本上使知识产权诉讼禁令制度发挥其预设功能和价值。

从上述理论的基本面向和相互关联关系角度出发分析可知，程序利益论、利益衡量论、多元解纷论和程序性制裁论分别从不同方面构成了知识产权诉讼禁令制度的理论框架，能够从不同角度充分诠释知识产权诉讼禁令制度的内涵、结构和应然层面的发展方向，具有较强的解释水平和解释功能，缺一不可。应当强调的是，本章对上述原理仅作方法论意义上的简要介绍，而对各理论具体应用情境的分析、作用形式、对司法实践的理论指导方向以及相关制度构建等细节性问题，笔者将在后续章节中详细进行展开。

一、程序利益论

（一）程序利益论的内涵

程序利益论是近年来民事诉讼法学界在研究和讨论分析某一具体特定诉讼程序的制度构建时所较为通行的方法论。程序利益论诞生于对民事诉讼法具有独立价值而非只有单纯工具价值的理念。只有肯定和承认民事诉讼程序的独立价值地位，才能据此为前提，分析和归纳在民事诉讼各项程序中当事人所拥有的作为“一种独立利益形态”① 的程序利益分配问题。如何理解民事诉讼程序中当事人的程序利益？学者张卫平认为，程序利益是指当事人在民事诉讼各程序中所享有的各项程序性权益的总称，当事人的程序意识是其主观反映。② 学者翁晓斌在前述观点的基础上，进

① 参见许尚豪、蔡卫忠：《程序利益的法律解读》，载《山东警察学院学报》2007年第2期。

② 参见张卫平：《程序意识与程序利益》，载《人民法院报》2005年6月8日，第3版。

一步提出民事诉讼的程序利益是指诉讼参加者通过民事诉讼各类程序所获取的对自身人格权和财产权等实体权利的维护，包括精神和物质程序利益两种。① 学者邵明认为，在民事诉讼活动中，当事人程序利益的来源是《宪法》和《民事诉讼法》，是社会发展和民事诉讼程序得以正常运转的必然要求，民事诉讼中的程序利益具体内涵应当包括公正与效率两方面。②

（二）程序利益论的实质

从上述学者的各种观点可以发现，民事诉讼中的程序利益既包括以学者翁晓斌的主张为代表的通过民事诉讼活动实现和维护当事人的各种实体权益，也包括以学者张卫平与许尚豪为代表的民事程序具有“工具与利益”的二元化属性的语境③中较为独立的程序利益和程序价值，即程序公平和程序正义本身的实现。笔者认为，无论是否强调民事诉讼程序的独立价值，民事诉讼的各程序设置都必须做到公正与效率两方面价值追求的统一与衡平，这也应当是程序利益论的核心观点。对公正与效率两方面价值进行衡量的过程，实际上便是合理分配和科学界定当事人之间的程序利益的过程，因此，在民事诉讼的每一个环节中，都时刻体现着对当事人程序利益的保障和追求。知识产权诉讼禁令程序作为民事诉讼中的一类特殊程序，同样理应适用程序利益的基本理论，即通过知识产权诉讼禁令实现学者邵明主张的“公正与效率”的统一。可以得出这样一种理解：公正与效率的统一，深度浸润着

① 参见翁晓斌：《程序利益保障论》，载《南京大学法律评论》2010 年第 2 期。

② 参见邵明：《当事人的程序利益》，载公丕祥主编，南京师范大学法制现代化研究中心编：《法治现代化研究》第 4 卷，南京师范大学出版社 1998 年版。

③ 参见许尚豪：《程序利益视野下的民事诉讼程序工具论：成因、表现及出路》，载《山东大学法律评论》2008 年第 1 期。

民事诉讼的每一个程序法治细节。

（三）禁令中的程序利益

笔者认为，程序利益论所追求的公正与效率相统一，应当被作为禁令审查程序的基本原则和出发点。在此前提之下，具体而言，在知识产权诉讼禁令程序中，程序利益论的核心观点应从以下三个方面得到体现：第一，尊重和保障当事人程序主体性地位。[①] 知识产权诉讼禁令程序应当充分保障当事人的各项合法程序选择权，在不涉及国家和社会公共利益的情况下，法院应当允许禁令程序的当事人成为推动程序运行的主要动力，最大限度地尊重当事人的诉讼处分权能。第二，促进禁令审查效率。知识产权诉讼禁令程序的公正与效率相统一，首先应当在公正的限度内做到程序效率优位，因为禁令的本质属性是一种临时性救济措施和权利保障机制，如果没有效率的保证，则无法实现其主要、基本的功能设定和价值追求。第三，保障最低限度的程序公正，虽然在禁令程序中，原则上应当以程序效率为较优先的考量因素，但当事人的程序利益并非只有效率一种，同样包含程序公正。因此，在知识产权诉讼禁令当中做到保障当事人的诉讼利益，就应当维护当事人特别是被申请人的最低限度的程序公正，如在设定证明标准时不宜过高；否则，就难以做到公正与效率的统一。

二、利益衡量论

利益衡量论又称为利益平衡论。知识产权法律制度时刻体现

---

① 参见许尚豪：《程序利益论：民事诉讼程序运转的逻辑基础及社会动力》，法律出版社2020年版，第5页；许尚豪：《论民事诉讼程序中的个人主体性——以程序利益与程序主体的关系为视角》，载《中南大学学报（社会科学版）》2014年第4期。

法经济学的利益衡量。[①] 经济基础决定上层建筑，任何法律制度都最终决定于经济现实条件，并受到经济规律或多或少的支配和制衡。[②] 利益衡量实际上可以理解为马克思主义矛盾论在法律经济学领域的具体应用和表征，马克思主义认为，矛盾是社会发展和进步的根本动力，[③] 因此，从法律经济学视角对知识产权诉讼禁令制度的研究和优化，尤其是对禁令程序中某些方面的问题，如对是否设置听证程序、复议救济是否应当实质化、担保金额的计算标准、禁令滥用行为规制等问题的深层次解析，都离不开从分析制度背后相互冲突、相互作用的占有主导和支配作用的几对矛盾关系入手，对矛盾关系中体现的相互对立的利益关系加以解读，并在程序公正的维度之内，对矛盾关系背后所体现出的利益冲突结合诉讼法的基本正义原理，进行合理规制与妥善调整安排，以实现各方主体的利益均衡。知识产权诉讼中的利益衡量论，是指知识产权法律制度在本质上是权利人的垄断私权和公共利益的分配、选择和整合，[④] 据此衍生出维护创新和社会进步与保护私权利之间的利益衡量，并最终具象化为当事人在诉讼程序当中的利益冲突与衡平。

利益衡量理论既是立法原则，又是裁判原则。[⑤] 本部分所涉及

---

① 参见［美］威廉·M. 兰德斯、理查德·A. 波斯纳：《知识产权法的经济结构》，金海军译，北京大学出版社2016年版，第1－5页。

② 参见马长山：《互联网＋时代“软法之治”的问题与对策》，载《现代法学》2016年第5期。

③ 参见何增科：《市民社会概念的历史演变》，载《中国社会科学》1994年第5期。

④ 参见冯晓青：《利益平衡论：知识产权法的理论基础》，载《知识产权》2003年第6期。

⑤ 参见储陈城：《以利益衡量作为网络领域刑事治理的原则》，载《法学论坛》2021年第5期；杨力：《基于利益衡量的裁判规则之形成》，载《法商研究》2012年第1期。

的利益衡量，主要讨论其在知识产权诉讼禁令这一程序性裁判过程中的应用。针对利益衡量论的具体法律适用及其知识产权诉讼禁令程序理论建构，本书在此处不做具体展开，仅在方法论层面上对禁令程序中利益衡量原理的基本观念进行宏观分析。笔者认为，知识产权诉讼中的利益衡量理论，可具象化为动态衡量观、全面衡量观、协同衡量观三个维度。现将具体理论阐述如下。

（一）动态衡量观

“动态衡量”是指禁令审查程序中，人民法院根据各方当事人涉案利益冲突关系即系争权利义务的动态变化，运用司法权对利益冲突进行动态灵活调整的基本理念。知识产权诉讼中对冲突主体利益衡量和涉案权益平衡的维护是一个动态过程。[①] 组成知识产权诉讼禁令法律关系的各方主体利益和实力对比，随着诉讼程序的推进和发展，时刻处于动态变化之中。[②] 因此，在知识产权诉讼中的利益衡量，不宜刻舟求剑，而应灵活掌握把控。例如，对于申请人在禁令程序中所担保金额的调整，随着案件事实的逐渐查明以及客观市场竞争条件作用发生变化，可能会出现相应增加或酌减的情况。作为禁令审查和执行主体的人民法院，应当及时根据客观情况的变化，运用自由裁量权和法官的自由心证进行动态调整，在善良之正义天平两端通过“砝码”的增减，精准维持各方利益主体利益的动态平衡。

（二）全面衡量观

全面衡量观，是指知识产权诉讼中的利益衡量过程，并非一

① See Steven P. Croley, *Theories of Regulation*: *Incorporating the Administrative Process*, 1 Columbia Law Review 1 (1998).

② 参见黄玉烨：《知识产权利益衡量论——兼论后 TRIPs 时代知识产权国际保护的新发展》，载《法商研究》2004 年第 5 期。

维的、单向度的衡量过程，而应是在多维视角下进行通盘考量和审慎分析的结果。作为利益衡量主体的人民法院，在知识产权诉讼禁令的审查程序中，往往要考虑多个角度的利益衡量，对各对相互矛盾冲突的利益关系进行全面考察，尽量做到兼顾，以寻求多维度不同利益冲突关系中的最优方案，找到禁令的“裁判重心”和“经济重心”①。值得注意的是，一方面，知识产权诉讼禁令程序中，有时“裁判重心”与“经济重心”往往不重合，亦即禁令的法律效果最优解并不一定与经济效果最优解吻合，有时机械地适用司法亦无法得出与社会公共利益要求和各方当事人权利义务均衡的结论，此时应当结合“三个效果”相统一的司法政策加以权衡，而不能一味地追求经济效果的最优化；② 另一方面，不同知识产权案件的禁令审查程序中，起到主导作用的矛盾关系即禁令问题的主要矛盾往往不同，有时可能表现为公共利益与私人利益的矛盾，有时可能表现为双方当事人之间的利益之争而不涉及公共利益。因此，对禁令程序的全面利益衡量，亦应抓住主要矛盾，兼顾次要矛盾。无论是在知识产权诉讼禁令的程序设计层面，还是在人民法院对禁令程序进行司法适用的层面，均应尽量对所涉及的各方面利益关系进行全面通盘的利益衡量，以求实现最大多数人的福祉和促进公共利益与个人利益总体效能的最大化。

（三）协同衡量观

知识产权诉讼禁令程序中的利益衡量，不仅涉及禁令裁决本身的利益衡量和判断，同样涉及禁令与其他诉讼程序机制的协同治理与配合。特别是在知识产权诉讼逐渐走向“三审合一”的时

---

① 参见周民良：《经济重心、区域差距与协调发展》，载《中国社会科学》2000 年第 2 期。

② See Peter K. Yu, *From Pirates to Partners: Protecting Intellectual Property in China in the Twenty - First Century*, 131 American University Law Review 50 (2001).

代背景下，知识产权诉讼禁令的利益衡量应当注意其程序裁决效力与关联行政诉讼程序和刑事诉讼程序的衔接，防止相互冲突、相互龃龉的局面产生。① 例如，对于行为人此前具有多次违反行为保全禁令的情况，应当酌情加重其反担保的解禁金额；对于行为人依据行政诉讼或其他知识产权行政程序中很有可能被宣告无效的知识产权申请禁令的，一般来讲此时应当不认为其具备稳定的权利基础，而不应轻易作出有利于行为人的利益衡量判断；对于违反行为保全禁令构成妨害司法犯罪的，也应当发挥协同治理的功能优势，及时移送侦查机关进行刑事立案侦查。

三、多元解纷论

促进知识产权案件的多元化非诉讼解决，是知识产权诉讼禁令的衍生效果和价值之一。因此，对知识产权诉讼禁令程序的建构和完善，应当将多元化纠纷解决的理念融入研究的过程当中。多元化纠纷解决的理念源于20世纪英美法系“接近正义”司法模式的革新，在我国司法改革中起到重要作用，② 也是“案多人少”矛盾更为尖锐突出③的知识产权审判领域所必然应当深入贯彻和确立的基本司法理念。④ 最高人民法院司法规范性文件亦多次强调，

---

① 参见知识产权诉讼特别程序研究课题组：《论责任重合下知识产权民刑交叉案件的处理顺序》，载《中国应用法学》2020年第6期。

② 参见潘剑锋、牛正浩：《新时代“枫桥经验”视域下的社会化协同执行机制——基于J省法院的实证研究》，载《东岳论丛》2021年第3期。

③ 参见程金华：《中国法院“案多人少”的实证评估与应对策略》，载《中国法学》2022年第6期。

④ 近年来，知识产权诉讼案件数量迅速攀升，“案多人少”矛盾进一步突出。根据最高人民法院官方数据，全国法院受理各类知识产权一审案件从2013年的10.1万件增长到2020年的46.7万件，年均增长24.5%，比全国法院受理案件总量年均增幅高出12.8个百分点。参见周强：《最高人民法院关于人民法院知识产权审判工作情况的报告》，载《人民法院报》2021年10月24日，第1版。

应不断健全和发展我国知识产权多元解纷机制。[①] 根据民事诉讼法学理论通说，多元解纷是指在人民法院作为中心的纠纷综合治理体系中，协调仲裁、调解、公证等多种社会解纷资源，推动民事矛盾纠纷的化解的机制。[②] 多元解纷亦是以坚持和发展以"枫桥经验"为核心的新时代社会治理创新模式下的基本原则和治理理念，也是推动社会治理能力现代化的必由之路。经过研究，笔者认为，在知识产权诉讼禁令程序的研究中，多元解纷论的理念主要体现为以下三个维度。

（一）通过法院调解化解纠纷

知识产权诉讼中，由于当事人之间利益冲突以及诉求的多元化，加之案件事实结构和法律关系通常极为复杂，此类型的诉讼调解率一直处于较低水平。[③] 知识产权诉讼禁令的审查程序客观上实质赋予了当事人进行理性商谈和讨论的机会，而上述机会是在正式庭审审理程序之外，程序法另行赋予当事人的额外的一次机会。因此，禁令的审查程序在客观上也为法院提供了额外的通过司法权进行诉讼调解来化解矛盾的场域。应当重点关注的是，在知识产权诉讼禁令审查的等腰三角形对审结构中，人民法院在相应程序中的地位应当是独立、公正、居中的，而不应参考执行程序线性结构中的"指令与服从"的关系来理解法院的角色定位。法院在知识产权诉讼中的公正居中的角色定位，与法院主持调解

---

① 参见《最高人民法院关于加强新时代知识产权审判工作为知识产权强国建设提供有力司法服务和保障的意见》（法发〔2021〕29号）第14条。

② 参见潘剑锋：《论民事司法与调解关系的定位》，载《中外法学》2013年第1期；潘剑锋、刘哲玮：《论法院调解与纠纷解决之关系——从构建和谐社会的角度展开》，载《比较法研究》2010年第4期。

③ 参见刘友华：《我国知识产权纠纷诉讼解决的现状及评析》，载《知识产权》2010年第1期。

的中立性地位要求互相暗合。因此，法院在知识产权诉讼禁令审查中完全可以基于自身角色促进双方当事人通过调解结案。

（二）支持保障知识产权仲裁效力

虽然对于知识产权侵权案件和竞争法领域中的案件是否能够适用仲裁程序加以解决存在重大理论争议，且现行《仲裁法》对此并未进行明确规定或加以明确禁止，但在《仲裁法》修改列入全国人大常委会2022年度立法工作计划前后，有部分专家学者认为，应当将知识产权和竞争案件纳入允许当事人协议仲裁的案件类型中，[①] 进一步明确知识产权仲裁案件的受案范围，扩大知识产权仲裁案件类型，以充分满足当事人多元化仲裁需求。[②] 本书囿于篇幅和主题所限，对于知识产权侵权案件和竞争案件准用仲裁程序加以解决的合理性和正当性无法展开充分论述，但笔者从实用主义角度考虑，倾向于认同上述观点，即我国仲裁程序应扩张知识产权案件和竞争案件的受案范围，以分流人民法院知识产权诉讼案件的受案压力。《知识产权行为保全规定》明确为知识产权仲裁案件预留了充分的制度空间，分别就知识产权仲裁案件过程中行为保全的申请时限、管辖法院和申请程序等重要问题作出原则性规定。[③] 最高人民法院的上述规定，体现出其充分运用制度工具支持和保障仲裁程序和仲裁裁决效力的司法态度，也是多元解纷理念的重要表现形式。

---

① 参见毛晓飞：《法律实证研究视角下的仲裁法修订：共识与差异》，载《国际法研究》2021年第6期；郭艳：《调解为国内外知识产权纠纷解决领域带来广阔发展空间》，载《中国对外贸易》2021年第12期。

② 参见易继明：《知识产权强国建设的基本思路和主要任务》，载《知识产权》2021年第10期。

③ 参见《知识产权行为保全规定》（法释〔2018〕21号）第2条、第3条、第5条。

（三）促进当事人和解达成

事实上，知识产权诉讼案件当中，双方当事人通常都具有相当程度上的商业合作或往来等密切联系，或者是产业链上直接的上下游合作关系，由于对利益的理解和分配产生纠纷的情况较常见，因此相较于普通民商事诉讼，知识产权诉讼各方当事人通常并不存在根本的对立或矛盾，“以打促谈”的情况极为普遍。“以打促谈”实质在于具有相互合作和依存关系的商业主体，通过诉讼的形式给对方施加影响和压力，从而在协商谈判和解中获得优势地位和更为优厚的条件。因此，“以打促谈”的诉讼策略的本质是，作为表象的诉讼缠斗通常只是双方竞争性合作抑或合作性竞争战略的一部分，[①] 打是为了更好地谈，或争取到谈的机会，并非单纯为打而打。本书写作过程中，调研发现，知识产权诉讼律师时常提到，诉讼永远只是手段，是商业谈判的延续，并非目的。举例而言，国外绝大多数的通信专利类知识产权诉讼案件均为和解结案，双方在通过国际平行诉讼获取均能接受的许可费率之后，可能继续携手合作打造标准必要专利池、构筑通信基站等基础设施，甚至继续合作共同开发研究各种新技术标准的制定等。华为与中兴公司虽然在欧洲相互之间针对通信标准必要专利进行多轮诉讼并相互申请多项禁令，但通过这种方式，双方在达成和解后，

---

① 合作性竞争（Co－opetition）理论是企业竞争战略理论的重要组成部分，由美国耶鲁大学教授巴里·J. 奈尔伯夫（Barry J. Nalebuff）和哈佛大学教授亚当·布兰登勃格（Adam M. Brandenburger）在20世纪末共同提出。其理论内核为，具有竞争关系的企业，在同一相关市场就利润或市场份额存在竞争，从这一角度看，企业之间的利益实际上是相冲突的；但是，在某些领域，如科研、国家安全维护、开拓新市场、共同完善物流体系等领域，竞争企业也能存在着共同利益，在这些领域进行合作，通常能比单干创造更大的价值，发挥“1＋1＞2”的协同效应，因此会选择在竞争关系中寻求合作。See Sarath Sanga, *A Theory of Corporate Joint Ventures*, 1437 California Law Review 106 (2018).

便继续协作共同发展经营全球5G乃至6G标准必要专利市场，并在维护我国信息安全等重要问题上进行深度合作。① 因此，基于知识产权诉讼的特征，通过禁令确认有关事实，明确诉讼预期结果，从而诱导当事人进行和解，也是多元解纷理念在知识产权诉讼禁令中的重要表现形式。

四、程序性制裁论

（一）程序性制裁的提出

知识产权诉讼禁令程序作为一类重要的准实体性程序裁决机制，在国际平行诉讼日益普遍化的今天，已经逐渐异化成为当事人滥用以获得不正当优势的工具，对其现状和原因，笔者将在本书第五章中进行详细论述。知识产权诉讼禁令滥用常态化的实质在于，当事人对其禁令申请权这一重要程序权利抑或诉讼权利不受限制地随意使用。禁令的滥用行为，本质上是一种严重的程序性违法行为，其行为本身会减损法院的公信力，消耗司法资源并提高当事人的解纷成本，其结果亦有可能造成不当诉讼优势地位甚至不当竞争优势地位的形成，对此，应当运用程序性制裁的基本理论加以识别和规制。

（二）禁令适用程序性制裁的证成

程序性制裁理论诞生于刑事诉讼法学理论中，是对程序性违

---

① See Kirsten S. Lowell, *The New "Arms" Race: How the U. S. and China Are Using Government Authorities in the Race to Control 5G Wearable Technology*, 1 George Mason International Law Journal 12 (2021). Justin Bryant, *Africa in the Information Age: Challenges, Opportunities, and Strategies for Data Protection and Digital Rights*, 389 Stanford Technology Law Review 24 (2021).

法行为的结果无效化治理方式。① 近年来，程序性制裁的理念日益得到民事诉讼法学界的关注和讨论，并有学者对应用程序性制裁理论在民事诉讼中制裁民事诉讼违法行为进行初步探索。② 程序性制裁理论虽然诞生于刑事诉讼中，但其对程序违法行为作无效化处理的基本原则和理念被司法实践证明在民事诉讼中同样能够得到充分适用。例如，当前在我国部分地区法院的裁判文书中可以发现，对于虚假诉讼、恶意诉讼等滥用诉讼权利的程序性违法行为，法院基于程序性制裁的理念进行规制，通过驳回诉讼请求或驳回起诉的方式，宣布相关诉讼行为的无效。③ 程序性制裁的理念与民事诉讼正当程序的基本原理以及民事诉讼诚信原则具有内在的高度一致性，在进行知识产权诉讼禁令程序的研究时，特别是在对滥用禁令申请权等程序性违法行为的制裁问题上，可以作为基本原理和指导性理念得到充分运用，以有效应对禁令程序中的实践疑难问题。

（三）禁令中程序性制裁的体现

具体而言，知识产权诉讼禁令中的程序性制裁理念，主要应从以下四个维度加以体现：第一，对当事人程序违法行为的无效化处理。程序性制裁理论的核心要旨就是通过违法诉讼行为的无效化处理来实现制裁的效果。诉讼行为无效是指法院对存在严重程序性违法或出现了严重的程序性瑕疵的诉讼行为，直接宣告其

---

① 参见陈瑞华：《刑事程序的法理》（下卷），商务印书馆2021年版，第439－445页。
② 参见徐德臣：《民事诉讼程序性制裁机制研究》，中国政法大学出版社2018年版，第25－32页。
③ 典型案例：江苏省徐州市中级人民法院民事判决书，（2021）苏03民终1686号；安徽省合肥市中级人民法院民事判决书，（2016）皖01民初493号；山东省济南市槐荫区人民法院民事判决书，（2020）鲁0104民初1916号等。

丧失法律效力，其针对的程序性违法事项可以较为广泛。[①] 民事诉讼语境中，程序性制裁理论所针对的“违法”程序，应当既包括民事诉讼法规范意义上的强制性规定，又包括那些严重违反民事诉讼诚信原则的诉讼行为。应当注意的是，对于诉讼行为的无效化处理，应有行为违法程度之限。对于客观上具有一定程序违法瑕疵的诉讼行为，或者当事人虽有违诚信原则但可补正且未造成损害后果的诉讼行为，通常不宜作为无效处理。

第二，对法院裁判违法行为的无效处理。法院的审理程序违法，应当被理解为一种特殊的“程序违法行为”，对于法院的违法裁判行为而言，“撤销原裁决”似乎是对其违法行为无效化的一种特殊表现形式。“撤销原裁决”是程序性制裁理念中对审判机关违法行为的重要制裁方式。[②] 对于禁令的“撤销原裁决”程序，应当作为知识产权禁令审查程序中法院出现严重程序性违法行为的原则性处理方式。例如，在应当询问当事人的情况下没有询问，严重剥夺当事人的听审请求权，造成禁令错误被颁发；在应当责令提供担保的情况下没有责令提供担保，造成对方当事人严重损失；应当进行公共利益的考量却未进行，导致禁令的颁发直接损害我国公共利益等情况下，理论上应当由上一级法院宣告其裁决无效，撤销禁令裁决并视情况予以纠正或发回。

第三，在知识产权诉讼禁令制度中，有关证明责任的分配和证明标准的设置问题上，可通过适当引入当事人实施严重的证明妨碍行为的情形下证明责任移转的事案解明义务原则，从而直接推定受到证明妨碍的一方完成证明责任，其本质上也是一种程序性制裁的体现。法院在个案之中分配证明责任这一机制，使妨碍

① 参见陈瑞华：《刑事程序的法理》（下卷），商务印书馆2021年版，第463页。
② 参见陈瑞华：《刑事程序的法理》（下卷），商务印书馆2021年版，第439页。

行为实施者的妨碍行为归于无效，甚至起到相反的作用，即对上述诉讼行为进行无效化处理。对于事案解明义务在知识产权诉讼禁令中的设置及其理论的运用，笔者将在后文第四章详细阐释。

第四，对滥用禁令申请权的识别与规制。禁令申请权的滥用体现为各种形式，但均属于对民事诉讼诚信原则的违反。根据“任何人都不能从自身违法行为中获取利益”的古老正义观念，[①]对于滥用知识产权诉讼禁令的行为，应当运用程序性制裁的理念，对其进行裁量驳回，以防止滥用者通过运用不诚信地行使诉讼权利，从而获得任何不正当的程序利益甚至实体竞争优势。对滥用行为的识别与规制，笔者将在后文第五章加以详述。

第四节　知识产权诉讼禁令实践考察与困境检视

在对知识产权诉讼禁令的概念、性质、功能、法规范及其所应适用的诉讼法学理论进行系统研究的同时，还应对禁令程序在司法实践中的具体运行情况进行系统梳理检视，从而发现并明确该制度目前存在的问题，为进一步研究确定方向。而当前，我国民事诉讼法学者尚未对我国行为保全禁令特别是知识产权诉讼禁令案件进行较为全面、深入、系统的实证研究，致使可资借鉴参考的资料极为有限。因此，本节中，笔者将围绕知识产权诉讼禁令的总体适用情况、主要问题缺陷、由于禁令缺陷所导致的该制

---

① See “No one can take advantage of his own wrong.” Section 3517 of Civil Code of the State of California. Darrel Menthe, *Legalization and the Medication of International Disputes: The Balkan Experience*, 83 Connecticut Journal of International Law 23 (2007).

度在司法实践中的适用困境三个方面，对知识产权诉讼禁令程序在自2012年《民事诉讼法》中确立以来的司法实践情况进行实证研究和综合考察。

一、知识产权诉讼禁令总体适用情况

通过变换关键词“行为保全”“禁令”以及将法律条文作为关键词进行检索，[①] 并排除相关无效案例和重复裁判文书之后，自2012年《民事诉讼法》规定了行为保全禁令程序至2020年年底，共计得到6384件民事裁判文书，其中知识产权案件共计2232件，这也构成笔者对知识产权诉讼禁令进行分析的样本总体。笔者对上述2232件知识产权诉讼禁令有关的裁判文书基本内容进行了较为详细的研读考察，整体上发现知识产权诉讼禁令的适用呈现如下规律。

（一）整体适用比率低

2013年年初至2020年年底，我国法院系统共计受理知识产权一审案件218.1万件，[②] 而其中适用行为保全的案件仅有2232件，占比仅约0.1%，即占比约千分之一。上述现实情况从侧面说明，知识产权诉讼禁令程序的整体适用比率依然处于较低水平。当然上述统计可能在客观上受到少部分知识产权案件裁判文书因涉及

① 笔者综合运用中国裁判文书网、“北大法宝”、“威科先行”、“法信”等公开渠道能够获得的搜索工具进行检索和研究，最后检索日期：2022年12月15日。需要说明的是，知识产权诉讼禁令程序作为过程性裁决，其并非必然要求在中国裁判文书网上进行公开的“生效裁判文书”。而以和解等非判决形式结案的知识产权诉讼案件，其禁令的裁决通常亦不完全公开。上述两项现实情况系本书实证研究过程中在样本总体选择时的局限性之所在。

② 参见周强：《最高人民法院关于人民法院知识产权审判工作情况的报告》，载《人民法院报》2021年10月24日，第1版。

国家秘密或商业秘密而不公开的影响，以及部分知识产权诉讼案件通过和解、调解结案而不公布过程性裁判文书等客观原因制约。但是从宏观上依然能较为全面地反映出知识产权诉讼中当事人对禁令申请及法院主动适用的频率整体上依然处于较低的程度。而相较于我国禁令适用较少的情况，美国联邦上诉巡回法院[①]年均审理知识产权案件约9300件，[②] 2016年年初至2022年年底，年均审理技术类知识产权诉讼案件约5000件，在上述案件中，中间禁令的司法适用比率达到65%以上。[③] 中国和美国的上述数据对比，体现出我国在技术类知识产权诉讼中，禁令的适用依然有待提高，禁令的审理程序依然有待完善。知识产权诉讼禁令的适用频率低的因素有多方面，下文将详细分析。

（二）适用案由不均衡

知识产权诉讼禁令程序除适用比率较低之外，总体上呈现的案由分布亦不均衡。第一，在这2232件案件中，知识产权合同纠纷仅有43件，包含网络域名合同纠纷18件，著作权合同纠纷11件，商标合同纠纷2件，商业秘密合同纠纷1件，特许经营合同纠纷11件。上述结果说明，在侵权案件当中，知识产权诉讼禁令适用得比较多，可见法院总体来说适用禁令较为审慎，对合同纠纷

---

① 美国联邦巡回上诉法院，即“United States Court of Appeals for the Federal Circuit（CAFC）”，根据美国《联邦诉讼规则》的规定，行使对于专利、商业秘密等领域技术类知识产权民事诉讼案件的专属管辖权。See Samuel Howard，*FRAND*，*RAND*，*& the Problem at Hand*：*Increasing Certainty in Infringement Damages for Standard – Essential Patents*，204 Boston University Journal of Science and Technology Law 27（2021）.

② 参见刘银良：《从美国知识产权案件之统计分析看联邦巡回上诉法院的角色与功能》，载《知识产权》2014年第12期。

③ 相关统计数据来自美国联邦最高法院官网，https：//www. supremecourt. gov/，最后访问日期：2022年12月15日。

适用知识产权诉讼禁令更为严格。第二，不正当纠纷和其他知识产权竞争纠纷仅有约159件，其中互联网著作权不正当纠纷约占95件，多数为互联网公司之间因著作权侵权产生的不正当纠纷案件。[①] 除此之外，159件案例中侵害商业秘密纠纷14件，商业诋毁纠纷13件，商业贿赂不正当纠纷7件，仿冒纠纷5件，商业贿赂不正当竞争纠纷6件，虚假宣传纠纷3件。上述竞争类案件中，技术类竞争案件14件，即商业秘密不正当竞争案件，其余均为非技术类案件。从上述数据可以分析得出，与发达国家竞争类案件与禁令“相伴相生”（symbiosis）的情况[②]不同的是，竞争类案件的适用尤其是技术类竞争案件，我国的知识产权诉讼禁令制度仍然存在着广泛的适用空间。第三，除竞争类案件之外，知识产权诉讼禁令程序中占据绝大多数的普通知识产权权属和侵权类纠纷案件，共计2030件，该类案件根据案由分布如下：著作权权属和侵权纠纷1559件，占有绝对多数，商标权权属和侵权纠纷348件，专利权权属和侵权纠纷110件，其余各类案由（包括植物新品种、企业名称、域名等）共计仅13件。上述著作权案件禁令在整体禁令程序中占比76.8%的情况，与我国司法实践中知识产权案由的分布相比，也是不成比例、不均衡的：以同期数据为例，2013年至2021年6月，全国法院审结206万件知识产权案件，其中著作权案件为131.6万件，占比约63.9%。而知识产权诉讼中的著作权案件占比76.8%，而且上述案件中还未包括不正当竞争与著作权侵权竞合的情况。以上数据可以较为合理地说

① 例如，四川省成都市中级人民法院民事裁定书，(2019)川01民初5468号；浙江省杭州市中级人民法院民事裁定书，(2019)浙民终709号等。

② See Talha Syed, *Reconstructing Patent Eligibility*, 1937 American University Law Review 70 (2021). William F. Baxter, *Legal Restrictions on Exploitation of the Patent Monopoly: An Economic Analysis*, 267 Yale Law Journal 76 (1966).

明，我国知识产权审判中，对著作权案件更“容易”颁发禁令，著作权诉讼中的禁令门槛更低，掌握标准和尺度更为宽松；而对于技术类知识产权案件，则通常掌握比较严格的禁令颁发标准，造成整体上禁令适用案由不均衡的情况。

（三）时空分布较为集中

前述2232件行为保全裁判文书中，大多数审理法院集中在东部地区。其中最高人民法院46件，北京市318件，上海市110件，广东省685件，浙江省118件，福建省194件，以上较发达东部地区合计1471件，占总体比例约65.9%；而对于较为偏远地区的省区市来说，通常仅为个位数，限于篇幅，笔者不再一一进行罗列。空间分布集中的主要原因在于我国知识产权审判的专门化管辖问题，大量知识产权案件集中于北京、上海、广州知识产权法院系统进行处理和解决。广东省知识产权诉讼禁令适用案件数量高的原因主要在于其电子信息通信行业和互联网企业大量密集分布，致使广东地区大量作为侵权行为地，从而其法院受理类似案件情况较多。

审结时间方面，2017年之前，禁令的司法适用每年基本为个位数或几十件，但在2017年及之后，知识产权诉讼禁令的案件数量呈现持续迅速增长的趋势：从2017年开始起算，截至2022年年底，我国知识产权诉讼的年均增长率为53.8%，远高于前述2021年最高人民法院知识产权审判工作报告中所提到的知识产权一审受案量年均24.5%的增长率。出现上述情况的基本原因在于，2017年之后，我国知识产权战略的调整和产业布局的变化，例如，《中国制造2025》行动纲领的提出，我国整体科技创新的步幅加快，以及向5G、人工智能及高端芯片制造业转向的科技创新发展等。值得注意的是，2017年之后，我国企业在高新技术知识产权领域遭遇的国际平行诉讼明显增加，知识产权诉讼禁令的适用案例大量浮现，且诸如禁诉令、禁执行令、反禁诉令等禁令程序的特殊表现形式大量出现在我国高新技术企业与境外实体的国际平行诉讼中，例如：康文森公司与中兴公司在英国的禁诉令程序与中兴 2018 年在深圳市中级人民法院起诉康文森公司的平行诉讼程序；华为公司与三星公司 2018 年在美国加州北区法院进行的禁执行令程序案件；① 诺基亚与戴姆勒公司在慕尼黑第一地区法院进行的反禁诉令程序案件、② 联想与 IPcom 在法国初审法院 2019 年启动的反禁诉令程序案件等，③ 均启动于 2018 年及其后，这与我国的知识产权战略和“五眼联盟”对我国的制裁具有较为直接的相关性。

二、禁令司法实践主要程序缺陷

根据前述所讨论的知识产权诉讼禁令的总体适用情况，并结合典型禁令裁决案例的分析。笔者认为，当前我国禁令司法实践中，主要存在以下几个方面的程序性缺陷，致使禁令在知识产权诉讼中的司法适用情况并未能达到其预设的价值和功能。而实证研究所发现的上述问题与缺陷，造成了知识产权诉讼禁令在司法实践中，特别是当前国际竞争形势的背景下，面临三重亟待解决的程序性困境，制约着我国知识产权强国战略的发展，也对我国知识产权审判体系和能力现代化造成负面影响。因此，笔者将在此部分对实践中所反

---

① See John O. McGinnis & Linda Sun, *Unifying Antitrust Enforcement for the Digital Age*, 305 Washington and Lee Law Review 78 (2021).

② See Picht & Peter Georg et al. , *Arbitration in SEP/FRAND Disputes*: *Overview and Core Issues*, 575 Journal of International Arbitration 36 (2019).

③ See Laura Whiting & Paul Abbott, *The UK*: *A FRANDly Jurisdiction*, 16 Managing Intellectual Property 283 (2019).

映出的禁令主要程序性缺陷进行详细的归纳总结与梳理。

就知识产权诉讼禁令审查程序本身而言，笔者通过实证研究发现，总体上来说客观上能够初步满足知识产权诉讼当事人对于权利临时性救济的解纷需求，但依然存在大量不明确甚至司法实践中相互冲突的程序性问题。

（一）管辖问题理解不一

研究发现，我国法院对知识产权诉讼禁令的管辖理解不一，尤其是对禁令程序与管辖权异议程序之间的衔接与协调问题，各地法院采取截然不同的尺度：一方面，对于知识产权诉讼禁令的地域管辖问题，如最高人民法院在其案例中认定，行为保全措施的管辖与财产保全的管辖不应有所差别，因为制度在功能上没有差别。① 而广州市中级人民法院则认为，行为保全与财产保全等其他保全制度不应遵循相同的审查判断标准，② 西安市中级人民法院认为，行为保全并非财产保全，不能简单套用财产保全的有关规定。③ 另一方面，对于知识产权诉讼禁令和管辖权异议程序的相互关系问题，如最高人民法院知识产权法庭和北京市海淀区人民法院均认为，知识产权诉讼中的行为保全禁令裁定与管辖权异议是两个相互不同的独立程序，对于本案实体程序是否具有管辖权的问题，不应在禁令程序中处理。④ 而重庆市第一中级人民法院则倾

① 参见最高人民法院民事判决书，（2021）最高法民终506号。

② 参见广东省广州市中级人民法院民事判决书，（2018）粤01民终13951号。

③ 陕西省西安市中级人民法院认为："且上诉人申请的是行为保全而非财产保全，二者有本质的区别，原审法院依据《最高人民法院关于因申请诉中财产保全侵害责任纠纷管辖问题的批复》中财产保全的相关规定认定其有管辖权不妥。"参见陕西省西安市中级人民法院民事裁定书，（2019）陕01民辖终322号。

④ 参见最高人民法院民事裁定书，（2019）最高法知民辖终318号；北京市海淀区人民法院民事裁定书，（2019）京0108民初35902号。

向于认为，在该院针对“本案无管辖权”的情况之下不应由该院作出禁令裁定。[①]

（二）听证程序不健全

对知识产权诉讼禁令审查中是否需要听证，司法实践中观点混乱，且听证适用率极低。由于我国现行民事诉讼程序法律和司法解释规范并未规定知识产权诉讼禁令在审查程序中进行听证的必要性，实践中法院通常不会多此一举进行听证，以免给自身增加额外的司法负担和成本，而其惯常做法是分别请各方当事人提交书面申请、答辩及证据材料之后，合议庭进行较为简短的书面审查，并直接根据书面审查颁发禁令。根据笔者检索，前述2232件行为保全裁判文书中，只有84件案例的禁令审查程序之中，法院根据当事人的申请或依职权主动进行了听证审查程序，听证适用比例仅为3.8%。值得注意的是，上述听证程序中，较多是在诉讼程序已经启动的情况下，即本案已经处于一审或二审程序中，法院此时通常不排斥进行听证的申请；[②] 少部分是禁令裁决作出后，被申请人不服知识产权诉讼禁令而申请复议，法院仅在复议环节进行听证。[③] 而在诉前知识产权禁令的审查程序中，各地法院组织听证的情况较为罕见，公开检索仅能收集到包括深圳市中级人民法院、[④] 广州知识产权法院、[⑤] 杭州铁路运输法院[⑥]以及宁波

---

① 参见重庆市第一中级人民法院民事裁定书，（2017）渝01行保1号。

② 例如，广州知识产权法院民事裁定书，（2015）粤知法著民初字第2－1号；广州知识产权法院民事裁定书，（2015）粤知法商民初字第2－1号；广州知识产权法院民事裁定书，（2020）粤73民终3865号。

③ 例如，上海市浦东新区人民法院民事判决书，（2015）浦民三（知）初字第1963号；上海知识产权法院民事判决书，（2017）沪73民终198号。

④ 参见广东省深圳市中级人民法院民事裁定书，（2019）粤03民初1914号之四。

⑤ 参见广州知识产权法院民事判决书，（2019）粤73知民初1047号。

⑥ 参见杭州铁路运输法院民事裁定书，（2019）浙8601民初2435号之二。

市中级人民法院①、北京知识产权法院②等少数法院作出的少量知识产权禁令审查案件。上述司法实践情况，体现出法院整体上担心听证导致不可逆转后果发生的谨慎态度。

（三）技术事实查明机制缺失

知识产权诉讼禁令中的技术事实查明实践较不统一，且以技术调查官制度为核心的技术事实查明程序在禁令审查中适用极少。2232 件知识产权行为保全案件中，仅有 6 件裁判文书涉及知识产权禁令审查程序中技术调查官进行技术事实查明的经过，比较具有代表性的为北京知识产权法院“安斯泰来诉仁和药房案”③ 和深圳市中级人民法院“大疆无人机专利侵权案”④ 两个案例。由于知识产权诉讼中禁令问题经常涉及知识产权专业事实查明问题，技术类事实的查明有时直接决定了禁令裁决的结果。而当前关于禁令裁决如何通过运用技术调查官制度，查明技术类案件事实并颁发禁令，司法实践似乎并未充分进行关注。

（四）复议程序形式化

调研发现，知识产权诉讼禁令裁决的复议程序沦为形式。民

---

① 参见浙江省宁波市中级人民法院民事裁定书，(2020) 浙 02 知民初 80 号之一。

② 参见北京知识产权法院民事裁定书，(2019) 京 73 行保 1 号。

③ 参见北京知识产权法院民事裁定书，(2019) 京 73 行保 1 号。本案中，技术调查官针对案涉药物活性成分“米卡芬净钠”(Micafungin Sodium) 是否落入涉案专利保护范围等技术性问题进行了调查并出具了有关技术调查意见。

④ 参见广东省深圳市中级人民法院民事判决书，(2020) 粤民辖终 192 号。本案中，在知识产权禁令审查程序中，经法庭比对并咨询市中级人民法院技术调查官、国家知识产权局专利局专利审查协作广东中心专利审查员的意见，被控侵权产品设计与涉案专利设计整体上高度近似，二者虽存在一定差别，但这些差别或属于不会引起一般消费者注意的细微差别，或位于产品正常使用时不容易被直接观察到的部位，从而对产品整体视觉效果影响较小。根据外观设计侵权“整体观察、综合判断”的原则，被控侵权产品设计与涉案专利设计近似，构成专利侵权。因此，深圳市中级人民法院就此颁发禁令。

事诉讼法中的复议制度，是在对当事人的实体抑或程序权利进行重大处置和干预的裁决程序中，为保障处理的公平性与合理性，而由程序法授予不服裁决的当事人进行复查的一类重要的救济程序。公法领域中，复议程序的设置，其主要功能在于通过对在先裁决的合法性与合理性的双重审查，以纠正在先裁决的不合理性与不合法性。① 知识产权诉讼禁令中的复议程序，应当包含对禁令的合法性与合理性的双重审视。通过司法实践中的有关案例可以看出，当前对不服知识产权诉讼禁令的案例进行复议的案件共计253件，占总体2232件样本总体的11.3%，说明当事人不服复议案件的情况并非罕见；而在253件申请复议的案件中，绝大多数案件为不经听证而直接驳回复议申请的情况，而通过复议解除禁令的仅有1件。② 据此可以发现，禁令的复议程序和复议功能在目前司法实践中已经沦为形式，丧失了其权利救济的功能预设和价值初衷。

（五）担保数额计算方式模糊

经过案例分析可知，知识产权诉讼中担保数额计算方式不明确。知识产权诉讼禁令的担保数额问题体现了裁量正义的实现，更关乎禁令申请权是否会被滥用。虽然原则上知识产权诉讼禁令程序的申请人应当提供担保，且就担保的数额而言，司法解释明确规定应当以能够弥补和填平当事人的损害为前提。然而，司法实践中，各地法院对担保的计算方式完全不统一。大多数法院在裁判文书的说理中仅笼统说明其结合案件具体情况和各方面因素、根据《知识产权行为保全规定》的条文规定等确定担保数额，③ 而

① 参见王万华：《行政复议法的修改与完善——以“实质性解决行政争议”为视角》，载《法学研究》2019年第5期。

② 参见江苏省无锡市中级人民法院民事裁定书，(2018) 苏02行保3号之二。

③ 参见北京知识产权法院民事裁定书，(2016) 京73行保1号。

对如何计算得出的担保数额却语焉不详；还有的法院不主动说明需要提交的担保金额，而是将担保金额的确定权交给申请人“看着给”[1]，而实践中仅有极少数法院说明其担保数额是如何进行计算确认的具体方式。各地法院对担保金额的确定和处理方式的不一致，致使部分申请人通过较小的“代价”和成本即可获取知识产权诉讼禁令的颁发，从而实现“以小博大”的不当利用知识产权的行为，致使部分被申请人的利益无法得到保障，从而衍生出新的争议纠纷，如因错误禁令颁发而造成的损害赔偿，致使“案结事不了”，当事人反复缠讼现象发生。

（六）救济机制缺位

知识产权诉讼中，申请禁令错误损害赔偿之诉有关程序尚不完备。由于知识产权诉讼禁令程序关乎当事人重大程序利益的处分，且实践中对其审查机制缺乏合理科学的监督机制，故禁令错误颁发的情况较为普遍和常见。在听证程序不明确、复议程序形式化、禁令申请错误不允许进行国家赔偿的情况下，本应由申请行为保全禁令损害赔偿诉讼作为唯一替代性损害赔偿途径，但司法实践中，对于知识产权诉讼禁令申请错误的情况，当事人提起诉讼的，均无一例外被法院驳回诉讼请求，从未获得法院支持。造成上述司法实践现状的原因有两种可能情况：其一，在我国知识产权审判体系中，对禁令的审查和颁发要求的证明标准较高，

---

① 参见广州知识产权法院民事裁定书，（2020）粤73民终574－589号。本案中，腾讯公司主动向法院提交了知识产权禁令担保数额5500万元：“申请人深圳腾讯除针对十六个短视频提出的496万元损失赔偿请求提供了等额担保外，还针对其要求某文化公司停止在其视频平台上传播包含有《王者荣耀》游戏画面的全部视频的请求提供了5000万元担保。”在此情况下，广州知识产权法院认为，在被申请人某文化公司没有举证证明可能因执行行为保全措施所遭受的损失的情况下，上述担保已经初步符合本案要求。

普遍原则是应达到实体判决的高度盖然性标准，因此法院作出的禁令出错率为0，所以当事人便不可能在错误保全损害赔偿诉讼中获得任何救济；其二，申请禁令错误损害赔偿之诉程序设置不合理，致使其发生功能性缺位，造成当事人无法主张权利的救济。笔者倾向于后一种观点。一方面，再严格的证明标准，亦无法杜绝错案的发生，这是人类认知的客观局限性所决定的，即便采取高度盖然性禁令审查标准，也完全存在禁令错误的可能性；另一方面，禁令错误救济之诉所采用的审理标准存在严重缺陷，即遭受错误禁令损害的被申请人需要完成较高的举证责任，法院方才能够认定损害事实的成立。错误申请禁令的侵权行为较易证明，但侵权行为与损害后果之间的因果关系以及损害后果本身却极难证明，这造成对知识产权诉讼禁令错误颁发的救济机制沦为一纸具文，成为“休眠条款”。

三、知识产权诉讼禁令制度面临的三重挑战

前述实证研究中所发现的知识产权诉讼禁令制度中面临的程序性缺陷，除有禁令本身的审查程序困境，亦有禁令的证明问题和滥用问题等程序性困境。此三方面困境，共同构成知识产权诉讼禁令制度在实际运行和操作过程中面临三重挑战。上述三重挑战，严重制约了知识产权诉讼禁令功能的发挥，同样使我国在国际知识产权竞争中面临严重不利和被动局面。而这三重困境抑或挑战的因应，将构成本书的主要研究方向和研究内容。笔者在此部分仅对三重挑战进行总体上的简略归纳，而在本书第三章、第四章、第五章将分别予以详细讨论和解决。

（一）程序规定缺陷问题突出

通过对知识产权诉讼禁令的实证研究发现，知识产权诉讼禁

令的审查程序存在管辖问题理解不一、听证程序不健全、技术事实查明机制缺失、复议程序形式化、担保数额计算方式模糊、救济机制缺位等较为突出的问题，在此不予赘述。而上述问题的存在，客观上引发了禁令程序在证明理论层面和制裁理论层面所遭遇的质疑和第一重挑战。

（二）证明责任与证明标准空白

我国《民事诉讼法》和相关司法解释均未对知识产权诉讼禁令的证明责任分配和证明标准的尺度把握进行规定，而前述程序缺陷造成各主体对禁令的证明责任分配认识不一，使禁令的司法实践严重割裂，且对禁令程序的体系化造成了阻碍，故无法通过有效体系解释或由最高人民法院层面形成有效的指导性案例等“自然”方式对禁令这一程序性裁决的证明责任和证明标准进行填补，致使不同地区的法院对各程序性要件的证明责任掌握的尺度不一，且对证明标准把握的高低水平存在差异，出现大量“同案不同判”的情况。因此，禁令在证明理论层面上的制度和研究空白问题，是禁令制度的第二重挑战。

（三）禁令滥用行为的常态化

知识产权诉讼禁令的各种程序缺陷只是表面问题，而更深层次的影响在于，造成申请人和被申请人之间出现利益失衡的局面。而由于程序性制裁等机制的缺失，在担保数额计算模糊、听证和复议程序无法实际发挥作用的情况下，申请人动辄滥用诉讼权利实施不诚信诉讼的行为，申请知识产权诉讼禁令造成被申请人面临重大被动的情况极为普遍，特别是在国际平行诉讼中上述问题更加严重。知识产权诉讼中，禁令滥用行为的常态化问题成为禁令制度所面临的第三重挑战。

本章小结

本章是关于知识产权诉讼禁令基本问题的研讨，从知识产权诉讼禁令程序的概念、价值功能、主要类型、构成要件、基本性质、指导理论、实践考察与困境检视等主要方面，对我国知识产权诉讼禁令制度进行了全方位的研究和剖析，是其后各章节的基础。知识产权诉讼禁令制度是在知识产权和竞争纠纷诉讼程序之前或之中，人民法院为防止当事人权利遭受不可逆转、无法恢复的损害，以及生效裁判无法执行，运用司法权对特定当事人作为或不作为特定行为的禁止性裁定。结合我国民事诉讼法律体系制度，知识产权诉讼禁令主要分为诉前禁令和诉中禁令两种。知识产权诉讼禁令具有程序性、紧迫性和准实体性等特征性质，知识产权诉讼禁令制度属于民事程序法的定位和范畴，知识产权诉讼禁令的申请权是一种重要的诉讼权利和程序权利。知识产权诉讼禁令的理论研究和分析，应当结合程序利益论、利益衡量论、多元解纷论和程序制裁论等基本原理加以讨论。基于现有公开渠道检索查询到的2232件知识产权诉讼禁令裁决文书分析可知，当前我国知识产权诉讼禁令的总体司法适用情况呈现出整体适用比率低、适用案由不均衡、时空分布较为集中的特点，通过仔细分析具体裁判文书可知，知识产权诉讼禁令的审查程序存在管辖问题理解不一、听证程序不健全、技术事实查明机制缺失、复议程序形式化、担保数额计算方式模糊、救济机制缺位等问题，从侧面体现出知识产权诉讼禁令制度面临三个层次的程序困境和挑战，亟须进行专门化、精细化的理论研究和制度构建。

第二章

知识产权诉讼禁令域外制度评析

知识产权诉讼禁令程序在英美普通法系和大陆法系主要国家和地区的立法与司法中均具备同源性制度实践。禁令程序最早的雏形可追溯至普通法系的衡平法救济程序中,① 自现代诉讼禁令制度诞生以来，各国学界陆续针对禁令的基本理论问题和司法实践进行了探索并积累了丰富资源。因此，为解决我国知识产权诉讼禁令的三重挑战与困境，将研究的目光投向域外主流国家和地区的知识产权诉讼禁令程序有关立法例、通行学说和典型案例，并进行适当比较法上的参考性研究和批判性借鉴是必不可少的。

笔者认为，比较法研究并非进行空泛的比较和综述，而是应当为中国问题的研究和解决提供参考思路与方案；且基于各国家和地区知识产权诉讼禁令的相关比较法资料极为丰富的现实，笔者在本章将重点选取英美普通法系和大陆法系各法域中具有代表性的立法例和理论通说观点，以我国知识产权诉讼禁令所面对的三重挑战为中心，突出问题意识和问题导向，精准围绕各主要法域中知识产权诉讼的禁令的主要问题，即制度的核心要素进行对

① See Roscoe Pound, *Equitable Relief against Defamation and Injuries to Personality*, 640 Harvard Law Review 29 (1916).

比分析研究，包括禁令的构成要件即颁发标准问题、审查程序问题、担保问题、程序救济问题等四方面，有针对性地进行研究考察及分析评述，以助于我国知识产权困境问题的解决，并推动我国知识产权诉讼禁令程序的优化与重构。

第一节　美国知识产权诉讼禁令制度考察

一、中间禁令的颁发标准

学者任重指出，美国法及其理论因为其在全球化中的重要作用而越发受到重视，尤其是在知识产权诉讼领域。① 比较分析知识产权诉讼禁令的域外同源制度，美国程序法上关于禁令的基本规则是较为重要的参考。在美国民事诉讼法上，与我国知识产权诉讼禁令制度相近似的同源性制度为中间禁令（interlocutory injunction）制度。美国民事诉讼制度在各州法院和联邦法院层面具有较大差异，较有代表性的禁令制度设置为美国《联邦民事诉讼规则》（Federal Rules of Civil Procedure，FRCP）第 65 条“禁令与限制令”所确立的禁令制度。② 根据上述联邦法规条文的文义解释及其释义，无论是预备禁令（preliminary injunction）还是临时限制令（restraining order），从规范出发，中间禁令颁发的要件应当包括两个基本要素，即“不可弥补的损害”和“胜诉可能性”。除上述两项规范性要件外，由普通法法学理论界和各联邦巡回法

① 参见任重：《比较民事诉讼研究的中国问题意识》，载《中国法律评论》2022 年第 5 期。

② See USCS Fed Rules of Civil Procecure，Rule 65（2009 amended）.

院判例确定的颁发标准还包括利益衡量（balancing of interest）和公共利益（public policy）两项。[①]“利益衡量”是指法庭将衡量禁令给双方带来的影响大小，即如果颁发中间禁令，将对申请人和被申请人各自所造成的可能性损害相对大小。故而利益衡量在部分美国联邦法院判例中又被形象地称为“困难性衡量”[②]。例如，如果中间禁令的颁发将造成被申请人利益严重受损，且上述受损程度远大于不颁发中间禁令给申请人带来的损失，则在此种情况下法院通常倾向于不颁发禁令。[③] 而公共利益在美国民事程序中通常又被称为“公共政策”，是指中间禁令的颁发不能损害美国国家安全和社会安全，以及道德观念与共同理想和资源环境保护等因素，目的在于为公共利益提供充分保护，[④] 以免禁令颁发的效果对美国的共同价值观念和社会共同体利益造成威胁或挑战。

根据美国《联邦民事诉讼规则》及美国大多数联邦法院的判例和学者的通行观点，对中间禁令的颁发标准为应同时满足 4 项构成要件：第一，无可弥补之损害（irreparable harm）；第二，胜诉可能性（likelihood of success on the merits）；第三，利益衡量（balancing of interest）；第四，公共利益检测（public interest test）。[⑤] 但在美国司法实践中，根据学者李曼系统全面的考察统计，不同

---

① See F. Andrew Hessick & Michael T. Morley, *Interpreting Injunctions*, 1059 Virginia Law Review 107 (2021).

② See Adam Mossoff, *The Injunction Function: How and Why Courts Secure Property Rights in Patents*, 1581 Notre Dame Law Review 96 (2021).

③ See Mila Sohoni, *The Lost History of the Universal Injunction*, 920 Harvard Law Review 133 (2020).

④ See William T. Mayton, *Toward a Theory of First Amendment Process: Injunctions of Speech Subsequent Punishment and the Costs of the Prior Restraint Doctrine*, 245 Cornell Law Review 67 (1981 - 1982).

⑤ See Henry J. Friendly, *Indiscretion About Discretion*, 747 Emory Law Journal 31 (1982).

联邦巡回法院和联邦最高法院之间，甚至同一联邦巡回法院内部不同时期和不同合议庭之间，对于禁令的颁发标准亦不相同，根据上述4项构成要件排列组合以及强调程度不同，共计具有10余种颁发标准之多。[①] 因此，美国法上有关中间禁令颁发的审查要素五花八门，所以部分美国学者坦承，作出裁量的各因素衡量标准组合令人头晕目眩（dizzy formulations）而无所适从。[②] 李曼认为，上述十几种禁令颁发标准，可以主要被归纳概括为4种，即四要素方法、三要素标准、两要素标准和浮动标准。[③]

作为补充，笔者对美国知识产权诉讼案例的研究后认为，以上4种标准当中，在美国知识产权诉讼中适用最多的仍然为最为传统的四要素方法。在2006年E－bay案之前，各地联邦法院对禁令采取的颁发标准实际上比传统的四要素方法有所松动，而在E－Bay案中，联邦最高法院认为知识产权诉讼禁令的颁发只有在充分满足上述4个因素的条件之下，才能慎重作出。[④] 随后，美国联邦上诉巡回法院（CAFC）层面以及联邦最高法院的主流意见坚持上述观点，并通过2009年的Titan案、[⑤] 2013年苹果诉三星案等标志性案例，再次重申了其四要素分析的立场。[⑥]

---

① 参见李曼：《美国中间禁令制度研究》，社会科学文献出版社2020年版，第56－58页。

② See John Leubsdorf, *The Standard for Preliminary Injunctions*, 525 Harvard Law Review 91（1978）.

③ 参见李曼：《美国中间禁令制度研究》，社会科学文献出版社2020年版，第52－61页。

④ See eBay Inc. *v.* Merc Exchange, L. L. C., 547 U. S. 388, 126 S. Ct. 1837, 164 L. Ed. 2d 641, 2006 U. S. LEXIS 3872, 78 U. S. P. Q. 2D（BNA）1577, 74 U. S. L. W. 4248, 27 A. L. R. Fed. 2d 685, 19 Fla. L. Weekly Fed. S 197.

⑤ See Titan Tire Corp. *v.* Case New Holland, Inc., 566 F. 3d 1372, 2009 U. S. App. LEXIS 11763, 90 U. S. P. Q. 2D（BNA）1918.

⑥ See Apple Inc. *v.* Samsung Elecs. Co., 735 F. 3d 1352, 2013 U. S. App. LEXIS 23167, 108 U. S. P. Q. 2D（BNA）1833, 2013 WL 6050986.

笔者认为，知识产权诉讼禁令颁发标准的四要素分析法虽然被部分美国学者批评为“失之保守”，但对于知识产权诉讼程序，禁令的颁发直接关系双方实力对比和案件走向的情况，法庭对此进行必要的审慎注意，无可厚非。值得注意的是，四要素分析法与我国 2019 年生效的《知识产权行为保全规定》第 7 条所列举的知识产权诉讼禁令的考量要素在总体上是吻合的。[①] 此外，上述标准在美国司法实践中，从 2013 年以后的案例可以看出，联邦法院对四要素的坚持似乎亦并非此前那么“绝对化”处理，即存在由四要素标准向浮动标准进行“回潮”的现象。[②] 从美国法对知识产权诉讼中间禁令程序颁发标准的分析和变化轨迹，可以得出以下三点结论：其一，无论是我国抑或美国，四要素分析法均在知识产权诉讼禁令的颁发问题上起到基础性作用，应当被作为禁令审查程序的主要审查要件；其二，知识产权诉讼中，中间禁令的颁发标准呈现灵活性和多样化的本质原因在于知识产权诉讼所涉及法律关系和各方利益的复杂性，因此应当赋予人民法院在禁令审查程序中较为充分的自由裁量权；其三，在公正与效率的选择上，美国中间禁令程序的司法实践似乎更倾向于公正的选择，允许一定程度上效率的牺牲，并在禁令审查的程序中普遍坚持较高的证明标准和辅之以更加完整的事实发现、事证开示程序。[③]

---

① 参见《知识产权行为保全规定》（法释〔2018〕21 号）第 7 条。

② See Range of Motion Prods. LLC *v.* Armaid Co., 2021 U.S. Dist. LEXIS 148150, 2021 WL 3476607; Tee Turtle, LLC *v.* Kellytoy Worldwide, Inc., 522 F. Supp. 3d 695, 2021 U.S. Dist. LEXIS 69481, 2021 WL 1254685; Bullbag Corp. *v.* Bags O Money, LLC, 2021 U.S. Dist. LEXIS 70653.

③ See Charles Tait Graves, *Curiosities of Standing in Trade Secret Law*, 159 Northwestern Journal of Technology and Intellectual Property 20 (2023).

二、中间禁令的审查程序

（一）中间禁令的启动

美国民事司法程序高度奉行当事人主义。在此基础上，根据美国《联邦民事诉讼规则》第65条的规定，中间禁令的启动必须以当事人的动议申请（motion）为要件，即申请人必须应当提出禁令的动议申请，此时法院才获得颁发禁令的程序性权力。也就是说，法院并不享有在当事人未申请的情况下主动依职权适用中间禁令的权力，这也是与大陆法系的假处分制度的主要区别之一。此外，知识产权诉讼中，当事人申请诉中禁令的情况较为常见，诉前禁令颁发和适用的频率通常较低，部分州民事诉讼规则中并不承认诉前禁令的合法性。值得关注的是，美国中间禁令的启动与本案实体诉讼审理是相互独立的程序，[①] 法院并不会在实体诉讼进行的过程中主动询问当事人是否需要禁令救济，法院通常会认为是否提出禁令申请完全是律师的任务，法院不得滥用司法权主动介入进行干预，[②] 且禁令的审理程序通常可以与知识产权诉讼实体审理程序平行推进，二者并不共享事实、证据以及结论。出于接近正义的理念，近年来美国简化了知识产权诉讼中当事人对中间禁令申请的程序，并原则上通过联邦法院官网上传相应资料等电子数据的形式代替过去现场提交材料的做法，[③] 可谓之美国版本的“网上立案”

---

① See Jackson Skeen, *Uptier Exchange Transactions*: *Lawful Innovation or Lender – on – Lender Violence*?, 408 Yale Journal on Regulation 40 (2023).

② See Thomas J. Hoffmann & Susan E. Brownstone, *Protection of Trademark Rights Acquired by International Reputation without Use or Registration*, 1 The Trademark Reporter 71 (1981).

③ See Llewellyn Joseph Gibbons, *Liberty or Licentiousness*: *Dissenting*, *Disparaging*, *and Scandalous Marks Post – Tam and Brunetti*, 83 Hastings Science and Technology Law Journa l12 (2021).

"网上申请"，大大提高了中间禁令的启动效率和审理速度。

（二）中间禁令的听证

虽然听证程序在美国《联邦民事诉讼规则》第65条中并未予以明确规定，但是在美国知识产权诉讼中，对于中间禁令的审查程序，判例法的裁判观点是，原则上应当进行听证。绝大多数司法案例中，法院亦主动将听证作为审查的一项必要程序加以组织和实施。著名学者马斯卡托（A. Muscato）认为，中间禁令需要听证的原因在于，听证系美国《联邦民事诉讼规则》条文规范所暗示要求的必需程序，因为被申请方应被给予提出异议和抗辩的公正机会；该学者进一步指出，尤其在双方对基本事实存在明确争议时，证据听证一定是被需要的，因为首先需要解决上述争议事实问题，法庭才能作出公正的禁令裁决。[①] 换言之，当双方当事人对知识产权诉讼中间禁令所涉及的基本事实没有争议时，禁令的听证程序才属于可以选择性豁免的情况。此外，有学者从申请方角度出发，认为听证程序对于申请方证实其确实面临不可挽回的损失风险是非常必要的，即中间禁令颁发的必要性条件并非仅包括被申请人造成申请人经营行为"不方便"一种情况。[②] 综上所述，美国诉讼法学理论界及案例（如Uber案）中所体现出的基本通说及司法裁判观点通常认为，除非当事人对禁令有关基本事实无争议，禁令在听证审查或审理中是必经程序，无论是对被申请人抑或申请人而言均有必要。[③]

① See Andrew Muscato, *The Preliminary Injunction in Business Litigation*, 649 New York University Journal of Law & Business 3 (2007).

② See Emma Trivax, *The Collateral – Claim Exception: A Unique Solution to the Harmful Backlog of Medicare Appeals*, 687 Wayne Law Review 65 (2020).

③ See Mihailis E. Diamantis, *Employed Algorithms: A Labor Model of Corporate Liability for AI*, 797 Duke Law Journal 72 (2023).

为进一步提升听证审查的效率，美国民事诉讼程序不禁止中间禁令的听证程序与本案实体审理程序进行合并审理（审查）。合并的效果是，禁令中作出的案件事实认定将作为案件实体审理所认定的事实，而在正式庭审时不再另行审查。合并审查既可由法院依职权作出，亦可由当事人申请作出；美国联邦法院在考量是否将知识产权诉讼禁令听证与实体审理程序合并审理的主要因素是案涉基本事实是否存在任何实质性争议。如果对禁令所涉事实没有实质性争议，且当事人对合并审查不持异议，则法院通常将认定此时禁令与实体审理的合并是正当的。① 学者李曼研究发现，在美国联邦法院合并禁令与实体审理时，通常会发出“特别通知”以作为对当事人的告知并征求其意见，并作为法院豁免证据开示程序的正当性基础。②

综观美国中间禁令的审查程序，笔者认为主要有两点可资借鉴：第一，对于中间禁令的启动程序，原则上应当以当事人主义或协同主义诉讼观为圭臬，在我国知识产权诉讼禁令程序中，法官亦不宜越俎代庖，在当事人未申请的情况下便主动适用知识产权诉讼禁令，否则构成对当事人诉讼权利与诉讼处分权的忽略。第二，中间禁令的审查程序中，应当以听证为基本原则，以不听证为例外，并且在当事人同意的情况下，可以参照美国判例法中的操作模式，将听证程序与本案实体诉讼审理程序进行一定程度上的合并。

---

① See Abbott Labs. *v.* Sandoz, Inc., 544 F. 3d 1341, 2008 U. S. App. LEXIS 21880, 89 U. S. P. Q. 2D (BNA) 1161; Stoner *v.* N. Y. City Ballet Co., 2001 U. S. Dist. LEXIS 19219, 2001 WL 1505492; Kickapoo Traditional Tribe *v.* Chacon, 46 F. Supp. 2d 644, 1999 U. S. Dist. LEXIS 12633.

② 参见李曼：《美国中间禁令制度研究》，社会科学文献出版社2020年版，第80页。

三、中间禁令的担保程序

根据美国《联邦民事诉讼规则》第 65 条（c）项的规定，在知识产权诉讼中，法院只有在当申请人缴纳适当数额的担保时方可颁发禁令；担保金额的适当性在于其应当与被申请人遭受错误禁令禁止或限制而遭受的损失相匹配。也就是说，根据上述立法例，美国联邦法院并无豁免担保的自由裁量权（discretion），[①] 申请人必须提供与被申请人可能因禁令错误的申请而遭受的损失数额相等或与之近似的担保金额，这一点与我国现行行为保全禁令程序法规范是等同的。美国民事诉讼程序对担保金额的具体计算方式也未进行详细规定，[②] 具体的标准与计算方法主要见于相关判例中。根据笔者对美国知识产权诉讼禁令程序的考察，其主要程序特色在于两个方面，即担保金额确定的灵活性，以及有条件的反担保允许。

（一）担保金额的确定

在知识产权诉讼禁令审查程序中，美国法院对担保数额的确定和计算标准具有极大的自由裁量空间和灵活性。通常原则上美国法院会在听证程序中对担保金额的计算听取申请人和被申请人的意见，并结合侵权成立的可能性、侵害知识产权行为的范围、

---

① See Nokia Corp. *v.* Interdigital, Inc., 645 F. 3d 553, 2011 U. S. App. LEXIS 10355, 98 U. S. P. Q. 2D（BNA）1906, 79 Fed. R. Serv. 3d（Callaghan）767. 本案中，审理法官援引了著名法学家波斯纳对美国《联邦民事诉讼规则》第 65 条（c）项的阐释，波斯纳认为，根据该条立法本意，担保制度就是为了保障当禁令错误时，担保金数额至少应当能够全部清偿被申请人的损失。See Coyne – Delany Co. *v.* Capital Dev. Bd., 717 F. 2d 385, 1983 U. S. App. LEXIS 24074, 37 Fed. R. Serv. 2d（Callaghan）784.

② See David A. Simon, *Off – Label Speech*, 549 Emory Law Journal 72（2023）.

广度、程度,[①] 以及最为重要的考量因素为一旦颁发知识产权诉讼禁令则将造成被申请人受到影响的程度[②]等因素，最终作出权衡判断。但是，当双方当事人均无法提供充分证据时，法院可以凭借自由心证作出确定，即审理法院对于担保金额的判断享有近似于绝对化的自由裁量权，当事人对此不得提出异议。[③] 除考虑上述因素之外，在部分地区法院和联邦法院判例中，法院在中间禁令生效期间即本案实体审理期间之内，有权根据客观因素的变化，如案涉产品市场份额的增减、胜诉可能性的相对大小、当事人并购或上市等重大融资性安排的进程、原被告的经营状况（包括是否进入破产清算）等因素，对担保金额进行动态调增或调减。[④]

（二）反担保的裁量允许

与我国知识产权诉讼禁令程序中除了申请人明确同意之外，被申请人无法通过反担保的形式进行解除禁令的反担保实践不同，在美国知识产权诉讼禁令的审查程序中，法院享有对在被申请人提供反担保的情况下解除禁令的自由裁量权，而通常一般不必经过申请人的同意或允许，程序“弹性”空间[⑤]较大，这也被认为是符合衡

---

① See Sleep No. Corp. *v.* Young, 2021 U. S. Dist. LEXIS 62655, 2021 U. S. P. Q. 2D (BNA) 385, 2021 WL 1207991.

② See Sapphire Consulting Servs. LLC *v.* Anderson, 2021 U. S. Dist. LEXIS 54101.

③ See Columbia Sportswear N. Am. , Inc. *v.* Seirus Innovative Accessories, Inc. , 2017 U. S. Dist. LEXIS 190845, 2017 WL 5494999.

④ 典型案例：Abbey Carpet Co. *v.* Abbey Flooring, LLC, 2018 U. S. Dist. LEXIS 73273; Uber Promotions, Inc. *v.* Uber Techs. , Inc. , 162 F. Supp. 3d 1253, 2016 U. S. Dist. LEXIS 18572; Bushnell, Inc. *v.* Brunton Co. , 673 F. Supp. 2d 1241, 2009 U. S. Dist. LEXIS 110612; Nevro Corp. *v.* Stimwave Techs. , Inc. , 2019 U. S. Dist. LEXIS 124382, 2019 WL 3322368。

⑤ 参见何帆：《最高人民法院审判职权的“刚性”与“弹性”配置》，载《政法论坛》2023 年第 2 期。

平法救济理念实质的做法。[①] 因此，在反担保解禁问题的裁量空间上，美国法院比我国法院享有更为广泛的自由裁量权。笔者通过对反担保解除的案例进行实证研究后发现，我国司法实践中几乎不存在法院在被申请人提供反担保的情况下进行解除的案例，其主要原因在于申请人拒不同意解除禁令，无论反担保金额的数量多少。

虽然美国《联邦民事诉讼规则》并未就反担保解除禁令的问题进行明确制度性授权，但根据判例法分析，美国法院通常在以下两种情况中能够通过运用自由裁量权，准许被申请人提供反担保的情况下解除禁令措施：第一，当被申请人存在明显实体案件胜诉可能性且其有可能由于禁令而面临不可逆的损害时。部分案例中，被申请人由于同申请人实力对比较为悬殊，通常是被申请人在市场优势地位和市场份额等方面显著弱于申请人的情况，当审理过程中法院形成被申请人将胜诉的初步心证时，为保障被申请人的持续经营权利，防止被申请人遭受不可逆转的损害，此时法庭允许被申请人提供一定的反担保（security by defendants/respondents)，其运用自由裁量权对禁令加以解除或拒绝。[②] 第二，当被申请人因禁令的颁发而预期遭受的损害无法通过法庭自由心证进行准确合理预期（immeasurable harm）时，法院倾向于认同被申请人在提供反担保的情况下对禁令加以解除或拒绝。[③] 实际

---

① See *Recovery for Wrongful Interlocutory Injunctions under Rule* 65（*c*），828 Harvard Law Review 99（1986）.

② See Edison Electric Light Co. *v.* Columbia Incandescent Lamp Co.，56 F. 496，1893 U. S. App. LEXIS 2695. 在本案中，被申请人向法庭提交了2万美元的现金反担保，此时为避免禁令对被申请人造成不可挽回的影响，法院拒绝了申请人的禁令申请。

③ See 7 – Eleven，Inc. *v.* Orlando Empire，Inc.，2019 U. S. Dist. LEXIS 109070，2019 WL 2613333；Tim Hortons USA，Inc. *v.* Tims Milner LLC，2019 U. S. Dist. LEXIS 100978，2019 U. S. P. Q. 2D（BNA）222976，2019 WL 2515006.

上，根据笔者考察发现，美国法院系统对于禁令的反担保裁量允许近年来呈现常态化的趋势，[①] 申请禁令解除已经成为英美法系知识产权诉讼律师的常规诉讼安排。

四、中间禁令的救济制度

（一）基本救济途径

在美国民事诉讼程序中，对于不服中间禁令裁决申请而进行上诉或复议的程序规则或案例较少。对于中间禁令的救济手段，美国法上通常认为包括针对错误禁令的普通侵权诉讼和禁令的上诉两种。有学者认为，对于在知识产权诉讼程序中，当事人因对方错误禁令保全申请而遭受损失的，应当首先向享有管辖权的州法院提起普通民事侵权诉讼并获取赔偿和律师费用。[②] 我国知识产权诉讼禁令程序裁决不允许上诉（appeal），仅允许复议一次，而美国联邦法院判例法通常允许当事人对颁发或拒绝颁发中间禁令的裁决提起上诉，[③] 或选择在整体案件实体审理定谳之后针对全案提起上诉。[④] 由于禁令错误侵权损害赔偿诉讼以及针对全案提起上诉的程序与我国知识产权诉讼中的救济方式几乎一致，笔者在此不予赘述，而重点关注和分析对于中间禁令的上诉问题的探讨。

---

① See Uri Y. Hacohen, *Policy Implications of User - Generated Data Network Effects*, *Fordham Intellectual Property*, 340 Media & Entertainment Law Journal 33 (2023).

② See Legislative History of the Agricultural Fair Trade Practices Act of 1967: P. L. 90 - 288 I (1968).

③ 参见胡充寒：《我国知识产权诉前禁令制度的现实考察及正当性构建》，载《法学》2011 年第 10 期。

④ 参见郭小冬：《论诉讼保全中的利益权衡问题》，载《西南政法大学学报》2009 年第 11 期。

（二）禁令上诉程序

虽然对于中间性法庭命令，美国《民事诉讼规则》通常不允许当事人进行异议或提出上诉，但中间禁令是几乎唯一的典型例外。[①] 仅针对禁令裁决不服的上诉，美国上一级联邦法院通常会根据其具体的要素衡量标准，重新审查知识产权诉讼禁令的各项应当被考量的颁发要素（通常以"四要素方法"作为最常适用的判断标准），并且实质性地综合考察和衡量中间禁令是否应当被颁布，即全面审查全案事实和证据。[②] 笔者以美国联邦上诉巡回法院审理的两例较为典型的专利诉讼禁令上诉案件，即 Indivior 案（2019 年）和 Bayer 案（2021 年）[③] 为范例进行详细分析。两案中，一审法院均根据申请人的申请颁发了中间禁令，被申请人均不服，认为一审法院颁发的禁令欠缺胜诉可能性要素，以案涉专利权不稳定为由向联邦上诉巡回法院提起上诉。联邦上诉巡回法院在以上两个判例中均采用前述"四要素"审查法，全面分析中间禁令是否应当颁发的各个要素之后，详细论述了两个案件中申请人均欠缺胜诉可能性要素以及被申请人不会造成难以弥补的损害之现实情况，从而认为申请人最终获得胜诉的可能性不高，且被申请人的行为很难被认定为会对申请人造成难以弥补的损害。

---

① See Paul M. Perell, *The Interlocutory Injunction and Irreparable Harm*, 538 Canadian Bar Review 68 (1989). Carman J. Overholt, *Obtaining and Enforcing an Interlocutory Injunction: A Practical Guide*, 363 Advocate (Vancouver Bar Association) 52 (1994).

② 参见张江涛、薛波：《美国中间禁令探讨》，载《北京理工大学学报（社会科学版）》2005 年第 3 期。

③ See Indivior Inc. *v.* Dr. Reddy's Labs., S. A., 930 F. 3d 1325, 2019 U. S. App. LEXIS 20680, 2019 U. S. P. Q. 2D (BNA) 257569, 2019 WL 3047172; See also Bayer HealthCare LLC *v.* Baxalta Inc., 989 F. 3d 964, 2021 U. S. App. LEXIS 5936, 2021 U. S. P. Q. 2D (BNA) 235, 2021 WL 771700.

据此，撤销了一审法院所颁发的中间禁令。

从上述美国联邦上诉巡回法院的判例可以看出，美国知识产权诉讼禁令的审理程序中，允许当事人单纯针对中间禁令的裁决进行上诉而非复议或者复核，以实现其诉讼权利的充分救济。美国知识产权诉讼禁令程序中，其上诉机制作为救济的主要手段，其主要特征包括实体判断、提级管辖、全面审查。实体判断意味着上诉法院将对禁令所涉及的实体法律事实要素逐一进行判断和认定；提级管辖是指受理知识产权中间禁令裁决上诉的法院通常为原审法院的上一级法院，而不似我国知识产权诉讼中由同一法院管辖其复议申请的制度安排；全面审查是指除当事人不服的理由外，上诉法院将针对全案从严适用中间禁令的“四要素”审查标准，全面性地再次审查，并基于其自身所形成的自由心证作出是否应当颁发禁令的最终判断。美国知识产权诉讼中，中间禁令的上诉审查救济的特征，保障了当事人能够有效地获得充分救济，保障了当事人的程序权益和上诉利益，最大限度地避免了知识产权诉讼禁令裁决的错误颁布给被申请人造成的损害。

第二节　英国知识产权诉讼禁令制度分析

英国民事诉讼程序将与我国知识产权诉讼禁令的同源程序制度称为临时禁令程序。[①] 英国现行有关知识产权诉讼中临时禁令的上位程序规范渊源为英国于 1998 年颁行并于 1999 年生效的《民事

① 参见宋晓明、王闯等：《〈关于审查知识产权纠纷行为保全案件适用法律若干问题的规定〉的理解与适用》，载《人民司法》2019 年第 7 期。

诉讼规则法案》（Civil Procedure Rules Act，CPR）第25条关于临时禁令（interim injunction）的有关规定。由于英国脱欧之前属于欧盟的重要成员国，故其国内法受到欧盟多边条约和法规的影响较多，与知识产权诉讼禁令程序有关的主要是欧共体（后为欧盟）第2004/48号指令，其部分也已经逐渐内化为其本国国内法。[①] 此外，英国亦有相当多的程序性规则是以判例法的裁决和法院作出的评述形式存在的。相较于美国民事诉讼程序，我国学者对英国法上的知识产权诉讼临时禁令程序研究显然较少。笔者将同样从禁令颁发标准、审查程序、担保制度和救济机制四方面加以入手分析，希望能够为国内学者研究英国知识产权诉讼程序中的临时禁令制度贡献较多第一手资料。

一、英国法临时禁令的颁发标准

（一）临时禁令颁发的考量因素

根据英国《民事诉讼规则法案》第25条的规定，临时禁令的颁发标准主要有以下三个要件：第一，申请人根据英国《民事诉讼规则法案》的规定，具有可由英国法院进行管辖的诉因（cause of action），且是否存在真正的争议（good arguable case），[②] 该项规则在判例法中得以被进一步衍生发展为对胜诉可能性的评估；第二，单纯金钱损害赔偿能否弥补申请人的损失，即禁令颁发的必要性，[③] 与美国法上“难以弥补的损害”基本同义；第三，利益

---

① 参见［法］乔治·卡明、［荷］米亚·弗罗伊登塔尔、［德］路德·贾纳尔：《荷兰、英国、德国民事诉讼中的知识产权执法》，张伟君译，商务印书馆2014年版，第1－5页。

② 参见杨良宜、杨大明：《禁令》，中国政法大学出版社2000年版，第25页。

③ See Maggie Wittlin, *Meta - Evidence and Preliminary Injunctions*, 1331 UC Irvine Law Review 10（2020）.

衡量又可称为“比较不便”（*comparative inconvenience*）原则,[①]与美国民事诉讼禁令程序中利益权衡比较的要素基本一致，即对禁令颁发给申请人和被申请人的相对影响大小进行比较。如果临时禁令的颁发给被申请人造成的“不便”远大于申请人因不颁发禁令而预期可能遭受的损失，则法院通常将在此情况下不颁发禁令。此外，英国判例法认为，对于诉前申请颁发的中间禁令，通常要求紧迫性存在；但是，如果是当事人自身原因所造成的紧迫，则原则上不予准许颁发禁令。如果本案实体诉讼争议较小，或者本案事实关系和法律关系较为清晰，则英国法院亦有可能颁发临时禁令。[②]

根据上述规定，英国临时禁令的颁发，似乎在程序法规则方面并未明确将公共利益和胜诉可能性等因素加以规定，而是主要以真正的争议是否存在、必要性和利益衡量这三个要素作为是否颁发临时禁令的考量标准。[③] 而英国民事诉讼的上述“三要素”审查程序，在一定程度上确保了临时禁令颁发的及时性和效率性。但是从英国判例法中可以发现，英国法院对禁令颁发要素的把握尺度通常较为严格，禁令的适用亦存在严格的限制。[④] 主要体现在以下几个方面：第一，对于“真正的争议存在与否”这一项要素，判例法将其衍生为对胜诉可能性的评估、要求和判断。申请人至少满足“优势证明”而不必具有很大的胜诉可能性,[⑤] 即当原告胜

① See Evelyn Ellis, *The Right of Occupation of the Matrimonial Home and its Enforcement by the Courts*, 59 Anglo – American Law Review 4 (1975).

② See Bates *v.* Lord Hailsham of St Mary lehone [1972] 1 WLR 1373.

③ 参见高路：《民事行为保全制度研究》，南京师范大学 2016 年博士学位论文，第 77 页。

④ 参见李晓枫、郭萍：《评析〈民事诉讼法〉中行为保全制度的立法突破与不足》，载《法律适用》2015 年第 6 期。

⑤ 参见丁文严：《民事行为保全的申请与审查》，载《人民司法（应用）》2017 年第 34 期。

诉的概率将大于其败诉的概率时，英国法院通常才会签发相关临时禁令。[①] 第二，对于禁令颁发的必要性这一项要素，英国法院的标准是只有不颁发禁令将导致英国法院的生效裁决无法执行，方才有可能颁发临时禁令。[②] 第三，英国临时禁令程序中，法院对当事人的事证开示和披露义务要求极高，这一方面与美国中间禁令程序中对事证开示程序（discovery process）的豁免形成鲜明对比。多个英国法院案例中，法院明确申请人对相关事实的披露标准应当满足最大限度的全面、诚实披露义务（fullest and frankest disclosure），[③] 否则将导致禁令申请被驳回，已经作出的临时禁令亦将因此被撤销。

（二）临时禁令颁发要素的基本特点

审视英国民事诉讼中的临时禁令的颁发情况，针对英国法院是否颁发禁令的主要考量要素，主要有以下值得参考借鉴的特点。

第一，以禁令促和解的多元解纷理念。正如英国法上重要临时禁令程序之一的马利华禁令制度的建立者丹宁勋爵所说，禁令

---

① See Rasu MaritimaS A *v.* Perusahaan [1978] QB 644, 661 (Lord Denning MR); The Niedersachen [1984] 1 All ER389; Aiglon Ltd. *v.* Gau Shan Co. Ltd. [1993] I Lloyd's Rep 164. See also Zoran Radovic, *Securing Claim Pursuant to English Law – Mareva Injunction*, 71 Strani Pravni Zivot (Foreign Legal Life) 3 (1989). See also Tareq Al – Tawil, *Letters of Credit and Contract of Sale: Autonomy and Fraud*, 159 International Trade and Business Law Review 16 (2013).

② See Daniel Alexander, Sir Simon Bryan, Freddie Onslow, Luke Tattersall, *England and Wales* (2020), p. 53 – 54, in Simon Bryan (ed.), Encyclopedia of International Commercial Litigation (Kluwer Law International BV, Netherlands), https://kluwerlawonline.com/ManualChapter/Encyclopaedia + of + International + Commercial + Litigation/EICLIT20190019.

③ See Sanger, Andrew & Jamie Trinidad. *Decisions of British Courts during* 2016 *Involving Questions of Public Or Private International Law*, 298 British Yearbook of International Law 87 (2017). Katz. Larissa. *Equitable Remedies: Protecting "what we have Coming to Us"*, 1115 The Notre Dame Law Review 96 (2021).

的审查，便是在此阶段作出判决并且为当事人提供解决争议的良好指导。[①] 且临时禁令对当事人善意、高效履行诉讼程序同样会起到促进作用。例如，英国法院经常适用“超级临时禁令”（super injunction），[②] 禁止双方当事人在诉讼之外互相之间作出不当的敌对行为，如向媒体披露案件细节等情况、出版诽谤文章等，以促进双方当事人“诚信、积极、善意、体面”地进行诉讼活动，[③] 防止其进一步激化矛盾而无助于案件的有效和解。[④] 故而，我国学者考察后指出，英国民事诉讼中大约99%的案件均在临时禁令程序中得以和解结案，而不会实体开庭审理。[⑤]

第二，对于胜诉可能性的定量把握。英国判例法认为，只有当胜诉可能性满足50%以上的情况时，原则上才能颁发临时禁令。结合民事证据法可知，50%的证明标准属于优势证据的证明标准，其尚未达到75%左右的高度盖然性标准。我国知识产权行为保全禁令程序对上述标准并未进行明确规定，但实践中各地法院通常认为应当满足本案实体判决的高度盖然性标准，这也为申请人成功申请禁令的程序增添了障碍。英国长期的司法实践证实，对禁令胜诉可能性坚持50%的优势证据审查标准并不会必然导致禁令的滥用，亦不

① See Gilbert Kodilinye, *Lord Denning in Perspective*, 127 Denning Law Journal 1 (1986).

② See Dan - Alexandru Popa, *Neither Accessory Nor Incidental: Provisional/Interim Measures. II. Elements of a General Theory*, 347 Romanian Review of Private Law 2 (2021).

③ See Holly Kathleen Hall, *Super - Injunction*, *What's Your Function*, 309 Communication Law and Policy 18 (2013).

④ See Peter Maynard & Colin Jupp, *Judicial Secrecy and Suspension of Adversarial Proceedings: Super - Injunctions, Sealing and Gagging as Effective Tools in Asset Tracing and Recovery*, 45 Dispute Resolution International 9 (2015).

⑤ 参见冀宗儒、徐辉：《论民事诉讼保全制度功能的最大化》，载《当代法学》2013年第1期。

会导致错案的发生，且部分普通法系学者认为上述标准已经属于较为严苛的标准，因此，未来我国法院在审查判断知识产权诉讼禁令权属关系是否稳定等胜诉可能性要素时，可以适当予以借鉴参考。

第三，当事人是否诚信诉讼是重要考量因素。虽然英国《民事诉讼规则法案》第25条并未规定申请人在临时禁令审查程序中应当持有诚实信用的基本行为准则，但是英国判例法确定了禁令申请人的最大诚信义务，这也是包括临时禁令在内的衡平法救济模式中法院对于当事人的行为准则。如果当事人未能秉持诚信原则，尽最大努力披露全部事实和证据材料，甚至进行虚假陈述来不正当地获取禁令的颁发，则法院有权对其申请加以裁量性驳回，或主动撤销已经颁发的禁令裁决，体现了程序性制裁对程序违法行为“无效化处理”的基本理念。相比于美国法，其更强调当事人对法庭的忠实、敬畏和诚信。

二、英国法临时禁令审查程序

（一）临时禁令的启动

虽然英国法属于典型意义的英美普通法系立法例，但是其诉讼程序却受欧盟部分条例或法案的影响，而典型的问题就是对于临时禁令的启动程序，英国法并没有像英美法系其他国家立法例那样，将申请禁令的权利完全赋予当事人，而法院充当消极中立的裁判者；相反，在部分临时禁令的启动问题上，受到大陆法系其他成员方立法例及欧盟法案的作用，英国法院具有不经当事人申请而直接启动临时禁令审查程序并主动作出裁定的司法权力。① 但是原

① 参见沈达明、冀宗儒编著：《1999年英国〈民事诉讼规则〉诠释》，对外经济贸易大学出版社2015年版，第66页。

则上，在绝大多数临时禁令程序中，应当由当事人提交申请、填写相应程序性表格并向法院提交作为支持性的证据，包括物证、书证、证人作证和宣誓书（affidavits）等。[①] 值得注意的是，英国《民事诉讼规则法案》对临时禁令的申请形式掌握灵活多样，允许书面申请、网上申请甚至电话申请。[②]

（二）临时禁令的听证与答辩

英国法上临时禁令制度的审查程序中，较为值得关注的是其听证与强制性答辩制度。首先，临时禁令申请“几乎总会在听证”程序中考虑并裁决。[③] 英国的判例法中不允许未经听证或询问的单纯禁令书面审查程序，即便情况特别紧急，法院也应当被鼓励通过视频会议或电话[④]等方式询问双方当事人。[⑤] 在大部分案例中，英国法院认为，如果未能完成听证程序便颁发禁令，特别是在知识产权诉讼禁令的审理程序中，则属于严重的程序性违法，[⑥] 从而应当撤销先前颁发的临时禁令裁决。[⑦] 英国法院认为，临时禁令的

① See https：//www. justice. gov. uk/courts/procedure – rules/civil，最后访问日期：2021 年 12 月 21 日。

② See Civil Procedure Rule Act Rule 25（A）4. 5 “Applications Made by Telephone”.

③ 参见沈达明、冀宗儒：《1999 年英国〈民事诉讼规则〉诠释》，对外经济贸易大学出版社 2015 年版，第 75 – 76 页。

④ See https：//www. lexisnexis. com/uk/legal/results/enhdocview. do？docLinkInd = true&ersKey = 23_T406106583&format = GNBFULL&startDocNo = 0&resultsUrlKey = 0_T406106585&backKey = 20_T406106586&csi = 274729&docNo = 1&scrollToPosition = 116，最后访问日期：2023 年 11 月 17 日。

⑤ See Scherer Maxi，*Remote Hearings in International Arbitration*：*An Analytical Framework*，407 Journal of International Arbitration 37（2020）.

⑥ See International Review of Intellectual Property and Competition Law/2015 – Volume 46/Issue 2，1 March/Articles/Interlocutory Injunctions in IP Infringement Actions in England and Wales and in Ireland—American Cyanamid Revisited – 46（2）IIC 175（2015）.

⑦ See Mark Louis *v*. Allen Chastenet，［2015］ECSCJ No. 38；The Public Service Union *v*. Permanent Secretary of Ministry of National Security，［2020］ECSCJ No. 117.

听证程序是正当程序的要求（due course of process），能够保障法庭对基本事实和争议的确证，并在全面衡量各种因素的情况下作出最佳的判断，未经听证而颁发的禁令裁决缺乏基础的正义依据。[①] 在听证程序作为一项强制性程序性要求的情况下，英国法院在审理临时禁令的程序中，充分保障了当事人的听审请求权、辩论权、证据提交权和知情权等重要基础性程序权利。

被申请人在临时禁令中的答辩制度也值得关注。就临时禁令的被申请人而言，法院不仅允许其参与听证程序，还允许其进行答辩，有时这可以理解为是其一项重要的程序性义务。在英国知识产权诉讼临时禁令的听证审查程序中，法官通常将听证申请书及相关证据发送给被申请人，并指令其限期答辩。被申请人答辩的理由通常包括衡平法上的诸多救济事由及相应救济措施，如禁令将给被申请人造成困境、禁令本身不公正、禁令是申请人为了拖延诉讼而为之、“衡平法不徒劳操作”，亦即禁令本身即便颁发亦无法予以强制执行等。[②] 如果当事人逾期未能进行答辩，则法院将通过单方面结合申请人所提交的申请和有关证据进行审查并作出临时禁令裁决，当事人承担过期提出攻击防御方法的不利后果。此外，有的法院更是进一步认为，当被申请人拒绝答辩时，法官有权直接越过禁令程序，“不再顾及双方之间的利益平衡”，直接作出实体诉讼判决，[③] 因为此时法院推定双方当事人之间已不存在任何事实层面的争议。

---

① See David di Mambro, Developments since the October 2013 Reissue of the Civil Court Practice, Civil Court News CCN 1 (14).

② See Attorney – General v, Guardian Newspapers Ltd. (No. 2), [1990] 1 AC 109; Amber Size and Chemical Co. Ltd. v. Menzel [1993] 2 Ch. 239; Warren v. Mendy [1989] 1 WLR 853.

③ See Official Custodian for Bharities v Mackey, [1985] Ch. 168.

三、临时禁令的担保程序

（一）担保金额的确定

对于临时禁令程序的担保问题，英国判例法原则上规定，应当由禁令申请人提供担保，法院方可启动禁令程序。至于担保的方式则较为灵活，允许当事人提供物的担保，或者向法院缴纳担保金。[①] 对于临时禁令中具体的担保数额计算问题，根据英国《民事诉讼规则法案》的规定，法院享有较大的自由裁量权。法院有权要求双方当事人针对担保数额提供相应书证，法院根据证据审核后确认申请人应当向法院提供的金额数量（amount）、担保形式（manner）和担保持续的时间等要素。[②] 根据上述规定，在英国的民事诉讼程序中，法院在确认最终的禁令担保金额时，将适用类似于对审程序的听证程序，作为禁令听证程序的一个环节加以解决。而另一方面值得关注的是，担保金额的范围应当涵盖错误提起禁令所产生的诉讼费用成本，即当事人为纠正错误的临时禁令所不得不承担的必要的维权成本开支[③]，将错误申请保全的诉讼费用和上诉费用等成本纳入申请人应当提供担保金额的范围，有助于当事人在充分衡量禁令被支持的可能性以及实体诉讼程序的胜诉可能性之后，审慎申请临时禁令程序，从而实现通过担保的设置来规制滥用诉讼权利行为的制度功能，确保“接近正义”理念

---

① 参见沈达明、冀宗儒：《1999年英国〈民事诉讼规则〉诠释》，对外经济贸易大学出版社2015年版，第85页。

② See https：//www. justice. gov. uk/courts/procedure – rules/civil/rules/part25 # Ⅱ.，最后访问日期：2023年11月17日。

③ See https：//www. justice. gov. uk/courts/procedure – rules/civil/rules/part25 # XV.，最后访问日期：2023年11月17日。

和价值的实现。①

（二）临时禁令的反担保解除

根据英国民事诉讼程序规则和相关判例法，对于法院有可能颁发的临时禁令裁决，被申请人有两种方式加以应对：其一，是在听证审查及答辩程序中表示异议，异议成立的，禁令不会被颁发。其二，即“允诺”制度。② 允诺制度是指被申请人在面对临时禁令时，可以选择作出与申请人谋求或申请为相似事项的允诺。例如，承诺将来一段时间内为或不为一定的行为，来代替其提出的异议，以达到与禁令在实质上相等同的效果，亦即如果违反了自身的允诺则与违反法庭的临时禁令裁定结果相同，均会面临藐视法庭的指控和处罚。③ 在被申请人向申请人和法庭提交书面允诺的同时，法庭会根据其自由裁量权要求被申请人提供一定金额的反担保，其数额的确定同样遵循与申请人提供担保相同的听证程序。在被申请人作出书面允诺并提交了足额金额的反担保之后，法庭应当基于自由裁量，解除临时禁令程序，无须要求申请人对此表示同意。④

关于担保问题，笔者认为英国民事诉讼程序规则可以总结两点供我国知识产权诉讼禁令程序镜鉴。第一，将担保金额的确认

---

① See https：//www. lexisnexis. com/uk/legal/results/enhdocview. do? docLinkInd = true&ersKey = 23_T406136148&format = GNBFULL&startDocNo = 0&resultsUrlKey = 0_T406136150&backKey = 20_T406136151&csi = 274732&docNo = 1&scrollToPosition = 217.

② 参见沈达明、冀宗儒：《1999 年英国〈民事诉讼规则〉诠释》，对外经济贸易大学出版社 2015 年版，第 86 页。

③ See Jillaine Seymour, *Injunctions Enjoining Non – Parties*：*Distinction without Difference*, 605 Cambridge Law Journal 66（2007）.

④ 参见沈达明、冀宗儒：《1999 年英国〈民事诉讼规则〉诠释》，对外经济贸易大学出版社 2015 年版，第 95 – 96 页。

问题引入准对审的听证程序，并要求双方提交证据以便法院更准确、迅速地确认担保金额，上述做法虽然在一定程度上牺牲了效率，但能够确保担保制度的功能发挥；第二，有条件的临时禁令反担保解除，英国临时禁令程序中，对于临时禁令的解除采用“允诺+反担保”的形式。虽然相较于美国法，英国民事诉讼程序规范对反担保的解除所设置的两道程序性“门槛”，审查更为严格，但是英国上述机制似乎与我国知识产权诉讼的现实国情相适应。在现阶段我国法院知识产权审判过程中，当事人对行为保全禁令及其背后所象征的司法公信力的尊重程度依然具有较强的提升空间。如果直接参照美国法模式，反担保解除成为常态化操作，将进一步侵蚀和消解我国法院的司法公信力，使知识产权诉讼禁令制度的救济功能在很大程度上被实质性地架空。因此，我国对知识产权诉讼禁令的解除应当严格掌握，而前述“允诺+反担保”的形式，既能在主观上对当事人不法诉讼行为发挥司法震慑威吓的功能，又能在经济层面上保障禁令解除后不致引起不可挽回的损失，亦可防止知识产权诉讼中“衍生案件”① 的产生，值得加以借鉴。

四、临时禁令的救济程序

（一）临时禁令救济的路径选择

对于临时禁令的救济途径，英国民事诉讼程序规则和相关判例法中确立了两种不同形式的救济形式：一是通过实体法的途径，即与中国行为保全禁令制度和美国知识产权诉讼中间禁令制

---

① 诉讼内“衍生案件”已成为我国民商事司法审判工作量和积案负担增加的重要因素之一，参见李光旭：《困局与破局：诉内“衍生案件”治理之路径构建》，载《法律适用》2022年第9期。

度相似，申请人对于错误颁发的临时禁令，可以通过普通侵权损害赔偿民事诉讼进行救济，[①] 通过普通侵权诉讼进行求偿。这一点英国的禁令相关程序与中、美同源程序几乎没有实质区别，故不作进一步展开说明。二是申请禁令的撤销，类似于我国的禁令复议程序。上述两种救济途径，可以同时由被申请人实施。

（二）临时禁令的撤销

根据英国判例法，对临时禁令的撤销，应当向原审法院颁发临时禁令的法官提出；[②] 对临时禁令裁决不服的，当事人无权向上一级法院申请复议或上诉。[③] 我国学者沈达明教授在考察英国临时禁令程序后，同样认为英国法上不存在仅针对禁令裁决本身的上诉机制。[④] 应当关注的是，国内曾经有学者认为，英国临时禁令程序中，对于颁发或拒绝颁发临时禁令的裁决，当事人有权向上一级法院上诉，[⑤] 针对上述观点，笔者并未发现英国民事诉讼程序规则或判例法依据，故值得商榷。由于除法定情形外，基本上较少有法官能够在异议程序中推翻自己所作出的在先裁决，因此，相比美国的中间禁令制度，英国知识产权诉讼中，临时禁令的颁发

① 参见赵珂：《申请保全错误行为之司法认定——以案例为样本解读〈民事诉讼法〉第105条的适用》，载《法律适用》2021年第8期。

② See John Sorabji, *Interim Relief: National Report for England and Wales*, 157 Flinders Law Journal 20 (2018). See also Jill Martin, *Interlocutory Injunctions: American Cyanamid Comes of Age*, 52 King's College Law Journal 4 (1993 - 1994).

③ See Jonathan Tickner, Jason Woodland& Emma Ruane, *Interim Remedies: Is It in the Public Interest for the Competition Appeal Tribunal to Dispense with Cross - Undertakings as to Damages*, 15 Competition Law Journal 15 (2016).

④ 参见沈达明、冀宗儒：《1999年英国〈民事诉讼规则〉诠释》，对外经济贸易大学出版社2015年版，第86－87页。

⑤ 参见胡充寒：《我国知识产权诉前禁令制度的现实考察及正当性构建》，载《法学》2011年第10期。

和撤销均较为困难。[①]

针对导致临时禁令被撤销的事由，在1998年英国《民事诉讼规则法案》颁行以来，英国判例法主要呈现以下三种情形：第一，在法官发现禁令申请人未能秉持最大诚实信用原则完成事证开示义务的情况下，法院可以主动或依当事人申请撤销临时禁令；第二，对于被申请人来说，禁令在实施过程中产生了在禁令的颁发时未能预先设想到的过度压迫性（oppressive）后果，造成不当诉讼状态的形成，[②] 从而导致双方当事人之间的利益平衡被打破而产生不公平的情况；第三，禁令的效果不合理地造成了善意第三人的利益受到损失或面临受损之虞，例如，商业秘密侵权诉讼中，被诉侵权人已经与善意第三人签署了许可合同，在此种情况下如果临时禁令禁止善意第三人在不泄密的情况下继续适用商业秘密，则构成不合理地造成善意第三人的利益受损，此时善意第三人有权向法院申请对其解除此临时禁令。[③]

第三节　德国假处分制度参考

在以德国民事诉讼程序为代表的大陆法系立法例中，行为保

---

① 参见邱福恩：《中美经贸协议仿制药专利侵权“快速救济措施”研究——基于药品专利链接和临时禁令措施的国际比较》，载《中国发明与专利》2020年第4期；郑友德、钱向阳：《论我国商业秘密保护专门法的制定》，载《电子知识产权》2018年第10期。

② See Clarke Anthony, *Differing Approach to Commercial Litigation in the European Court of Justice and the Courts of England and Wales*, 101 European Business Law Review 18 (2007).

③ See *International Annual Review*: *The Twentieth Yearly Review of International Trademark Jurisprudence*, 567 The Trademark Reporter 103 (2013).

全禁令程序通常被称为“假处分”程序。“假处分”主要意在强调其制度的暂时性、程序性和非终局性特质。本节同样主要围绕德国民事诉讼程序中假处分制度的颁发标准、审查程序、担保制度和救济机制四方面主要问题进行研究，而对德国假处分制度中其他重点内容，如证明责任和证明标准问题等，将在本书的后续章节讨论具体问题之时，加以阐释。

一、假处分的颁发标准

（一）假处分的规范依据

德国法中假处分程序的一般性规范性制度依据，主要是德国《民事诉讼法》第935条和第940条。① 德国《民事诉讼法》第935条规定的假处分程序被称为“保全假处分”，强调对诉讼系争标的物的强制性处分，类似于我国的先予执行程序；而第940条规定的假处分程序为“保持假处分”，强调在实体诉讼中，案涉民事法律关系和民事法律行为既有状态的暂时性保持和维系，② 更类似于我国知识产权诉讼禁令程序的目的设置和价值初衷。但是德国民事诉讼司法实务中，对于保全假处分和保持假处分近年来区分并不严格，③ 二者的界限亦已经逐渐模糊，普遍认为上述二者的区分较为复杂且实际意义有限，故通常将上述条文均合并以共同作为假处分制度的制度依据。④

---

① 参见《德国民事诉讼法典》，赵秀举译，法律出版社2021年版，第331－333页。

② 参见［德］奥拉夫·穆托斯特：《德国强制执行法》，马强伟译，中国法制出版社2019年版，第287－288页。

③ 参见［德］弗里茨·鲍尔、霍尔夫·施蒂尔纳、亚历山大·布伦斯：《德国强制执行法》（下册），王洪亮、郝丽燕、李云琦译，法律出版社2020年版，第397页。

④ 参见张素华：《论人格权禁令的性质及司法适用》，载《比较法研究》2021年第6期；［德］汉斯－约阿希姆·穆泽拉克：《德国民事诉讼法基础教程》，周翠译，中国政法大学出版社2005年版，第432页。

除了程序法的相关规定之外，在德国知识产权单行法律规范当中，亦有部分关于假处分的补充性实体法规定，例如，德国《著作权法》第42条,[①] 德国《反不正当竞争法》第12条第（2）款、[②] 德国《专利法》第85条及第140条等,[③] 均规定在特定情况下可以适用民事诉讼法有关假处分的规定。上述知识产权实体法中的规定，亦与我国相似，大多数的性质为指涉性或转引性规范，最终适用的法律规范仍然是德国《民事诉讼法》第935条和第940条的规定。由于德国《民事诉讼法》第940条所规定的保持假处分与我国的知识产权诉讼禁令程序更具有高度同源性，故笔者在接下来的论述当中，将主要围绕保持假处分进行研究。如无特别说明，下文的假处分将主要是指保持性假处分程序。

（二）假处分的考量要素

概言之，从上述德国法关于假处分程序的立法例和相关理论学说分析可知，德国知识产权诉讼中的假处分程序颁发的考量要素主要包括以下几项：其一，真实争议性，即存在着有争议的法律关系。[④]"有争议"的法律关系是指假处分仅在案件存在真正的争议和纠纷前提的情况下，方才有颁发和适用的空间。其本质原因在于，假处分是对系争法律关系结构的暂时性冻结，包括当事人之间的权利义务关系的冻结以及具备法律意义之某些特定事实

---

① 参见王泽鉴：《人格权保护的课题与展望——人格权的性质及构造：精神利益与财产利益的保护》，载《人大法律评论》2009年第1期。

② 参见周翠：《行为保全问题研究——对〈民事诉讼法〉第100—105条的解释》，载《法律科学（西北政法大学学报）》2015年第4期。

③ 参见崔起凡：《德国专利诉讼证据收集制度及其借鉴》，载《浙江万里学院学报》2021年第6期。

④ 参见［德］弗里茨·鲍尔、霍尔夫·施蒂尔纳、亚历山大·布伦斯：《德国强制执行法》（下册），王洪亮、郝丽燕、李云琦译，法律出版社2020年版，第409－410页。

关系的冻结，以及由权利义务关系所直接衍生出的其他权利义务关系的暂时维系原状。有争议的法律关系这一考量要素，与英国法当中“真正的争议”这一构成要件在实质上是相似的。其二，必要性，即当事人据以申请假处分的事由能够导致假处分裁决具备必要性，即法院只有在为避免“重大不利”或者使实体裁判难以执行的“暴力阻碍”，或者其他法院认为有必需颁发假处分的事由之时，方可裁决进行假处分。① 其三，可执行性，即假处分原则上要求其裁决内容是具有可执行的内容。虽然假处分并非德国法上的执行程序，但德国法上学理通说认为，“措施必须可以执行”这一基本原理同样应当在假处分程序中加以坚持。②

（三）对德国假处分考量要素的反思

德国法上对假处分裁决的颁发考量要素标准包括三项，即真实争议性、必要性和可执行性。而上述三项要件中，却不包含对申请人和被申请人之间因假处分可能遭受权利义务影响的利益衡量，以及对公共利益缺乏充分的关注，这是作为大陆法系代表的德国假处分制度与英美普通法系中间禁令或临时禁令程序在考量要素方面主要的差别。尤其是未能对公共利益足够关注，笔者不揣冒昧猜想，可能与第二次世界大战之后德国法哲学领域中自然法学思潮的复兴，并提倡对个人的理性、自由和权利加以尊重和保障，以及对“集体主义”、“公共利益”或“公共政策”进行不自觉回避的现象具有某种程度的关联性。

---

① 参见［德］弗里茨·鲍尔、霍尔夫·施蒂尔纳、亚历山大·布伦斯：《德国强制执行法》（下册），王洪亮、郝丽燕、李云琦译，法律出版社2020年版，第411页。

② 参见［德］弗里茨·鲍尔、霍尔夫·施蒂尔纳、亚历山大·布伦斯：《德国强制执行法》（下册），王洪亮、郝丽燕、李云琦译，法律出版社2020年版，第414页。

笔者认为，德国法上对假处分程序颁发的考量因素客观上存在两方面短板：其一，假处分程序未将申请人和被申请人之间的利益均衡作为法定要素，将致使假处分程序在应对知识产权等现代型诉讼过程中，容易忽略被申请人的利益而导致假处分的利益失衡。由于利益衡量理论在德国主要作用场域为立法过程，虽然据学者周翠考察，德国司法实践中具有在假处分程序中进行利益衡量的司法判例和评注，[①] 但假处分程序中双方的利益受影响程度并非必要的法定要素。虽然法学评注亦属于德国法学的重要渊源，[②] 但毕竟其效力不及成文法的规定。学界代表性观点对此亦有批判，其认为完全不考虑被申请人因假处分而遭受的利益影响是不妥的，只有假处分给申请人带来的利益不致与被申请人遭受的损失相当时，假处分才有实施的合理性和正当性。[③] 其二，是对公共利益的忽略。公共利益的判断与考量并非德国法院在颁发假处分时所应纳入审查的法定考量因素，将直接导致部分假处分性质的禁令可能具有损害社会公共利益的可能性。例如，华为与康文森专利纠纷案，康文森公司在德国起诉华为专利侵权，并向德国杜塞尔多夫地区法院申请了一系列针对华为及其子公司的假处分等禁令。[④] 上述禁令在客观上直接阻却了华为与德国政府在5G网络基础设施建设的进程，直接影响了德国的公共利益，对于德国乃至欧盟地区的产业发展和技术创新迭代过程造成负面作用，而

① 参见周翠：《行为保全问题研究——对〈民事诉讼法〉第100—105条的解释》，载《法律科学（西北政法大学学报）》2015年第4期。

② 参见卜元石：《德国法学与当代中国》，北京大学出版社2021年版，第162－163页。

③ 参见［德］狄特·克罗林庚：《德国民事诉讼法律与实务》，刘汉富译，法律出版社2000年版，第410－412页。

④ 参见宋晓：《涉外标准必要专利纠纷禁诉令的司法方法》，载《法学》2021年第11期。

法院并未将其作为假处分禁令的法定考量要素之一。

二、假处分的审查程序

（一）假处分的申请

根据德国民事程序法规范，假处分程序的启动职能依据当事人申请，法院无法依职权主动作出干预。假处分申请程序中，申请人应当向法庭提交证明假处分的法律关系请求权基础的有关证据材料，并且说明申请假处分的理由和原因，通常应当从“重大损害”或“危及执行”当中择其一，或其他必要的颁布假处分裁决的理由。[①] 对于启动假处分申请有关事实的证明标准，德国学界主要坚持“宽松的确定性”要求，即以能够让法院明晓案涉争议法律关系的目前状态，以及申请人所意欲达到的法律目标为必要。[②]

（二）假处分的听审

根据德国民事诉讼程序规则，假处分原则上应当经过法庭组织的“言词辩论”程序，方可作出裁决。德国民事程序法中对当事人言词辩论的重视程度是大陆法系立法例中独一无二的，其根源在于德国《基本法》对当事人的法定听审请求权的规定和保障，成为德国《基本法》和各类程序法的基本原则和根本立法层面的指导性理念。[③] 德国《基本法》第103条规定，任何公民均在法院

---

① 德国《民事诉讼法》第940条规定：为避免重大损害或防止急迫的强暴行为，或其他理由，对于有争议的法律关系，特别是继续的法律关系，有必要规定其暂时状态时可以实施假处分。参见《德国民事诉讼法》，丁启明译，厦门大学出版社2016年版，第258页。

② 参见［德］弗里茨·鲍尔、霍尔夫·施蒂尔纳、亚历山大·布伦斯：《德国强制执行法》（下册），王洪亮、郝丽燕、李云琦译，法律出版社2020年版，第428页。

③ 参见蓝冰：《德国民事法定听审请求权研究》，知识产权出版社2019年版，第5－10页。

享有获得听审的权利。[①] 法定听审请求权强调，当法院针对特定当事人作出可能造成其权利义务遭受实质性不利影响的裁判的情形时，应当在裁决结果作出之前，充分听取该方当事人的意见。[②] 也就是说，法定听审请求权既是一项民事程序权利，更是一项宪法权利，如果不当剥夺和限制当事人的法定听审请求权，在德国法上具有违宪的可能性。

在最大限度保障当事人听审请求权的指导思想之下，德国《民事诉讼法》中各程序环节均无一例外强调对当事人民事法定听审请求权和言词辩论权利的充分保障。而假处分程序作为一类对当事人权利义务造成重大实质性有影响的程序，必然应当以法庭组织听审为原则，以未经听审径行作出为例外。德国《民事诉讼法》第 937 条第 2 款规定，在急迫情形时，以及在驳回申请时，可以不经言词辩论即作出裁决。[③] 根据上述规定可知，假处分的审查程序通常应当由法院进行听证并组织双方当事人进行言词辩论，只有在极其特殊的情况下才可不进行言词辩论和听证程序。换言之，在德国《民事诉讼法》中，不经听证和辩论作出假处分的情形被严格限制在"急迫情形"之中。对于急迫情形的理解，德国联邦法院的判例普遍认为，所谓急迫事由并非指所申请事项或处分事由本身特征所决定的紧急性，而是指由于"时间的经过"或"通知被申请人"将危及假处分目的的实现。[④] 只有在上述情形下，

---

① See Bundesverfassungsgericht（Feb. 18，2024），https：//www. bundesverfassungsgericht. de/DE/Homepage/homepage_node. html. 最后访问日期：2023 年 3 月 2 日。

② 参见刘敏：《论民事诉讼当事人听审请求权》，载《法律科学（西北政法大学学报）》2008 年第 6 期。

③ 参见《德国民事诉讼法》，丁启明译，厦门大学出版社 2016 年版，第 258 页。

④ 参见［德］弗里茨·鲍尔、霍尔夫·施蒂尔纳、亚历山大·布伦斯：《德国强制执行法》（下册），王洪亮、郝丽燕、李云琦译，法律出版社 2020 年版，第 429 - 430 页。

才能被认定为“急迫情形”，从而豁免言词辩论和听证程序。在德国知识产权诉讼禁令的审理程序有关司法判例中，德国各级法院亦通常严格围绕上述击破情形进行审查，而未呈现予以扩张解释之趋势。

（三）假处分听审程序简评

关于德国《民事诉讼法》中关于假处分的听审程序规定及其“急迫情形”的例外，我国在完善知识产权诉讼禁令程序的审查时可以进行借鉴参考。其一，关于法定听审请求权的规定。在知识产权诉讼程序中，由于案涉法律关系事实极为复杂，法院通常难以在仅凭单方询问并听取申请人意见的情况下作出符合案件客观事实的禁令裁决。根据第一章的分析，在知识产权诉讼禁令程序中，法院进行听证的情况在我国司法实践中逐渐增加，但主要都是禁令颁发之后，当事人不服申请复议的，法院组织在复议程序中进行听证的情况；在禁令颁发之前进行听证的案例属于凤毛麟角。德国法上有关禁令颁发前进行听审和言词辩论的原则性规定，给我国提供了良好的借鉴思路，德国的司法实践已经充分证明了一个事实，即在德国大多数案例中，进行假处分颁发之前的听证审查并不会造成什么严重的后果或不可挽回的损失。笔者认为，由于基本国家体制、《宪法》规定的国家制度和政治体制的迥然相异，我国目前暂时没有必要在宪法层面将“法定听审请求权”纳入公民基本权利之列，但可以考虑在程序法或司法解释规范层面建立起对当事人听审请求权的保障机制，未来可以在知识产权特别审理法立法过程中，作为基本原则加以引入。其二，严格限制未经听审便作出的知识产权诉讼禁令裁决。德国判例法和理论界严格限定未经听审和辩论作出假处分的情形。笔者认为，我国未来在建立知识产权诉讼禁令的听证程序时，亦可参考德国法上述除外条款，并在司法实践中严格限制其适用，以最大限度保障当事人双方的诉讼权利和程序权利。

三、假处分担保程序

（一）担保金额的确定

根据德国《民事诉讼法》第936条的规定，假处分程序的担保问题适用假扣押程序中关于担保金额确定的相关程序，即第921条之规定。① 假扣押程序在功能上与我国《民事诉讼法》中的财产保全程序属于同源制度。根据上述规定，原则上在假处分程序中法官将要求申请人提供担保，而不存在豁免担保金额的情形。对于担保金额的确定，德国《民事诉讼法》赋予法官充分的自由裁量权，由法官综合案件事实情况之后进行确认。值得注意的是，担保金额在德国假处分制度中具有降低证明标准的功能，即如果当事人提供足额担保金，则根据德国《民事诉讼法》第921条的规定，构成对申请事项的证明标准的成就，或理解为对申请人行为意义上证明责任的豁免，即便申请人未能对法律关系等案件事实情况和申请假处分的理由进行说明，法院仍然在此种情况下在申请人提供担保后进行假扣押。②

（二）假处分的反担保撤销

德国《民事诉讼法》明确规定，假处分程序可以通过要求被

---

① 德国《民事诉讼法》第921条规定：对对方当事人可能遭受的损害提供担保的，即使就请求权或假扣押理由未做说明，法院也可以命令实行假扣押。即使对请求权和假扣押理由已经说明，法院可以命令于提供担保后实行假扣押。参见《德国民事诉讼法》，丁启明译，厦门大学出版社2016年版，第254页。

② 德国《民事诉讼法》第921条规定：对对方当事人可能遭受的损害提供担保的，即使就请求权或假扣押理由未做说明，法院也可以命令实行假扣押。即使对请求权和假扣押理由已经说明，法院可以命令于提供担保后实行假扣押。参见《德国民事诉讼法》，丁启明译，厦门大学出版社2016年版，第254页。

申请人提供反担保的形式加以撤销。德国《民事诉讼法》第 939 条规定，“特殊情形”出现时，可以由被申请人通过向法院提供反担保的方式，从而向法院申请撤销假处分。德国《民事诉讼法》的上述规定，与大陆法系其他国家原则上允许被申请人提供反担保以撤销假处分的立法例具有一致性。[①] 而问题的关键在于对“特殊情形”的理解和把握。对于“特殊情形”，德国《民事诉讼法》并未加以进一步规定，交给司法实践中法官进行自由裁量。

四、假处分的救济机制

（一）即时抗告程序

德国程序法学者认为，就假处分的救济机制而言，德国民事诉讼程序规定过于纷繁复杂，多有矛盾冗余之处，且“对所有参与者都有很多陷阱”[②]。笔者梳理研究后发现，德国《民事诉讼法》对假处分的救济机制规定较为多样，且救济机制与假处分裁决的颁发法院和所涉及程序具有直接关系。由于德国民事诉讼程序中，抗告系当事人对本案诉讼程序中法院作出的程序性裁决有异议而启动的、较为独立的、较为简化的上诉手段，即时抗告程序于假处分的救济机制中，在以下两种特定情形下能够适用：

第一，对于初级法院和州法院在审查后拒绝作出假处分裁决的情况，申请人可以依据德国《民事诉讼法》第 567 条的规定提起即时抗告。其原因在于，对于驳回申请人假处分的裁决，通常

---

① 参见占善刚：《民事诉讼撤销原判决之程序违法事由》，载《法学研究》2021 年第 1 期；刘燕：《司法视角内完善中国海事强制令制度的建议》，载《中国海商法研究》2020 年第 3 期。

② 参见［德］弗里茨·鲍尔、霍尔夫·施蒂尔纳、亚历山大·布伦斯：《德国强制执行法》（下册），王洪亮、郝丽燕、李云琦译，法律出版社 2020 年版，第 437 页。

由法院未经言词辩论而直接作出，因此符合德国《民事诉讼法》第 567 条第 1 款第 2 项之规定。① 德国即时抗告程序，类似于我国《民事诉讼法》中的程序性上诉制度，例如，对管辖权异议的裁决不服，我国《民事诉讼法》规定当事人有权提出上诉。德国《民事诉讼法》赋予不服不颁发假处分裁决的申请人即时抗告的权利，旨在为当事人提供更加高效且充分的程序救济机制，以及时消除假处分所涉及的权利遭受侵害的风险。

第二，对于初级法院和州法院在审查后作出假处分裁决的情况，被申请人提出异议的，此时作出原裁决的法院通常会组织申请人和被申请人进行必要的言词辩论和听证。如果法院在听证审理之后撤销假处分的裁定，对于上述撤销原假处分的裁定，申请人亦可根据德国《民事诉讼法》第 934 条向上一级法院提起即时抗告程序。② 但是德国《民事诉讼法》并未规定假处分即时抗告程序的终局性，理论上说，只要当事人不服假处分命令并不断提出即时抗告，则假处分的救济程序将陷入循环的境地，不利于双方当事人之间权利义务关系的稳定。

（二）全案上诉程序

如果被申请人不服假处分的裁决申请即时抗告被驳回，其仍然可以在初审判决作出后，将程序错误作为导致初审判决事实认定错误的理由，针对全案提起二审上诉程序，请求上诉法院纠正

---

① 德国《民事诉讼法》第 567 条第 1 款第 2 项规定，针对初级法院和州法院的一审裁判，被声明不服的裁判没有经过言词辩论并且驳回了程序申请的，可以提起即时抗告。参见《德国民事诉讼法》，丁启明译，厦门大学出版社 2016 年版，第 148 页。另外，根据德国司法判例，对于申请人申请假处分而显然缺乏成立条件的，德国法院通常不会专门组织听证程序进行审查，而是直接径行裁定驳回申请，因此通常这种情况之下也缺乏言词辩论的程序设置和环节。

② 参见《德国民事诉讼法》，丁启明译，厦门大学出版社 2016 年版，第 257 页。

包括程序错误及其造成的事实认定错误等实体问题在内的一系列异议问题。这一点与大陆法系各国的上诉程序并没有实质性区别。

（三）德国假处分程序救济简评

在梳理完德国假处分的救济程序后，笔者认为，我国今后在吸收借鉴相关制度时，主要有两方面内容需要加以关注：其一，原则上应当由原裁定颁发法院的上一级法院受理针对知识产权诉讼禁令的异议，无论其异议程序的名称被命名为即时抗告、上诉还是复议，都应当由禁令颁发法院的上一级法院进行管辖，以确保监督和救济的有效性和公正性；其二，应当严格限制权利救济的次数，否则对于在知识产权诉讼禁令程序中，法院通过复议程序或今后设置的上诉程序撤销原禁令裁决的，若当事人能够继续申请异议或上诉，则会导致程序的循环和倒流，严重影响知识产权诉讼禁令的审查效率和对申请人的权利救济，而且会使程序复杂化，没有实质性意义。值得注意的是，日本民事诉讼程序中的假处分程序的实质、基本立法原则与程序设计等方面主要沿袭了德国《民事诉讼法》的相关规定，二者具有高度同质化，① 在此便不再予以专节加以研究分析与讨论。

本章小结

本章重点围绕知识产权诉讼禁令的考量要素、审查程序、担

① 参见李仕春：《民事保全程序基本问题研究》，载《中外法学》2005 年第 1 期；范跃如：《试论我国行为保全制度及其构建与完善》，载《法学家》2004 年第 5 期；王福华：《民事保全制度研究》，中国政法大学 2005 年博士学位论文，第 20 页；周翠：《论民事诉讼中的临时性救济制度》，载《诉讼法论丛》2001 年辑刊，第 427 – 488 页。

保制度和救济机制四方面问题，分析比较了英美普通法系和大陆法系主流国家和地区同源性制度，即美国法上的中间禁令制度、英国法上的临时禁令制度、德国法上的假处分制度的规范学理渊源和最新司法实践情况。笔者认为，考察大陆法系和英美法系代表性立法例关于知识产权诉讼禁令程序设置，其制度背后的主要差异包含四个方面：其一，知识产权诉讼禁令的颁发考量要素方面，英美法系较为灵活，且法官自由裁量权较大，而大陆法系主要以程序法所设置的标准要件为主，较为严谨固定；其二，知识产权诉讼禁令的审查程序方面，大陆法系通常强调禁令程序的附属性价值，即知识产权诉讼禁令程序依附于实体案件的存在而存在，而英美法系更为注重禁令程序的独立性价值，部分情况下禁令程序可作为较为独立的审查程序由法院颁发；其三，知识产权诉讼禁令的担保制度方面，英美法系的禁令担保种类、数额及审查标准更为多元，大陆法系的禁令担保种类聚焦于保证类担保和现金担保两种，且通常不会随着诉讼进程的推进而进行金额的调整；其四，知识产权诉讼禁令裁决的救济机制方面，存在着管辖法院和复查程序的诸多差异。

综合比较研究上述国家或地区的知识产权诉讼禁令制度，能够得出以下几条基本观点性结论，以供司法实践中借鉴参考。

第一，针对知识产权诉讼禁令的颁发标准问题，英美普通法系的考量因素较为多元，且主要以无可弥补之损害、胜诉可能性、利益衡量、公共利益这四个要素及其衍生因素进行的排列组合作为标准，较为全面。而大陆法系假处分程序主要参考具有真正的争议和假处分的必要性两方面要素，对公共利益和双方当事人之间的衡量则体现较少。笔者认为，英美普通法系的四要素理论较为适合我国当前知识产权诉讼的审判实际和我国司法保护知识产权的现实需求。

第二，针对知识产权诉讼禁令的审查程序问题，无论是英美法系抑或大陆法系国家和地区的具有代表性的立法例均认为，应当以听证审理为原则，以保障当事人的法定听审请求权和言词辩论权利，只有在少数情况下，如紧急、当事人对抗禁令等情形中，法院才可依职权单方经过审查后颁发禁令。因此，未来在我国知识产权诉讼禁令程序中，应当将当前的非正式“询问”程序逐渐向更为规范和正式的听证程序过渡，并明确规定原则上应当听证审查的一般情况和不听证审查的特殊情况，以保障当事人特别是被申请人的诉讼权利。

第三，针对知识产权诉讼禁令的担保问题，英美普通法系采用较为灵活、较为动态的担保金额计算和调整方式，随着案件事实的查明和案件进展的走向，法院有权追加或减少被申请人的担保金额，而大陆法系的假处分制度中并没有相应的程序设置。笔者认为，应当增设担保金的动态调整机制，这在我国知识产权司法实践中已经有部分地区法院进行了禁令动态担保金的试点工作，取得了良好的解纷效果，未来可适时吸收进入司法解释中予以明确；此外，对于反担保解禁的程序，无论是大陆法系抑或英美普通法系，均可被视为一种较为常态化的程序，不应因担心被申请人的行为影响案件进展而因噎废食，完全置被申请人的合法程序权益于不顾，应当将是否解禁这一事项的判断权行使主体由申请人转移至法院，即是否解禁原则上不应当由申请人决定，而应当属于法院的自由裁量权范畴之列。

第四，程序救济层面。一方面，英美法系的禁令程序和德国、日本假处分程序均允许当事人在不服禁令时，向上一级法院提起上诉或抗告审查以获得程序救济，以便能够及时纠正禁令错误，使监督更加实质化。因此，我国未来在知识产权诉讼禁令的救济机制当中，更宜规定对知识产权诉讼禁令裁决不服的当事人向上一级法院申请复议或上诉的机制，通过更高审级层面的审判司法监督，实现对法官自由裁量权利的内部实质性监督。另一方面，对于因错误申请禁令而导致损害赔偿的侵权案件，应当将归责原则由当前司法解释中所坚持的无过错责任原则调整为过错责任原则，并在适当降低被申请人的举证责任的情况下，积极引导申请人对其没有过错或过失的事实进行举证，以促进法院在查明禁令是否存在错误的基础上，实现对受损害方权利的有效救济。

第三章

知识产权诉讼禁令审查程序优化

第一节　问题提出：知识产权诉讼禁令审查程序的多重困境

我国知识产权诉讼禁令制度当前面临的三方面主要理论问题包括：第一，程序本身的设置问题，即禁令的审查程序本身存在的若干缺陷和不明确、如何通过禁令制度的基本原理加以改革优化的问题；第二，知识产权诉讼禁令制度中的证明问题，即我国知识产权诉讼禁令证明过程存在的证明责任划分不清和证明标准不明的问题；第三，知识产权诉讼禁令滥用的制裁问题，即知识产权诉讼禁令程序日益呈现普遍化的滥用行为识别与规制不力的问题。当前，在知识产权诉讼禁令审查程序中，当前最为突出的程序性困境在于以下六个方面：禁令管辖程序设置不合理、禁令审查听证程序缺失、技术事实查明规定空白、禁令裁决复议程序形式化、禁令担保问题不明确以及禁令出现错误时纠正和解除机制不完善。当然，在我国民事诉讼法规范意义上的知识产权诉讼禁令程序，是作为行为保全中的一类特殊程序，因此知识产权诉讼禁令制度所面临的上述六方面困境，既是我国行为保全制度本身的问题，也是知识产权诉讼禁令程序所独有的问题。但从功能主义法学视角来看，上述多重程序性困境都是成为制约和影响我国知识产权禁令审查程序完善发展的重要桎梏，也为行为人实施滥用禁令行为留下了隐患，影响了知识产权诉讼禁令程序制度功能和效率，给知识产权诉讼禁令的运行造成较大的不利影响，诉讼程序和结构层面的遗留问题也是导致证明理论和程序性制裁理论问题的直接原因之一。因此，本书将逐一进行探讨分析并探究其解决的方案和路径。

一、程序效率难以得到保障

为实现权利人的知识产权得到及时救济和保护的现实紧迫需要，禁令的程序设计应更加关注和侧重于如何提高运行的效率。① 例如，由于行为保全禁令的管辖法院与本案管辖权之间存在一定的差异，且由于客观上技术类知识产权案件的管辖实行“飞跃上诉”制度，案件的实体审理重心不断上移，以从审级上保证最终实体生效判决的公正性和公信力；但禁令的审查通常需要审判重心下沉，以便距离当事人和案涉法律关系更近的中基层法院在方便当事人行使诉讼权利的基础上，能够较为高效、迅速地查明禁令有关事实，② 及时作出裁定。因此，案件的实体公正要求与禁令的程序效率原则便在管辖问题上产生内在割裂与张力，造成实践

① 参见邵明、康健：《论行为保全法理在人格权侵害禁令中的适用——基于解释论的视角》，载《齐鲁学刊》2021 年第 6 期。

② 2021 年四级法院职能定位改革之后，基层法院和具备技术类知识产权案件初审管辖权的知识产权法院，进一步成为承担案件事实查明任务的主要力量。参见李晓丽：《论区块链技术在民事审判事实认定中的应用》，载《法律适用》2022 年第 10 期。

中知识产权禁令案件审查时管辖权不明确现象时有发生，导致禁令的审查效率降低。

笔者在调研中发现，部分法院对知识产权诉讼禁令的管辖权问题理解不一，加之司法责任制改革之后错案对法官的终身性影响，各地知识产权法院系统都存在着较为普遍的禁令管辖权推诿的现象。在部分案件中，知识产权诉讼法院和当事人之间、当事人和当事人之间对知识产权诉讼禁令的管辖权问题产生严重争议与分歧，导致法院不得不在审理禁令之前先耗费大量时间和司法成本以处理管辖权的异议程序，查明本院对案涉禁令申请有无管辖权，[①] 如欲不予受理申请，法院还需做好对当事人的说服和劝解工作，以防诉讼案件转化为涉诉信访案件，同样造成司法资源的浪费。上述程序的空转所引起的司法资源耗费，将较为严重地影响到禁令颁发的程序效率和当事人获得程序性临时性救济的效率，也与知识产权诉讼禁令制度的设置初衷同样不相符合。知识产权诉讼禁令程序中，诸如此类的体制机制性程序“堵点”大量存在，导致禁令程序的总体运作效率难以提升，妨碍其制度功能价值的充分实现。

二、程序公正难以得到实现

虽然在知识产权禁令的审查过程中，应当更注重程序效率的保障，以尽快实现临时性救济，但是禁令的颁发将对双方当事人的实体权利义务造成实质性影响，因此同样应当保障其最低限度的程序公正水准。德沃金认为，法官在审理案件时作出的任何裁判，都不可避免地包含道德性维度和道德性判断，因此始终可能

① 参见北京知识产权法院民事裁定书，（2016）京73行保1号。

产生特殊的“公共不正义”的风险。也就是说，如果法院裁决出现不公正的风险，则不公正的裁决在某种程度上就会给当事人打上违法者的烙印，社会群体亦将给予其负面社会评价。① 同时，也有可能造成社会公共利益的减损，出现德沃金认为的“公共不正义”的局面。虽然禁令属于程序性裁决而并非终审裁判，但禁令的颁发，对于社会公众来说将意味着被颁发禁令的企业经营前景堪忧且不明朗、丧失投资价值和商业信誉，甚至引发对企业已经出现知识产权侵权行为的负面评价。例如，2020 年高通公司被美国法院颁发临时禁令，禁止其向谷歌公司的 GMS 业务提供芯片，禁令随后便引发市场对高通公司等芯片企业经营前景的悲观预期和其在纳斯达克股票交易市场的市值蒸发。② 因此，对于知识产权诉讼禁令的颁发问题，应保障其基本的程序公正性。然而，由于我国知识产权诉讼禁令中听证程序的名存实亡和复议机制的不完善和形式化等因素，很难实现当事人的听审请求权和司法系统内部监督对禁令的实体性监督和公正性程序控制，行为保全禁令的结果公正性便会出现问题。

三、程序滥用成为普遍

知识产权诉讼禁令程序的滥用，通常可以理解为在缺乏有效的权利基础和胜诉可能性的条件下，当事人出于不当目的，恶意提起有关禁令申请，从而意图通过知识产权诉讼禁令的颁布以获

---

① 参见［美］罗纳德·德沃金：《法律帝国》，许杨勇译，上海三联书店 2016 年版，第 1 – 3 页。

② See Megan M. La Belle & Heidi Mandanis Schooner, *Fintech: New Battle Lines in the Patent Wars?* 277 Cardozo Law Review 42 (2020). Meshel, T. *A Doughnut Hole in the Doughnut's Hole: The Henry Schein Saga and Who Decides Arbitrability*, 83 Rutgers University Law Review 73 (2020).

得不当利益的行为。基于禁令申请权的程序性权利属性，知识产权禁令的滥用行为是诉讼权利滥用的一种，会消耗司法资源、损害司法秩序和公信力。由于我国现行知识产权诉讼禁令程序中关于担保问题的规定相互之间存在较多矛盾，对于担保的数额及其计算标准语焉不详，因此这一现状导致实践中担保制度对知识产权诉讼禁令滥用行为的限制和制约效果极其有限。此外，由于我国对知识产权禁令滥用行为缺乏相应有效的识别与规制机制，知识产权诉讼禁令的滥用行为已经日益普遍化、扩散化。对此，笔者将通过第六章专门加以探索讨论并研究完善。知识产权诉讼禁令滥用的成因主要有三方面，即禁令程序设置的不合理、法经济学上“成本—收益”分析的衡量结果和“破窗效应”的作用。在本章中，笔者将指出，由于担保制度的不健全，当事人滥用程序权利的情况时有发生。因此，笔者把主要研究的重点放置于如何通过完善担保制度，对滥用问题加以解决。

四、程序救济呈形式化

禁令颁发出现错误之后的救济机制设计不够科学合理。我国知识产权行为保全司法解释明确规定了应当被认定为行为保全错误的几种情形，包括：（1）禁令颁发后30日内未能依法提起诉讼或仲裁的；（2）因请求保护的知识产权被宣告无效等权利基础不存在的；（3）生效裁判与行为保全裁判认定是否侵权不一致的；（4）其他有错误的情形。[①] 也就是说，发生上述情况时，便可在程序上直接（prima facie）[②] 认定为行为保全禁令的申请

① 参见《知识产权行为保全规定》（法释〔2018〕21号）第16条。

② 参见潘剑锋、牛正浩：《构建专家法律意见书裁量采纳机制的思考——基于全国法院1418件裁判文书实证分析与比较法研究》，载《理论学刊》2020年第3期。

存在错误，被申请人即可通过提起错误申请行为保全损害赔偿诉讼获得救济。但是在实践中，由于知识产权诉讼禁令的证明标准与本案实体判决秉持的证明标准逐渐趋同化，均采用高度盖然性的标准。换言之，法院必须要形成对权利人有胜诉权的明确自由心证，才能颁发行为保全禁令，对此笔者将在第五章进行详述。因此，实际上情形（2）、情形（3）通常在实践中很难成就。对情形（1）中不及时提起诉讼或仲裁的情况，理论上同样难以发生，因为当事人申请行为保全禁令的目的是在通过诉讼或仲裁获得实体救济的审理期间内，及时获得临时性权利救济，或谋求竞争的相对优势地位。对于情形（4）中的兜底内容，法院通常不会进行自我否决，因此很难适用上述兜底内容进行纠正错误。因此，虽然在诉讼程序规则上，司法解释给予被错误颁发而遭受损失的被申请人以纠正错误的权利，但是在实践中由于上述几种情形都很难得到成就，遭受错误行为保全禁令影响的被申请人往往很难获得任何救济，因此禁令错误颁发的救济呈形式化特征。

综合分析上述几方面影响，知识产权诉讼禁令程序在本身程序设置层面上存在若干体制机制性问题和困境，造成禁令程序效率难以保障、程序公正难以实现、程序滥用成为普遍、程序救济呈形式化等不利现状。因此，应当首先围绕上述几重程序性困境加以展开，并通过分析上述问题的深层次原因，提出解决上述几重困境的科学方案，使知识产权诉讼禁令的审查程序更为完善，也为证据论层面和制裁论层面上对科学优化禁令制度提供前提和基础。

第二节 框架分析：知识产权诉讼禁令审查程序基本构造考察

著名科学家钱学森认为，根据辩证唯物主义基本观点，事物的构造决定功能；而功能亦可反作用于构造。① 法律制度本质属性的秘密深层次掩藏于其外化的表层构造当中。② 对于知识产权诉讼禁令审查程序的研究和完善，应当首先以对知识产权诉讼禁令审查程序的构造进行正确认识为基础。知识产权禁令作为一种准实体性程序裁决机制，既具有一般意义上保全裁决的程序性特征，又因其关涉重大利益且对双方当事人实体权利义务能够产生类似于实体生效裁判的影响，从而具有两造实体性对抗色彩。因此，禁令审查程序无论是职权主义构造，还是当事人主义构造抑或协同主义或其他构造，有必要加以厘清和确认，从而为研究其深层次功能和属性奠定基础。

一、民事诉讼程序构造的基本概念

民事诉讼程序构造，是指在民事诉讼程序中，当事人、法院和其他诉讼参与人所共同组成的基本程序关系的总称。民事诉讼程序构造的实质在于，民事诉讼程序中当事人诉权和法院审判权之间的相互关系和力量对比。③ 根据诉权与审判权的相对关系和观

---

① 参见钱学森：《系统科学、思维科学与人体科学》，载《自然杂志》1981 年第 1 期。
② 参见邓刚宏：《论我国行政诉讼功能模式及其理论价值》，载《中国法学》2009 年第 5 期。
③ 参见段厚省：《诉审商谈主义：基于商谈理性的民事诉讼构造观》，北京大学出版社 2013 年版，第 8 页。

察基点的选取不同，通常可以将民事诉讼程序构造主要区分为当事人主义、协同主义、职权主义、超职权主义等不同构造。[①] 值得注意的是，民事诉讼程序的构造与民事诉讼程序的结构虽然具有联系，但并不属于完全相同的概念。具言之，民事诉讼程序构造的主要实质是当事人诉讼权利和法院审判权力之间的相互作用和相互关系，是较为抽象的概念；而民事诉讼程序结构是指具有“诉—辩—审”三方[②]的具体权利义务关系在具体民事诉讼程序语境中的具象化表达。民事诉讼构造是宏观上指导民事诉讼程序结构设置的价值导向，而民事诉讼具体程序结构是民事诉讼构造观的实践体现。

笔者认为，民事诉讼程序构造与民事诉讼程序结构具有一定程度的对应关系，即当事人主义的民事诉讼程序构造通常对应着“等腰三角形”式的民事诉讼结构；[③] 协同主义由于更强调法院与两造当事人之间以及当事人双方之间的商谈与协作，其民事诉讼程序构造通常对应着“等边三角形”式的民事诉讼结构；而职权主义、超职权主义民事诉讼程序构造显然已经逐渐转化为国家公权力机关对被告加以追诉、依职权调查全部案件事实后适用法律的情况，原告的地位和作用被逐渐消弭和忽视，此时诉讼结构逐

---

① 参见江伟：《市场经济与民事诉讼法学的使命》，载《现代法学》1996 年第 3 期。

② 在民事抗诉、民事再审检察建议、民事执行检察监督等民事检察监督程序中，在再审程序启动后，可能还会存在检察机关作为国家法律的监督者凭借检察权对民事诉讼程序的介入，此时民事诉讼程序构造将发生较大变化，成为“诉—辩—审—检”四方关系。但是民事检察监督程序相较于普通民事诉讼程序，属于例外情况，因此笔者在下述民事诉讼程序构造和结构中，如无进一步说明，将不包括民事检察监督的情形。

③ 参见张海燕：《论法官对民事实体抗辩的释明》，载《法律科学（西北政法大学学报）》2017 年第 3 期；任重：《罗森贝克证明责任论的再认识——兼论〈民诉法解释〉第 90 条、第 91 条和第 108 条》，载《法律适用》2017 年第 15 期。

渐呈现“法院－被告”的线性结构趋势。上述对应关系只是在理论上的初步划分，而事实上，在同一个诉讼构造当中的不同诉讼程序运行过程中,[①] 甚至同一个程序在其不同的进展流程和阶段，同样会呈现出不尽相同的诉讼程序结构。[②] 因此，对于某一特定具体民事诉讼程序的程序构造和程序结构，并不能简单因其隶属于某一法系或采当事人主义或职权主义的诉讼模式的法律体系便简单据此得出结论。

对于某一特定诉讼程序的结构设置即各方诉讼参与者的权利（权力）义务安排是否科学合理，从应然和实然两个层面进行分析。应然层面的诉讼程序结构主要受到其所在国家民事司法体系所沿用的诉讼构造的决定性影响，是一种不受任何现实影响的理想状态；而实然层面的诉讼程序结构安排，除受到该国采用的民事诉讼构造影响外，还与该国经济发展水平、社会制度甚至文化传统密切相关。例如，我国《民事诉讼法》强调实质意义上的“调解优先、调判结合”的民事诉讼结构设置,[③] 实际上就是一种基于商谈主义的协商性司法理念在我国“厌讼”的传统社会文化背景下的程序制度产物。因此，在考察实然层面的诉讼结构时，

---

① 如管辖权异议程序、行为保全禁令审查程序、书证提出命令程序、法庭辩论程序和民事强制执行程序之间采用不同的诉讼程序结构。管辖权异议程序、行为保全禁令审查程序、法庭整点的整理归纳及其围绕争点的辩论程序，更倾向于采用等腰三角形结构；而强制执行程序更倾向于是一种线性结构。

② 如民事强制执行程序、执行异议与复议程序中，申请执行人、被执行人和法院之间的关系更类似于一种等腰三角形结构，而在执行拍卖、划扣、冻结、查封等执行措施，以及财产线索的查询等方面，更类似于一种准行政性的“指令与服从”式线型结构。对于民事强制执行程序构造的初步讨论，参见牛正浩、尹伟：《论执行工作“一案双查”制度的实践与完善——基于J省三级法院应对消极执行的实证研究》，载《法律适用》2020年第11期。

③ 参见《民事诉讼法》（2023年修正）第9条规定：人民法院审理民事案件，应当根据自愿和合法的原则进行调解；调解不成的，应当及时判决。

既应当注重我国主流的协同诉讼构造观在制度中的运用和发展，又应当考察与民事诉讼有关的现实历史背景、经济背景和文化背景等因素在诉讼程序中所扮演的角色及其对民事诉讼特定程序结构的影响，才能更为客观地评价和分析该制度的现实情况；同时，充分了解和研究某一程序的实然诉讼结构，并结合我国通行的民事诉讼构造观，才能对该程序在应然层面的理想状态提出完善和发展的建议。

二、知识产权诉讼禁令程序的应然构造

我国某一特定程序的结构设计，必须与科学合理的诉讼构造观相协调，并且脱胎于当前通行的民事诉讼构造中。那么，我国的民事诉讼法律制度应当遵循何种理想的诉讼构造？学者唐力认为，在当前我国民事诉讼从职权主义向当事人主义不断过渡的时代，应当以沟通和对话为内容，对我国民事诉讼制度进行重构，即主要通过对诉讼参加主体之间的权利义务进行合理分配，建立起一种以当事人为推进程序所主导的并形成对法院具有约束力的民事诉讼构造。[①] 学者段厚省从比较法的角度，以罗尔斯关于正义的分配理论和哈贝马斯的法律商谈理论作为理论原点，认为能够促进参与者达成共同理性选择的程序构造即为正义的程序构造，并且指出我国民事诉讼的构造应以商谈的正义作为价值目标。[②] 根据笔者的理解，事实上，上述观点恰好反映出我国的民事诉讼的应然构造是一种基于协商性司法模式的协同主义构造。

---

① 参见唐力：《对话与沟通：民事诉讼构造之法理分析》，载《法学研究》2005 年第 1 期。

② 参见段厚省：《诉审商谈主义：基于商谈理性的民事诉讼构造观》，北京大学出版社 2013 年版，第 27、121 页。

协同主义民事诉讼构造论起源于大陆法系学者在福利社会国家理论的影响下对民事诉讼模式应然性的思考和探索。奥地利学者弗兰茨·克莱恩（Franz Klein）于20世纪初，最早提出了“可测量的公正”（measurable justice）理论、“民事程序的社会目的论”和“协调主义诉讼”等理论,① 成为协同主义民事诉讼观的前身。随后，在20世纪80年代以德国学者鲁道夫·瓦舍曼（Rudolf Wassermann）等为代表的大陆法系国家学者，在协调主义的基本观念影响下，提出“民事诉讼社会化”② 等观点。民事诉讼走向社会化的思潮，近年来当论及民事诉讼构造或模式论问题时，我国大多数学者倾向于认为在应然层面上，我国的民事诉讼制度应当采用协同主义的诉讼构造或诉讼模式。③

考察我国学者对协同主义构造模式下的民事诉讼程序的应然状态，笔者发现，协同主义诉讼构造主要包括如下核心的程序性特征：第一，法官对于当事人的诉讼行为，应当注重加以引导和促进，但不能越俎代庖代替当事人作出处分和判断；第二，当事

① See Benjamin Kaplan, *Civil Procedure—Reflections on the Comparison of Systems*, 409 BuffaloLaw Review 9 (1960).

② See Ronald J. Allen, Stefan Kock, Kurt Riechenberg & D. Toby Rosen, *German Advantage in Civil Procedure: A Plea for More Details and Fewer Generalities in Comparative Scholarship*, 705 Northwestern University Law Review 82 (1987 - 1988). Arthur Taylor Von Mehren, *Some Comparative Reflections on First Instance Civil Procedure: Recent Reforms in German Civil Procedure and in the Federal Rules*, 609 Notre Dame Law Review 63 (1988).

③ 近年来，我国民事诉讼法学界持有协同主义诉讼构造观的学者及其代表性研究成果，可参考王福华：《民事诉讼的社会化》，载《中国法学》2018年第1期；汤维建：《论民事诉讼法修改的指导理念》，载《法律科学（西北政法大学学报）》2007年第6期；赵蕾：《诉讼与非讼的再区分——以诉讼与非讼基本模式的差异为研究进路》，载《比较法研究》2012年第4期；肖建华：《构建协同主义的民事诉讼模式》，载《政法论坛》2006年第5期；韩波：《民事诉讼模式论：争鸣与选择》，载《当代法学》2009年第5期。

人之间应当充分进行协商和对话，克服信息不对称造成的主观误判，以促进彼此沟通和理解，消除矛盾并高效化解纠纷；第三，裁判者高居于两造上的权威性应当淡化，“诉—辩—审”三方应当呈现较为对等的分工协作的状态，而与之相对应的知识产权诉讼禁令审查程序结构，应当是“申请人—被申请人—受案法院”所组成的“等边三角形”程序结构。①

笔者认为，在应然层面上，知识产权诉讼禁令审查程序的构造同样应当满足协同主义诉讼构造的基本要求。具言之：其一，知识产权诉讼禁令虽然天生带有衡平法的救济色彩，在超职权主义复归的现代型诉讼中体现出较为厚重的职权主义底色，② 但在其审查程序中，法官的角色设置同样是引导、促进和主持理性协商的基本功能，而非行政性地机械作出裁决，要求双方当事人必须服从，因此知识产权禁令的审查应当以听证对审为原则，以根据单方面申请作出为例外，以便加强对程序的引导和诉讼指挥权的灵活运用。其二，知识产权禁令的申请人和被申请人之间虽然处于对立交锋的紧张状态，但是仍然有必要进行充分协商对话，从而实现协力诉讼的义务，因为通过协商，减少战略误判，从而高效化解矛盾纠纷，通常是符合双方整体利益最大化的最优选择，因此，有必要在知识产权诉讼禁令的审查程序中，由法官及时披露和公开心证，并且原则上应当完善其庭审程序，以便为双方当事人提供协商对话、交换意见的场域空间。其三，在禁令审理过程中，法官应当充分发挥主观能动性，最大限度保证申请人和被

① 参见王鸿翼：《试论构建科学的诉讼构造模型》，载《河南社会科学》2013 年第 8 期。

② 参见潘剑锋、牛正浩：《书证提出命令程序性制裁理论检视——以商业秘密侵权诉讼为切入》，载《政法论丛》2021 年第 5 期。

申请人程序利益的兼顾，以维护“等边三角形”禁令审查结构的稳定。因此，就申请人而言，应当适度降低其获得临时救济的程序门槛，而对于因此遭遇不利影响的被申请人来说，应当赋予其实质意义上获得复议和救济的权利，以便实现双方当事人之间的利益均衡，满足“武器平等”原则下的公平救济。

从我国民事诉讼法学理论所通行的协同主义诉讼构造观念出发，笔者认为，知识产权诉讼禁令的应然构造应当以协同主义构造为基础，强调以对审听证审理和言词辩论为原则；以心证的及时公开披露和完善的对席审理机制为必要；以双方当事人的利益平等保护为前提。

三、知识产权诉讼禁令审查程序的实然“短板”

前文分析了知识产权诉讼禁令审查程序的协同主义的应然构造，并且提出了知识产权禁令审查程序的“等边三角形”程序结构以及相应程序原则。但是，对于知识产权诉讼禁令审查的实然结构，在司法实践中却并不如应然构造般完美。从法规范教义学和实证主义法学两条路径研究发现，我国知识产权诉讼禁令审查程序目前的程序构造实际上存在较多与理想状态差之甚远之处。

（一）禁令的司法行政化色彩过于鲜明

由于对公共利益和职权主义的过分强调和对法官自由裁量权的过分依赖，我国当前知识产权诉讼中行为保全禁令的颁发成为法院依职权审查的主要事项，而对当事人的申请和抗辩吸收采纳程度有限，司法行政化属性主要体现在行为保全禁令可以由法院依职权径行颁发，无须采纳或听取当事人的任何意见或申请。相对于财产保全，知识产权诉讼禁令对当事人的实体权利义务产生实质性影响的可能性更高，一旦出现错误则其后果更难以恢复和弥补。因此，依据正当程序的基本原则，所关涉利益越重大，则越应尊重两造当事人之意思自治与自由选择。因此，相较于财产保全或证据保全，知识产权诉讼禁令更应当基于当事人的诉讼处分与诉讼负担行为来慎重作出。而当前我国知识产权诉讼禁令特别是诉中禁令的颁发，可以依据当事人的申请作出，亦可由法院主动依职权在必要情况下进行作出。① 若法院依职权作出行为保全禁令，则相当于对双方当事人实体权利义务造成重大影响，容易使人产生“诉讼主客场”或“拉偏架”的怀疑，② 例如，G省S市法院对T公司的知识产权诉讼案件，常常未经当事人申请便主动颁发行为保全禁令以“防止损害无法弥补或判决无法执行”③。上述依职权颁发知识产权诉讼禁令的做法，违背协同主义诉讼构造的基本原理，可能出现司法恣意和地方保护主义干预风险。而无论是英美法系抑或大陆法系主要国家有关禁令的立法例均强调对当事人处分权利的尊重和维护，均坚持以当事人申请作为启动禁令审查程序的程序性要件之一，大多数情况下不会授予法院依职权颁发禁令的司法权力。

（二）禁令当事人言词辩论机会被剥夺

大陆法系国家或地区在颁发定暂时状态假处分之时，强调以言词辩论为原则，以书面审查为例外。学者姜世明在考察德、日

---

① 参见《民事诉讼法》（2023年修正）第103条第1款规定：人民法院对于可能因当事人一方的行为或者其他原因，使判决难以执行或者造成当事人其他损害的案件，根据对方当事人的申请，可以裁定对其财产进行保全、责令其作出一定行为或者禁止其作出一定行为；当事人没有提出申请的，人民法院在必要时也可以裁定采取保全措施。

② 参见周誉东：《四级法院审级职能定位改革试点：打破“诉讼主客场”》，载《中国人大》2021年第17期。

③ 上述事实，源于笔者在G省S市中级人民法院的调研访谈内容，访谈时间：2019年12月7－12日。

等大陆法系国家或地区假处分禁令制度后得出结论认为，虽禁令程序一定程度上存在“突袭之正当性”，但对被申请人合法听审权利的保障，并非当然可以置之不理。[①] 定暂时状态假处分往往存在暂时实现权利之必要，应使两造当事人有陈述意见之机会。[②] 我国台湾地区的司法实践中，对知识产权诉讼行为保全禁令的审查，原则上亦以言词辩论为原则，以秘密审查和突袭颁发禁令为极其特殊和例外的情况。有学者认为，民事法定听审请求权具有宪法权利属性，亦属基本人权之范畴。[③] 基于协同主义的民事诉讼构造理论，只有保障当事人的法定听审请求权，当事人才可获得充分商谈并及时化解矛盾分歧的前提条件。而在当前我国知识产权诉讼禁令程序中，当事人特别是被申请人方面的听审请求权和言词辩论权被实际上变相剥夺。根据我国《知识产权行为保全规定》的规定，虽然原则上禁令的审查程序“应当”听证以询问申请人和被申请人的意见，使其充分表明观点和主张，但是司法解释同时规定如果出现“情况紧急”或“询问可能影响保全措施”等情况，可以不询问直接作出。[④] 实践中，法院通常以询问当事人会导致当事人转移财产、对抗禁令或隐匿有关材料等理由，不询问当事人而直接作出行为保全禁令。[⑤] 另外，值得注意的是，“询问”程序并非听证程序，即便法院依法进行询问，其程序在实践中亦往往属于较为非正式的“谈话”程序，而并非正式的听证程序，

---

① 参见姜世明：《专利侵权事件之证据保全及假处分程序》，载《任意诉讼及部分程序争议问题》，台北，元照出版有限公司2009年版，第213、221-222页。

② 参见吕太郎：《民事诉讼法》，台北，元照出版有限公司2016年版，第835页。

③ 参见蓝冰：《德国民事法定听审请求权研究》，知识产权出版社2018年版，第1-5页。

④ 参见《知识产权行为保全规定》（法释〔2018〕21号）第5条第1款。

⑤ 参见管荣齐、刘少华：《专利侵权行为保全措施的适用——“机动车刮水器”发明专利侵权案》，载《中国发明与专利》2020年第17期。

当事人的听审请求权在“谈话”这一非正式的程序中亦无法得到任何保障，无法进行充分有效的言词辩论。

（三）程序救济权利虚置

当事人的程序救济权利虚化，当事人程序权益无法得到维护。学者吕太郎强调，定暂时状态假处分制度“对他造（此处指被申请人）而言至为不利，是故相对人程序保障更为重要”①。对于知识产权诉讼禁令这一准实体性程序性裁决机制，禁令结果的作出有可能对被申请人产生重大不利影响，因此应当在诉讼构造层面上尽可能完善当事人的程序救济权利，以便在将来禁令保全错误的时候可以获得及时有效的实质性救济。然而在我国当前的禁令审查制度中，为提高效率，忽略了对当事人救济权利的设置。第一，我国《知识产权行为保全规定》未规定相应反担保解除行为保全禁令的程序，② 这意味着一旦禁令作出则不可解除，除非申请人同意。③ 而司法实践中，一旦禁令作出，申请人极少会同意解除，除非被申请人在其他重大权益上予以让步，“两害相较取其轻”，通过权衡承担较轻损失来换取避免遭受更大被动和损失的局面。因此，相较于财产保全和证据保全当中被保全人能够通过提供反担保来解除行为保全禁令从而获得有效救济，④ 由于反担保制度的缺失，行为保全禁令的被申请人往往无法有效获得任何救济，

---

① 吕太郎：《民事诉讼法》，台北，元照出版有限公司 2016 年版，第 832 页。

② 此处“反担保”制度通常是指被申请人提供担保，向法院申请解除保全措施的制度，而并非民事实体法语境中债务人或第三人为确保担保人承担担保责任后实现对主债务人的求偿权而设定的担保的“反担保”制度；为避免误读，有必要予以澄清。后文如未特别强调和注明，“反担保”均指前一种意义上的反担保。

③ 参见《知识产权行为保全规定》（法释〔2018〕21 号）第 12 条。

④ 参见陈立烽、范文祥、陈倩：《一公司以银行保函担保申请解除财产保全获支持》，载《人民法院报》2021 年 10 月 8 日，第 3 版。

只能寄希望于已经日趋形式化的复议程序。对此，司法实务界的共识是应当完善行为保全制度中的反担保程序，以保障当事人的救济权利实现。[①] 具言之，在被申请人提供的担保高于申请人提供的担保金额且足以弥补解除禁令措施可能给申请人造成的最大损失为前提条件下，应当允许被申请人通过反担保的形式来解除行为保全禁令措施。[②] 第二，关于保全禁令错误时当事人的救济问题。法律虽然授权此时当事人有权对错误申请禁令的行为提起侵权损害赔偿诉讼，[③] 且理论上对上述案件的责任追究应适用无过错责任原则，但实务界一般认为，应当将申请人存在直接故意作为损害赔偿请求权成立的前提。[④] 而司法实践中，对于申请人存在直接故意的构成要件证明难度极大，往往无法满足证明标准从而使被申请人的损害赔偿无法获得实体判决的支持，因此无法获得充分的程序救济权利保障。

当前知识产权诉讼禁令审查程序中存在与协同主义诉讼构造所不相匹配的三大构造性、程序性短板，即司法行政化色彩明显、言词辩论机会被剥夺、当事人的程序救济权利虚化，当事人程序权益无法得到维护。对于上述问题，应当从协同主义诉讼构造的基本要求出发，推演现代型诉讼中协同主义构造模式下知识产权诉讼禁令审查程序所应当遵循的基本原则和基本规律。

---

① 参见宋鱼水、杜长辉等：《知识产权行为保全制度研究》，载《知识产权》2014年第11期。

② 参见蒋利玮：《知识产权行为保全中的担保和反担保——兼评最高人民法院〈关于审查知识产权与竞争纠纷行为保全案件适用法律若干问题的解释（征求意见稿）〉第9条、第11条》，载《电子知识产权》2016年第4期。

③ 参见《民事诉讼法》（2023年修正）第110条。

④ 相同或近似裁判观点可参考山东省济南市中级人民法院民事判决书，（2021）鲁01民终9877号；广州互联网法院民事判决书，（2019）粤0192民初1756号等。

第三节 价值理念：知识产权诉讼禁令审查程序的主要原则

从前述协同主义的禁令审查程序构造理想出发，笔者认为，知识产权诉讼禁令的审查程序设计应当包括以下三方面的主要原则，即利益衡量原则、正当程序原则、公正与效率相统一原则。

一、利益衡量原则

利益衡量也是知识产权制度的元概念。① 利益衡量原则同样应当是任何知识产权诉讼制度中的前提性原则。利益衡量原则又称“利益平衡原则”，既是一项立法原则，也是法官在裁判个案时所应当遵循的司法原则。利益衡量是知识产权法律领域“放之四海而皆准的道理”②。利益衡量理论起源于德国民法学界，是指引一切法律制度不断演进发展的内生动力。德国法学家齐佩利乌斯认为，立法总是追求公正的行为秩序，以合理地平衡各方制度参与人的利益。③ 在利益衡量时，需要对一项法律制度背后的实质利益进行深入剖析，其主要步骤有二：一是厘清核心利益，二是以社

① “元概念”通常是指一种抽象的概念，即概念的概念。用来组织某些领域的概念的属性和类，完成或添加具体的概念等。参见图书馆·情报与文献学名词审定委员会：《图书馆·情报与文献学名词》，科学出版社 2019 年版，第 375 页。在此感谢中国人民大学劳动人事学院孙健敏教授在访谈中有关法律“元分析”领域给予笔者的大量方法论创新层面的启发和建议。

② 参见郭禾：《利益平衡是放之四海而皆准的道理》，载微信公众号“人民法院报”2021 年 8 月 10 日。

③ 参见［德］齐佩利乌斯：《法学方法论》，金振豹译，法律出版社 2009 年版，第 15 页。

会广泛性为依据，对制度涉及的具体利益进行铺陈罗列。[①] 据此，利益衡量原则的基本宗旨是指在各程序参与人之间协调各方利益，以实现各方利益均衡的稳态，减少或避免利益冲突。因此，可以作出如下理解：利益衡量原则既是现代知识产权法律制度的基础，[②] 亦是我国民事诉讼程序法理的基本原则。[③] 知识产权诉讼案件是公法与私法纵横交叉、相互作用的场域，天然地带有利益衡量色彩属性，知识产权诉讼法律制度主要涉及四方面利益衡量关系：其一，个人私法财产权利与社会公共利益的衡量；其二，保护合理垄断与促进科技创新之间的衡量；其三，保障诉讼实质公平与程序公正之间的衡量；其四，知识产权诉讼各方当事人之间的利益衡量。在此，笔者将以上述四方面的利益衡量关系作为逻辑原点，结合知识产权诉讼禁令的实际语境作为背景铺陈，展开详述。

（一）个人私法财产权利与社会公共利益的衡量

知识产权诉讼禁令程序涉及对个人知识产权的保护与社会公共利益损害之间的矛盾与冲突。因此，在禁令审查程序中，我国《知识产权行为保全规定》明确强调，“将是否损害公共利益”作为知识产权行为保全禁令是否颁发的重要考量因素。[④] 由于知识产权天然具备公共利益价值属性，如果过于强调对个人私法财产权利的维护，则必然会减损公共空间场域中的知识产权使用效能，导致社会公众能够从知识产权中获得的利益和福祉减少，使知识产权无法实现公共价值，或虽然实现公共价值，但可能给不特定

① 参见梁上上：《制度利益衡量的逻辑》，载《中国法学》2012年第4期。

② 参见冯晓青：《论利益平衡原理及其在知识产权法中的适用》，载《江海学刊》2007年第1期。

③ 参见常怡、黄娟：《司法裁判供给中的利益衡量：一种诉的利益观》，载《中国法学》2003年第4期。

④ 参见《知识产权行为保全规定》（法释〔2018〕21号）第7条第4项。

相对人带来“不可承受之重”，给公共利益带来较大负担。医药领域知识产权制度在这一方面表现较为突出，即如果药企对其前期耗费大量研发成本所得的新配方专利或商业秘密的新药定价过高，则必然导致不特定多数患者的共同体价值和利益遭受减损。例如，美国辉瑞公司研制的新冠疫苗以极高的价格向巴西、印度等国出口，签署知识产权霸王条款，从而牟取暴利。[①] 上述案例中，辉瑞公司的医药知识产权便与发展中国家的公共利益产生冲突。如果辉瑞公司的知识产权许可使用费用维持在高水平，则有可能对世界公共卫生和防疫安全造成不利影响。因此，在知识产权诉讼特别是禁令程序中，法院应当慎重衡量个人私法财产权利和社会公共利益的矛盾与冲突。

（二）保护合理垄断与促进科技创新之间的衡量

知识产权诉讼禁令的颁发，有可能导致一个国家特定领域科技创新的战略规划受到实质性影响。实际上，大多数特定化的高新技术产业领域中，其科技创新并非均衡或平均主义，而是以一个或几个少数头部企业作为原动力和引擎，呈现“以点带面”的布局，带动整个行业的发展。[②] 换言之，如果一个国家特定领域、特定行业的尖端企业实体遭遇知识产权诉讼禁令的颁发，则在很大程度上将延缓该国家在此行业领域之内科研创新的整体步伐。知识产权具有公共利益和私人利益的双重属性，天然地带有垄断的色彩。“专利”在一定程度上可以被理解为将某种获得利益的权利通过法律强制力，专门授权给某些特定主体进行享有。但是如果一味强调对知识产权的垄断，则会导致创新遭遇迟滞和阻碍，

---

① 参见观察者网：《辉瑞与多国“霸王条款”曝光　印媒：简直是疫苗恐怖主义》，载凤凰网2021年11月11日，https：//news. ifeng. com/c/8B5pa6rjmcY。

② 参见洪银兴：《论创新驱动经济发展战略》，载《经济学家》2013年第1期。

因为科技创新并非“无源之水、无本之木”，其不得不依赖于一定现有技术和科技成果作为基础方能实现。① 因此，如果针对上述被申请人的高新企业颁发禁令，则虽然保护了申请者的知识产权垄断效果和利润空间，但同样有可能造成国家科技创新的停滞。值得注意的是，笔者并非认为中小企业利益就不值得保障，也并非认为高新科技头部企业就应当在知识产权诉讼中得到倾斜保护，而是应当充分考虑到颁发禁令对上述企业、对创新可能带来的消极影响，在利益衡量之后，方可作出符合社会总体福祉最大化的裁决。

（三）保障诉讼实质公平与程序公正之间的价值衡量

知识产权诉讼的禁令颁发，虽然以充分实现权利人的及时临时性救济、阻却侵权行为为目标，但特定情况下程序公正与实质公平可能存在一定冲突和张力，因此在进行利益衡量时应当充分予以考虑。例如，在商业秘密侵权诉讼中，被诉侵权人在客观上通过不正当竞争手段获取权利人配方、工艺或生产流程等商业秘密，但由于国际司法协助机制尚不健全，域外送达、调查取证、公证认证、损失计算、证人证言收集、现场勘验检查等环节均需要付出较高时间成本等客观因素，② 权利人在审查程序中对案涉商业秘密权利具有稳定权利基础的调查环节，需要耗费大量人力成本和时间成本。因此在权利人申请诉讼禁令的时候，客观上是无法充分证明其具备上述权利基础的，若在此种情形下，法院从追

---

① 参见吴汉东：《〈民法典〉知识产权制度的学理阐释与法律适用》，载《法律科学（西北政法大学学报）》2022 年第 1 期。

② 以笔者参与办理的巴陵石化公司与胡某侵害商业秘密纠纷案为例，该案涉商业秘密即某种石化产品的工艺流程，系从某独联体国家购买，而上述国家并未与我国建立直接的国际民商事司法协助条约，需要通过外交途径等方式进行域外收集取证，时间成本较高，通常需要 2 ~ 3 年时间。

求程序公正出发，则应秉持证据裁判的基本规则，由权利人承担举证不能的结果意义上的消极证明责任，不颁发行为保全禁令；而如果从实质公平角度出发，双方生产的案涉产品工艺流程完全一致、产销客户名单完全一致、被申请人之前在申请人公司担任研发部门主管，且离职后在极短时间内便成立新公司生产与申请人成分含量完全一致的相同产品，从正常理性逻辑角度出发，很难相信被申请人是通过自身研发获得的生产案涉产品的相关技术工艺等商业秘密，而且被申请人的行为在客观上的确对申请人的利益造成了严重损害，致使其市场份额显著萎缩。在本案情况下，如果从实质公平角度出发，则无疑应当根据自由心证颁发行为保全禁令；而颁发行为保全禁令，在此种情况下却不符合程序公正的要求。通过上述案例分析可以看出，知识产权禁令审查程序中，实质公平与程序公正之间往往存在冲突，应当在实现实质公平的前提下，尽量维护禁令审查的程序公正。

（四）知识产权诉讼各方当事人之间的利益衡量

知识产权诉讼作为民事诉讼的一种，必然会体现各方当事人之间的利益衡量。各方当事人之间的利益衡量原则并非知识产权诉讼所特有，普通民事诉讼程序中，法院在进行裁判的过程中也同样应当追求衡量各方利益的平衡,[①] 利益失衡无助于解决纠纷，反而会导致新的纠纷和社会矛盾产生。[②] 而现代意义上民事诉讼制

---

① 参见王刚：《司法的自由与限度——论民事诉讼中的利益衡量》，载中华人民共和国最高人民法院民事审判第一庭编：《民事审判指导与参考》总第32集，法律出版社2008年版，第117－118页；杨素云：《利益衡量：理论、标准和方法》，载《学海》2011年第10期；毕玉谦：《民事诉讼上的非法证据排除：理论学说与认定标准》，载《证据科学》2012年第4期。

② 参见潘剑锋、牛正浩：《新时代“枫桥经验”视域下的社会化协同执行机制——基于J省法院的实证研究》，载《东岳论丛》2021年第3期。

度的重要目标之一，除了保障当事人的民事实体权利以外，更应强调通过纠纷的解决实现社会治理。因此，各方当事人之间的利益衡量，是源于民事诉讼功能预设和价值追求的必要原则。对于具体当事人之间的利益衡量尺度和程序设置，笔者将在下文中结合具体情境和问题加以讨论，在此不予赘述。

知识产权诉讼程序的各个环节都体现着利益衡量原则的色彩，因此应当将利益衡量原则作为未来知识产权诉讼特别程序的基本原则，并作为各诉讼制度设置的基础，寻求上述四对对立统一的利益衡量关系的完美平衡点。特别应当强调的是，在知识产权诉讼行为保全禁令制度中，不仅应当注重保护申请人的程序利益，更要注重被申请人的合法权益，适度赋予被申请人的申请听证权、程序异议权、实质性参与权等权利，有效确保行为保全制度符合利益衡量原则要求，使禁令裁决实质公平与程序公正的高度统一。

二、正当程序原则

法律的正当程序，并非枯燥的诉讼条例，而是“为保持司法公正的纯洁性所采用和认可的各种方法”①。一般认为，协同主义民事诉讼构造当中，民事诉讼程序正义的要求包含三方面因素，即当事人程序主体地位的确立与强化、确信真实的定案依据发现和法院秉持居中裁判的中立性。② 民事诉讼的正当程序原则源于宪法层面的正当程序法理。③ 诉讼法学界通说认为，上述民事诉讼的

① ［英］丹宁勋爵：《法律的正当程序》，李克强、杨百揆、刘庸安译，法律出版社2015年版，第295页。

② 参见李祖军：《论程序公正》，载《现代法学》2001年第3期；李祖军：《论民事诉讼非法证据排除规则》，载《中国法学》2006年第3期。

③ See Craig Konnoth, *Privatization's Preemptive Effects*, 1937 Harvard Law Review 134 (2021).

正当程序三方面正当程序要求，可进一步抽象化为民事诉讼的三重正当性，即诉讼程序启动和推进的正当性、诉讼程序运行过程的正当性，以及诉讼程序运行结果的正当性。[①] 由此，笔者将围绕上述三个层面阐述正当程序原则在知识产权禁令审查程序中的理论展开。

（一）程序启动与推进的正当性

首先应当讨论的是诉讼程序启动与推进的正当性原则，即通常意义上的“程序主体性原则”[②]，该原则要求尊重和保障当事人的主体地位。知识产权诉讼禁令审查之中的程序主体性原则要求，首先，知识产权诉讼禁令的启动，应当由当事人申请方可触发，原则上法院不可代劳，这也体现出代表政治国家的司法权对市民社会当事人私权自治领域最低程度的尊重。法院作为政治分权通常意义上的“最小危险部门”[③]，应当始终恪守司法谦抑性的红线，杜绝司法权的行政化倾向和主动作为的冲动，减少毫无必要的“能动司法”，在是否启动知识产权诉讼禁令的问题上保持消极和中立，更是绝对禁止主动向当事人“兜售”禁令以变相限制和影响一方当事人的重大权益。此外，在禁令审查程序中，当事人的重要权利。例如，听审请求权等基本程序权利的处分，需要由当事人基于意思自由来作出判断。详言之，在禁令的审查程序中，法院应当尽可能尊重申请人和被申请人的意愿，减少“法律父爱

---

① 参见邵明：《宪法视野中的民事诉讼正当程序——兼论我国〈民事诉讼法〉的修改理念》，载《中国人民大学学报》2009 年第 6 期。

② 参见唐力：《当事人程序主体性原则——兼论“以当事人为本”之诉讼构造法理》，载《现代法学》2003 年第 5 期。

③ 参见［美］亚历山大·M. 比克尔：《最小危险部门：政治法庭上的最高法院》，姚中秋译，北京大学出版社 2007 年版，第 25 – 29 页。

主义”司法理念对当事人权利义务的干预，[①] 充分保障申请人和被申请人的各项程序权利和自由，承认当事人推动禁令审查程序不断进行的主导作用和主体地位，这也是习近平新时代中国特色社会主义思想中坚持和尊重人民主体地位的重要体现。[②] 在此过程中，法院并非单纯消极无所作为，而是应当通过积极行使自由裁量权，保障其作出的禁令裁决是“明智、恰当、合理并有效率的”，[③] 在此目标前提下，通过运用诉讼指挥权，做好“裁判员”，尊重和满足作为“运动员”的申请人、被申请人的各项诉讼权利，守护公平的“比赛规则”，提供公正的司法服务。

（二）程序运行的正当性

诉讼程序运行过程中的正当性原则，其目的在于通过科学合理的运行过程，促进案件事实真相的发现和查明，为法院裁判提供有效且确信真实的定案依据。具体到知识产权诉讼禁令的审查程序当中，程序过程的正当性原则应当从两方面进行理解：其一，完善协商对话机制。以便当事人充分行使言词辩论权利。关于具体言词辩论的协商对话即禁令听证程序机制构建，笔者将于后文详细探讨，此处重点分析和强调禁令审查程序中的言词辩论对事实发现的重要价值。笔者认为，相较于目前知识产权诉讼禁令原则中主要由法院依职权调查有关事实，并进行书面审查后颁发禁

---

① 通常认为，“法律父爱主义”源自西方的政治哲学理论，其主张广义的公权力机关在某些领域为了公民自身的利益可以不顾其意志而限制其自由或自治。参见孙笑侠、郭春镇：《法律父爱主义在中国的适用》，载《中国社会科学》2006 年第 1 期。

② 参见郭广银：《习近平关于人民主体地位的思想》，载《中共中央党校学报》2014 年第 5 期；刘明合：《坚持人民主体地位原则》，载《中国特色社会主义研究》2016 年第 2 期。

③ 参见［英］尼尔·麦考密克：《法律制度：对法律理论的一种解说》，陈锐、王琳译，法律出版社 2019 年版，第 33 页。

令的情况，通过申请人与被申请人之间的言词辩论和对抗的方式进行事实发现，无疑是一种更为准确和高效的程序设计。实践中，部分法官担心，如果允许在禁令程序中进行两造对抗，则将导致整个程序进一步冗长；[①] 但是仔细分析可发现，如果在禁令审查程序中，法官充分运用争点的整理、期限的指定、[②] 心证的公开等诉讼指挥权措施，并借此充分调动当事人各方举证和证明活动的积极性，完全有可能高效审结禁令审查程序。而且，两造对抗的模式下，双方当事人相互之间攻击防御，作为居中者的法官往往能发现和确认更多细节性事实，从而更为准确地查明禁令有关的要件事实，作出更公正准确的禁令裁决。其二，完善技术事实查明机制。知识产权诉讼禁令审查程序中，技术事实的认定结果通常在禁令最终是否颁发问题上起到核心作用，应将技术调查官参与诉讼禁令的审理机制逐步细化，使禁令的审查过程更加科学高效。当前，我国虽然已通过司法解释确立了技术调查官参与技术类案件保全禁令审查的原则性规定，[③] 但是对于其在行为保全禁令的审查程序中的具体调查程序和作用，尚缺乏充分且可实操的细化性的规定，致使技术调查官在禁令审查程序中角色功能发挥作用有限，而主要仍然依赖和局限于合议庭进行技术事实的依职权查明。[④] 技术事实的查明，在禁令的审查中居于核心地位，技术类事

① 以上情况，源于笔者同最高人民法院知识产权法庭多位法官的调研访谈内容。时间：2021 年 9 月 24 ~28 日。

② 目前，关于知识产权诉讼禁令程序，我国法律和司法解释并未规定审理期限，仅有原则上处于情况紧急的情况下 48 小时内作出的例外规定。

③ 参见《最高人民法院关于技术调查官参与知识产权案件诉讼活动的若干规定》(法释〔2019〕2 号) 第 6 条规定：……技术调查官就案件所涉技术问题履行下列职责：…… (2) 参与调查取证、勘验、保全……

④ 参见北京知识产权法院组织编写：《技术调查官制度创新与实践》，知识产权出版社 2019 年版，第 3 –8 页。

实的认定，直接关系禁令各方当事人的实体权利与义务，因此应当明确技术调查官在审查程序中的具体职能定位、辅助功能和参与审查程序范围，更好地促进禁令程序运行过程的正当性。

（三）程序结果的正当性

程序结果的正当性是指诉讼程序运行结果意义上的正当性原则。禁令审查程序结果意义上的正当性，应通过程序运行过程的正当性运行和对程序裁决的有效监督两方面加以保障。前述第二点已分析运行过程的正当性保障，此处笔者主要讨论对禁令裁决正确性的有效监督。知识产权诉讼作为现代型诉讼，相较于普通民事诉讼程序，在行为保全禁令的审查程序的证明责任分配、证明标准的选择方面，法院均实际上享有较大的自由裁量权，因此，只有加强对禁令裁决结果的法律监督，方可保障禁令程序运行结果意义上的正当性。对裁决结果和与之相配套的自由裁量权等司法权力的有效监督，原则上通常可以从两个层面进行思考，即“权利约束权力”和“权力制衡权力”两条路径。[①] 所谓权利约束权力的路径，即通过当事人的权利特别是被申请人的程序异议权、程序救济权来对审判权进行约束。完善禁令中的反担保制度、禁令复议制度、行为保全禁令错误颁发的救济制度，便体现出以权利约束权力的基本原则。而从“权力制衡权力”原则视角出发，在法院系统内部的监督力度式微的情况下，笔者认为，应通过赋予检察机关相应的程序性裁决监督权，即通过检察机关的检察权来制衡法院在知识产权禁令审查程序中的审判权。上述方案构想的来源，在于《宪法》和《人民检察院组织法》对检察

① 参见徐小庆：《完善党和国家监督体系的创举——国家监察体制改革的回溯与展望》，载《政治学研究》2021 年第 4 期。

机关的明确规定,[①] 具有顶层设计方面的制度基础。此外，党中央文件亦明确要求检察机关从外部加强对人民法院审判各环节的自由裁量权运行法律监督。[②] 因此，在知识产权诉讼禁令审理程序中，应明确检察机关对知识产权诉讼禁令审查程序进行监督的依据、方式和边界。笔者认为，“权利约束权力”和“权力制衡权力”二者相辅相成，不可偏废，在保障诉讼程序运行结果的正当性方面具有同样重要的意义。

知识产权诉讼禁令审查程序的正当程序原则，要求从启动和推进程序、运行过程和结果层面的三重正当性。在进行知识产权诉讼禁令审查程序的优化与完善时，应尽可能予以兼顾，以实现禁令程序的“全过程”正当化。

三、公正与效率相统一原则

（一）禁令“效率优先”的误识

协同主义民事诉讼构造强调公正与效率的统一。公正与效率这一对法律永恒追求的价值，在知识产权诉讼禁令的审查程序中无可避免地存在着冲突与张力。知识产权诉讼禁令程序应当在强调公正的基础上，尽可能提高审理效率。作为知识产权诉讼中重要的临时性救济程序，禁令程序的效率价值自不待言，因此，从

---

① 参见《宪法》（2018 年修正）第 134 条规定：中华人民共和国人民检察院是国家的法律监督机关。《人民检察院组织法》（2018 年修订）第 2 条规定：人民检察院是国家的法律监督机关。人民检察院通过行使检察权，追诉犯罪，维护国家安全和社会秩序，维护个人和组织的合法权益，维护国家利益和社会公共利益，保障法律正确实施，维护社会公平正义，维护国家法制统一、尊严和权威，保障中国特色社会主义建设的顺利进行。

② 参见中共中央：《关于加强新时代检察机关法律监督工作的意见》第 9 条、第 12 条，载《人民日报》2021 年 8 月 3 日，第 1 版。

强调临时性救济的角度出发，部分实务界人士和学者亦主张，我国知识产权诉讼中的行为保全禁令程序的总体审查原则，应当是“效率优先，兼顾公平”的审理原则。[①] 英美法系部分学者对此持有更为激进的主张，例如美国学者施瓦茨·沃伦（Schwartz Warren）等认为，在知识产权诉讼中，只要申请方提供足够数额的担保，则无论是否具备胜诉可能性或知识产权实体权利基础，原则上均应颁发临时禁令，[②] 显然其逻辑仍然与前述 E – Bay 案的裁判思路相符。一方面，应当肯定禁令的审查程序“效率优先”主张的积极意义，即有助于促进当事人权利得到迅速有效的救济，并及时制止侵权行为。但是，笔者认为，在知识产权诉讼中，采用“效率优先”的审查模式，将不可避免地造成新的问题和矛盾。因此“效率优先”是将基于其他保全的审查程序如财产保全程序等研究所得出的结论机械地套用于行为保全禁令审查程序的理论误识。

上述误识的根本原因在于，强调“效率优先”无法保障真正的全案效率优先。禁令的审查程序中，“效率优先”论者似乎将禁令程序单独隔离开来进行观察，而未能关注到禁令程序实际上属于整体知识产权诉讼案件中的一隅。知识产权诉讼禁令程序虽然具备一定程度上相对较大的独立性，但仍然隶属于知识产权实体案件和实体审判活动，经验主义理性观下，司法权的主观性特征

---

① 持有此观点的代表性论著，可参考罗素云：《技术类民事案件适用先行判决的正当性思辨与规则构建》，载《知识产权》2020 年第 5 期；谢天宇、丁一珂：《知识产权行为保全在博览会中的适用问题研究》，载《上海法学研究》集刊 2020 年第 21 卷；高阳：《论中国国际进口博览会知识产权行为保全的审查标准》，载《国际商务研究》2018 年第 6 期；钱颖萍：《从知识产权保护的临时禁令到行为保全制度的构建》，载《电子知识产权》2008 年第 3 期。

② See Richard R. W. Brooks & Warren F. Schwartz, *Legal Uncertainty*, *Economic Efficiency*, *and the Preliminary Injunction Doctrine*, 381 Stanford Law Review 58 (2005).

决定着法官认知的有限性，效率的提高必然意味着单个案件处理时间的减少和谨慎程度的减弱，从而引发误判率的上升。禁令的误判，轻则导致程序复议的发生，重则导致当事人以此为理由就全案提起上诉，或产生新的错误行为保全侵权损害赔偿案件，进而产生由知识产权诉讼案件到错误保全损害赔偿案件的“旋转门”现象。因此，对于单件知识产权诉讼案件审理效率整体来说，其总体效率反而很可能因此降低；对于整体意义上的司法体系运转效率水平，其整体损耗比率必然因此上升。

（二）公正与效率在禁令中的辩证关系

程序本位主义下，公正与效率是程序正义的两大根本要求。公正与效率的辩证关系，也是程序法学界老生常谈的经典问题。本书无意对公正和效率的抽象辩证关系进行空泛议论，主要将研究的目光聚焦于具体分析知识产权诉讼禁令审查或审理程序中公正与效率如何衡平。应当看到，知识产权诉讼禁令的审查程序中，公正与效率内在根本统一，但在表层二者时常出现矛盾。因此，公正与效率在知识产权诉讼禁令的审查程序中呈现对立统一的辩证关系：

一方面，在知识产权诉讼禁令的审查程序中，公正与效率两大价值本质上是统一的。“迟到的正义是非正义”，公正是民事诉讼制度的核心和基础，效率是公正的有效保障和支持。[①] 没有公正作为结果的效率是毫无意义的程序空转；而没有效率作为过程的公正是明日黄花的一纸具文。在知识产权诉讼禁令中的审查程序，只有及时高效的救济才有意义，否则在失去市场、失去创新机会

---

① 参见李晓明、辛军：《诉讼效益：公正与效率的最佳平衡点》，载《中国刑事法杂志》2004 年第 1 期。

等情况发生，侵权行为时过境迁之后，无论多么公正的判决，都已经无法弥补当事人遭受的损害。知识产权诉讼中，当事人因司法程序拖沓而导致最终判决无法执行或失去实际意义的可能性将远远高于其他种类的民事诉讼。例如，某一商业秘密的侵权案件，如果被诉侵权行为人在终审判决之前已经占领了绝大多数市场份额，则往往导致权利人破产而退出市场；而某一不动产权属纠纷，系争房产无论最终被判决归属于谁，或者诉讼程序一定的迟延，通常不会造成在争议期间侵权行为人因实际占有该房屋遭受不可逆的损害。因此，公平与效率在知识产权诉讼禁令审查中的主要方面是相辅相成、相互促进和统一的。

另一方面，公正和效率在禁令审查程序中在表面上确实存在着一定程度的分歧和冲突，上述冲突主要体现在由于司法资源分配到特定个案中的有限性，如果一味追求效率，则很难保障案件的处理结果不出任何纰漏。虽然有时会产生冲突，但是考察司法审判实践便可发现，只有在案件事实复杂、法律适用争议较大的少数禁令审查案件中才会得以较为明确和清晰地体现，大多数案件中，法院往往能够较为高效地作出正确的禁令裁决。因此，知识产权诉讼禁令审查程序中公正与效率的对立和矛盾，是二者辩证关系的次要方面。

（三）程序效率敏感度理论的提出与应用

为方便行文说理，笔者在此提出一个概念，即“程序效率敏感度”。程序效率敏感度源于经济学上“效率敏感度”这一概念术语。[①] 效率敏感度是指主体对外在特定因素的运行效率变化的反映

① 参见李维安、马超：《“实业＋金融”的产融结合模式与企业投资效率——基于中国上市公司控股金融机构的研究》，载《金融研究》2014 年第 11 期；王善平、李志军：《银行持股、投资效率与公司债务融资》，载《金融研究》2011 年第 5 期。

程度。主体对某一特定因素运行效率的变化越敏感，则其效率敏感度系数数值越大。据此，在民事诉讼程序中，程序效率敏感度是指当事人主观意识和客观行为上所表现出的对民事诉讼程序运行效率的敏感程度。① 诉讼程序效率敏感度与民事诉讼的案由有关，不同的案由，其程序效率敏感度数值通常不相同，未来笔者将对此问题进行定量实证研究。但是，原则上从定性角度来说，当事人实体权利义务受程序效率的影响越大，则在此案由项下，当事人的程序效率敏感度就越高。由于知识产权诉讼中，当事人直接涉诉实体权利义务和间接受到衍生影响的非涉诉实体权利义务受到程序效率运行高低的影响均远大于诸如物权诉讼、合同诉讼、公司诉讼等情况，因此，在知识产权诉讼的各种程序当中，相较于其他民事诉讼，其对效率的要求通常更高，即知识产权诉讼中，当事人的“程序效率敏感度”相比于其他类型的诉讼，应呈现较高水平。程序效率敏感度概念和理论的提出，将从定性层面和角度，为研究公正与效率的辩证关系提供新的思路和视角。囿于篇幅所限，本书无法从实证研究角度具体论证和全方位展开讨论内容，而是根据此理论模型，结合笔者实践观察，先行提出三方面定性规律。

其一，程序效率敏感度关乎当事人对于司法公正的主观体验和直观感受。程序效率敏感度会显著影响裁判结果的可接受性，在特定案件审理实际时间一定的情况下，程序效率敏感度越高，则裁判结果的可接受性越低，二者呈现显著负相关关系。

---

① 实际上，这个指标可以通过统计很多方面有意义和价值的数据，作为多元的自变量，加以较为精确的定量研究。例如，当事人或其律师在一个案件中催促法院推进各种程序的平均次数，或者当事人及其律师进行投诉的次数，甚至特定案由中涉诉信访的发生率，理论上均可用来衡量当事人的程序效率敏感度。对此，笔者将在日后的研究中不断完善和探索。

其二，程序效率敏感度的高低会影响法院审理案件的实际程序运行效率。经过实证研究发现，以2016年至2020年北京地区的司法审判情况为例，北京知识产权法院一审审理案件的周期，往往比同级北京地区各中级法院一审民事诉讼案件周期短约30%。[①]除了北京知识产权法院法官整体素质较高等因素，案件本身的程序效率敏感度会给法官的结案效率造成隐藏的压力，从而在一定范围之内有助于案件的迅速处理审结。因此，程序效率敏感度与案件的整体运行效率呈显著正相关关系。

其三，程序效率敏感度的高低在不同类型的案由中通常并不相同，对于程序效率敏感度较高的案件，在司法机关总体所占有和消耗的社会资源一定的情况下，限期结案的压力越大，牺牲公正而保证高效率的现象发生频率便越高，其“公正”的最低标准会相应降低，即民事诉讼中，程序效率敏感度与最低限度的公正标准应当呈负相关关系。

（四）禁令公正效率最优平衡

之所以提出程序效率敏感度的概念，其根本价值就在于，我们以上述三条基本规律作为分析问题的视角，可以构建和寻找知识产权诉讼禁令程序中公正与效率的最优平衡点。

第一，由于知识产权诉讼禁令程序两造当事人所具有的高度程序效率敏感度特征，且由于程序效率敏感度与当事人的个案公正诉求和对司法程序是否公平的体验和认知高度相关，因此从上述现实出发，应当尽可能保障知识产权诉讼禁令审查程序的公正与效率的并重与统一。

---

① 研究中级人民法院的一审案件，是为了排除大多数适用简易程序的民事案件和进入民事速裁程序的案件。上述数据，源自笔者前往北京市高级人民法院调研得到的数据。调研时间：2021年6月16日。

第二，由于知识产权诉讼禁令审查程序具有高度程序效率敏感性，主观层面上，从事禁令审理的法官通常在审判心理学和社会心理学层面上具有尽快审结的动机；① 客观层面上，禁令的审查程序和其他知识产权诉讼程序实际上的运行效率原本就比普通民事诉讼要高，在此种情况下，继续一味强调禁令审查的效率本位主义的边际效益是迅速递减的，即如若通过提升诉讼效率的途径优化禁令的审理效果，将投入大量司法成本，从而大大降低整体上投入的司法成本运行效率；如果将等量的司法资源投入实质公正的追求，则其边际效益有可能更高。② 在知识产权诉讼禁令的审查程序中，投入司法资源提高公正程度比投入同等数量的司法资源提高效率来说，效果更好；当事人对裁判结果的可接受性水平也会普遍更高。

第三，就知识产权诉讼禁令审查程序等程序效率敏感度极高的程序而言，在合理区间内适度降低公正的限度，理论上是可行的，因为任何公共程序的运行，都应遵循“最低限度的公正”原则，③ 在保障了“最低限度的公正”这一基础和前提之上，应当尽可能追求程序的效率最大化。那么，问题的关键在于，如何将司法资源适当从追求审查效率的“军备竞赛”投入“最低限度的公正”，以及投入多少？知识产权诉讼禁令的审查程序，如想要实现社会财

---

① 参见邹碧华主编，胡国均、章晓琴副主编：《法庭上的心理学》，法律出版社2014年版，第1－6页。

② 笔者的上述思考和构想，主要受到熊秉元先生研究科斯经济学时提到的“基准点分析法”和张五常先生在著作中所提出“收入与成本关系”等理论的影响和启发。参见熊秉元：《正义的效益：一场法学与经济学的思辨之旅》，东方出版社2018年版，第1－13页；张五常：《经济解释：收入与成本》（2019增订版）（卷二），中信出版集团2019年版，第25－28页。

③ 关于“最低限度的公正”的观点，可参考王锡锌：《正当法律程序与“最低限度的公正”——基于行政程序角度之考察》，载《法学评论》2002年第2期。

富整体利益的最大化，只有将行为保全禁令与当事人行为动机相契合，才能实现整体禁令审查程序的最优化。① 根据行为经济学上线性规划理论的基本原理，公正与效率的最优解或者最佳平衡点，便是禁令审查程序效益的最大化。② 因此，禁令审查程序的综合效益最大化原则是保障禁令公正与效率相统一原则的主要要求。

第四节 因应策略：知识产权诉讼禁令审查困境解决方案

前文已述及知识产权诉讼禁令审查程序所面临的几重理论和实践困惑，并在初步讨论知识产权诉讼禁令审查程序的应然构造和实然“短板”基础之上，提出了现代型诉讼中知识产权禁令审查程序所应当遵循的基本原则。然而，从功利主义法学研究视角出发，法学研究理论成果的探讨，应当以聚焦于现实问题的发现和成功解决为重要使命之一。因此，在本节中，笔者将聚焦于前述知识产权诉讼禁令程序本身的设置层面上知识产权诉讼禁令审查程序领域所面临的几个方面体制机制性问题，并以前述禁令审查的应然程序构造和基本原则理念为理论基础，尝试对困境提出较为可行的制度优化和完善方案。值得特别交代的是，本节优化完善方案仅指对禁令审查程序自身层面的设置和改进，并不包含对禁令的证据法层面上面临问题的讨论，也不包含对禁令滥用行为进行制裁的方案构想，上述两个问题是禁令的重要现实困境，

① 参见毕潇潇：《利益衡量视角下行为保全适用条件研究》，载《当代法学》2019年第4期。

② 参见王晨：《司法公正的内涵及其实现路径选择》，载《中国法学》2013年第3期。

笔者将于第四章、第五章分别进行讨论分析和研究。

一、明确知识产权诉讼禁令管辖

（一）知识产权诉讼禁令的管辖不明问题

当前在我国知识产权行为保全禁令的程序设计层面上，禁令的管辖权不明确造成重复审查的混乱和地域管辖相互矛盾等问题，已成为审查程序中困扰法官已久的问题。

一方面，管辖不明问题体现在禁令审查程序中应否处理管辖权异议问题不明。我国《民事诉讼法》和相关司法解释并未对禁令的管辖问题作出明确规定，从其他保全程序的管辖规则中可以解读出，知识产权行为保全禁令的程序性前提之一在于向辖区内“对案件有管辖权的人民法院”进行申请。[①] 也就是说，禁令的申请应当以法院有实体案件的管辖权为前提。实践中，对于知识产权诉讼禁令的申请和审查等保全程序，往往是在法院正式立案受理之前便应当进行的程序性裁决事项。[②] 以北京知识产权法院为例，该院网上立案系统中明确将行为保全禁令的申请与本案诉讼的立案选项分割开来，在禁令申请时并不要求实体案件进行立案，也不要求申请人上传或提交证明该院具有管辖权的材料或证明文件。因此很多被申请人便以此为理由，提出管辖权异议，从而迫

---

① 参见《民事诉讼法》（2023 年修正）第 104 条第 1 款规定：利害关系人因情况紧急，不立即申请保全将会使其合法权益受到难以弥补的损害的，可以在提起诉讼或者申请仲裁前向被保全财产所在地、被申请人住所地或者对案件有管辖权的人民法院申请采取保全措施；《民诉法解释》（法释〔2022〕11 号）第 160 条规定：当事人向采取诉前保全措施以外的其他有管辖权的人民法院起诉的，采取诉前保全措施的人民法院应当将保全手续移送受理案件的人民法院。诉前保全的裁定视为受移送人民法院作出的裁定。

② 参见崔起凡：《德国专利诉讼证据收集制度及其借鉴》，载《浙江万里学院学报》2021 年第 6 期。

使法官不得不先行审理其自身有无案件管辖权的问题，将管辖权异议程序实际上强行“嵌套”于禁令审理程序中，作为禁令实质审查之前的前置性程序。虽然部分法院在面临上述问题时采用了比较明智的处理方法，即将行为保全禁令的审查程序与管辖权异议程序分隔处理，认为行为保全禁令被申请人提出本案不应由行为保全禁令受理法院实体管辖的抗辩，法院“可在管辖异议程序中另行予以处理，但不影响依法做出行为保全裁定”①。但是事实上，尤其是《知识产权行为保全规定》颁布后，② 更多的法院在禁令的审查程序中，会将管辖权异议的申请作为其中一个诉讼程序性前提条件加以把握和审查，在“管辖权问题没有定论情况下，不应先做出行为保全禁令裁定”③。管辖权与禁令的审理程序交叉纠缠不清，会造成禁令审查程序效率的低下和司法资源浪费。

另一方面，管辖不明问题体现在禁令的地域管辖规定相互矛盾。现行《知识产权行为保全规定》仅规定，行为保全应由申请人向“具有相应知识产权纠纷管辖权的人民法院或对案件具有管辖权的人民法院提出”。实际上，上述规定本身就存在模糊性。如何理解“相应知识产权纠纷具有管辖权”和“对案件具有管辖权”二者之间的关系，最高人民法院在司法解释及其理解与适用等资料中并未进一步阐述说明。从文义解释的角度加以理解，前者似乎应当是后者的真子集，即前者完全包含于后者。之所以这样规定，是因为其立法初衷是想强调知识产权案件的行为保全禁令制

① 参见北京市海淀区人民法院民事裁定书，(2019) 京0108民初35902号。

② 参见《知识产权行为保全规定》(法释〔2018〕21号) 第3条规定：申请诉前行为保全，应当向被申请人住所地具有相应知识产权纠纷管辖权的人民法院或者对案件具有管辖权的人民法院提出。当事人约定仲裁的，应当向前款规定的人民法院申请行为保全。

③ 参见杭州铁路运输法院民事裁定书，(2019) 浙8601民初2435号之二。

度应当和普通民事诉讼程序中的财产保全等其他类型的保全制度相区分开，所以重点单列出来进行强调。而事实上，司法实践中各地法院对此理解和认识存在较大差异。例如，最高人民法院在案例中明确认为“诉中行为保全措施与诉中财产保全措施在制度设置目的和功效上并无差别，应均可适用该（指管辖权有关）规定”，被告住所地法院应当具有一般意义上的禁令管辖权。① 而最高人民法院知识产权法庭和各级知识产权法院作出的裁决，均倾向于认为禁令管辖权应当由知识产权纠纷实体案件的受诉法院享有。②

（二）禁令管辖程序的明确化方案

行为保全禁令特别是知识产权诉讼中的行为保全禁令，其管辖制度具有独特性。对此，我国诉讼法学学者在行为保全禁令研究早期便作出论断，即行为保全禁令应当作出与财产保全不同的管辖权制度规定。③ 笔者认为，结合知识产权诉讼及禁令的基本特质，对于知识产权诉讼禁令的管辖问题，应当围绕两个基本原则加以优化、设置和重构。

其一，禁令审查程序与管辖权异议程序关系问题方面，应当坚持“互相独立、互不影响”的原则。对于在禁令审查程序中是否审查管辖权的问题，当前司法实务界存在分歧。但认真检视和梳理禁令的管辖制度之后便可发现，上述问题实际上已有司法解释间接指明了方向，即我国的禁令移送程序可以用来解决禁令审查与管辖权异议的问题。具言之，根据《民诉法解释》第 160 条的规定，如果当事人未向诉前禁令法院提起诉讼，而向其他法院

---

① 参见最高人民法院民事判决书，（2021）最高法民终 506 号。

② 参见最高人民法院民事裁定书，（2019）最高法知民辖终 318 号。

③ 参见江伟、肖建国：《民事诉讼中的行为保全初探》，载《政法论坛》1994 年第 3 期；李仕春：《民事保全程序基本问题研究》，载《中外法学》2005 年第 1 期。

提起知识产权诉讼并且被受理，此刻应认为本案已经系属于实体案件的受案法院，而此前受理并颁发诉前禁令的法院便不再具有本案的管辖权。从上述规定理解，实际上我国《民事诉讼法》和司法解释已经对禁令的审查管辖法院和实体案件的受案法院可以不一致持倾向于认可的态度；因此，一味强求知识产权禁令审查程序的受案法院必须具有本案实体诉讼管辖权，实际上并无必要，且存在可能与现行司法解释意旨和原理相龃龉的情况。实际上，即便禁令审查法院发现其没有管辖权，也可以通过禁令的移送管辖这一制度加以有效应对处理，故没有必要在禁令的审查程序中必须审查本案实体诉讼管辖权有无的问题，即应当坚持“相互独立、互不影响”的基本原则，在禁令审查程序中处理禁令条件是否成就的问题即可，在管辖权异议程序中才有必要处理实体案件的管辖权问题。实际上，禁令审查的管辖权与本案诉讼的管辖权是两个相互独立的概念，二者并不存在必然的联系。对于禁令审查的管辖问题在司法实践中一般应当从宽加以理解和把握，接受申请的法院有无案件实体争议管辖权并不应当被认为是判断该院是否具备禁令管辖权的充分必要条件。

其二，地域管辖方面应当坚持禁令管辖的最密切联系原则。知识产权诉讼中的行为保全禁令作为一种重要的临时性救济程序性裁决设置，应当由与知识产权禁令所涉及的内容以及履行行为具有最密切联系的法院实施。有学者认为，应借鉴日本民事诉讼法上的行为保全管辖制度，对我国行为保全禁令的管辖法院进行具体明确和扩张理解，即除本案受诉法院外，还应当增加被申请人住所地法院、涉案标的物所在地法院。[①] 但是，如果将上述管

---

① 参见吕辉：《论日本行为保全制度及其启示》，载《湖北社会科学》2013 年第 2 期。

辖规则照搬到我国知识产权诉讼语境下，显然会面临几分“水土不服”的局面：如果将被申请人住所地法院规定为禁令的管辖法院之一，则在国际平行诉讼的情形下，境外实体存在管辖法院选取的困难。[①] 随着我国法院受理国际平行知识产权诉讼的增加，禁令的选取不宜赋予被申请人住所地法院，否则将造成进一步司法适用的混乱。另外，将案涉标的物所在地法院作为禁令管辖法院的观点，显然忽略了行为保全禁令的内容是要求被申请人为或不为一定的行为，而“行为地”的判断，既包括行为动机产生地，又包括行为实施地，更包括行为结果发生地，在互联网时代，“行为地”的规定具有较大的广泛性和弥散性，其指向不够明确，容易造成进一步分歧。据此，笔者认为，应当以现行民事诉讼管辖制度和知识产权专门管辖制度为基础，对知识产权诉讼禁令的审查，应以对本案实体诉讼具有管辖权的法院为基本原则，因为根据我国现行知识产权诉讼的管辖规则，通常本案实体诉讼具备管辖权的法院也是与本案法律关系要件事实和证据的物理空间距离最近的法院，也是对本案争议纠纷的审理解决具备最密切联系的法院。[②] 但是上述最密切联系原则所确定的管辖法院，并不唯一，应当具体问题具体分析，如果有其他最密切联系的法院，也可以受理知识产权诉讼禁令。综上所述，应当明确禁令的管辖法院是与禁令申请内容最密切联系地的法院这一基本判断原则。

---

① 参见张先砉、殷越：《知识产权国际竞争背景下禁诉令制度探索与构建》，载《法律适用》2021 年第 4 期。

② 参见闫佳：《我国现行民事法律域外适用标准和程序存在的问题与建议》，载《中国应用法学》2021 年第 5 期。

二、构建知识产权诉讼禁令听证程序

（一）听证程序缺失导致被申请人诉讼权利虚化

当前，我国知识产权诉讼禁令的审查程序中，仅有法院在必要情况下可以对双方当事人进行“询问”的规定。而民事诉讼中的询问程序，并非一项专门化的程序，而是贯穿民事诉讼始终的较为“非正式”的法官的行为方式，且询问笔录在理论上通常不应被认为具有民事诉讼的证据资格。① 知识产权诉讼中的询问包括两种，一种是交叉询问方式，即在对审过程中由法院主持之下进行的询问，分为主询问和反询问等环节，是法庭询问的主要形式；另一种是“职权式询问”，即由法官依职权进行的单方面询问。②原则上，在关涉当事人重大实体权益的程序中，应当以当事人之间的交叉询问为主，以便双方当事人充分发表辩论意见和阐述各自的利益诉求、说明有关事实。而在司法实践中，基于笔者的实务经验，法院在审查知识产权诉讼禁令的过程中，一般是由承办法官要求申请人或被申请人单方面到庭谈话，询问与禁令审查要件相关的主要证据等情况，并在经过以秘密进行的书面审查为主的审查程序之后，作出颁发或不颁发禁令的裁定。因此，知识产权诉讼禁令审查程序中的询问，主要是指法官依职权进行的单方询问；而在此过程中，被申请人根本没有任何机会行使辩论权利和最基础的听审请求权，基于哈贝马斯的商谈理论，此时被申请人将极有可能产生对程序不公正的消极感受，并由此寻求其他非理性途径解决矛盾纠纷。此外，由于缺乏听证程序，申请人和被

① 参见张卫平：《论讯问、询问笔录在民事诉讼中的证据效力》，载《清华法学》2011 年第 1 期。

② 参见蒋剑鸣：《民事诉讼证人当庭询问程序研究》，载《东方法学》2008 年第 4 期。

申请人之间便丧失了一次宝贵的通过协商对话解决矛盾分歧的机会，不符合协同主义理想程序构造的基本逻辑，亦将造成当事人之间的利益严重失衡，不符合禁令程序利益衡量原则的基本要求。

知识产权诉讼禁令审查程序中单方询问申请人的做法，存在较大程度的司法廉洁风险，亦会引发作为知识产权诉讼一造的被申请人对司法不公正的合理怀疑。民事诉讼程序各个环节中，两造当事人均会尽最大努力，试图用事实证据和法律适用理由说服法官，使其作出对己方有利的裁判，这是无可非议的。但由于正当程序的基本原理要求，上述说服过程只能在双方当事人均参加程序的基本前提下进行。[①] 实际上，早在1998年，最高人民法院便明确禁止合议庭成员在开庭前单独会见或接触一方诉讼当事人或代理人。[②] 后来，禁止单独接触当事人的原则性规定在多个司法解释中得到反复重申和确认，[③] 并成为维护我国民事诉讼审判公平正义原则的基本要求。[④] 因此，在关涉双方当事人重大实体和程序权益的情况下，承办法官单方面会见或询问禁令申请人的行为，虽然在司法实践中已是司空见惯，但欠缺程序上的正当性基础。

---

① 参见蒋惠岭：《"禁止单方接触"原则的内容及其适用》，载《人民司法》1996年第8期。

② 参见《最高人民法院关于民事经济审判方式改革问题的若干规定》（法释〔1998〕14号，已失效）第6条规定：合议庭成员和独任审判员开庭前不得单独接触一方当事人及其诉讼代理人。

③ 参见《最高人民法院关于审理和执行涉外民商事案件应当注意的几个问题的通知》（法释〔2008〕18号）第4条规定：……严格执行回避制度，不得单独接触一方当事人及其关系人……；《人民法院落实〈司法机关内部人员过问案件的记录和责任追究规定〉的实施办法》（法发〔2015〕11号）第12条规定：……给予纪律处分；涉嫌犯罪的，移送司法机关处理：……（2）邀请办案人员私下会见案件当事人及其关系人的……

④ 参见景汉朝、卢子娟：《论禁止单方接触原则》，载《人民司法》1998年第10期。

笔者始终坚信，对效率的追求，不能以牺牲正当程序的根本价值观念为代价，这也是前述公正效率相统一原则下“最低限度的程序正义”的要求。

因此，现行知识产权禁令以秘密审、书面审、分别进行单方询问为主要现实情况的审理模式存在严重问题，易造成当事人矛盾无法对话商谈解决，存在司法廉洁风险，从而有较大可能致使双方利益失衡，欠缺正当程序的基础。所以，应当通过听证程序的设置加以优化完善。

（二）应构建禁令听证制度以保障诉讼权利

民事诉讼程序的实质是司法权对个案中当事人争议权益的重新确认和再次分配，民事诉讼的程序正义属于分配正义范畴，因此应符合正当程序的基本原理。正当程序是为了限制恣意，是通过角色分配和交涉进行的具有高度职业自治的理性选择。正当法律程序的原则要求，公权力机关对相对人重大权益进行处分或影响的裁决过程当中，都应当给予其陈述和申辩的机会。[①] 无论是行政处罚领域的听证、检察监督和申诉案件的听证，还是民事诉讼程序中关于执行异议及其复议案件等重大事实和法律问题等听证，都反映出听证程序在维护当事人听审请求权和辩论权领域的重要价值。

笔者认为，民事诉讼中的听证程序是指法院在作出关涉当事人重大实体或程序权益的裁决之前，为准确查明有关事实，正确适用法律，对裁决所涉及的各因素进行科学衡量，在实体开庭审理不适当或不具备现实条件时，法院依当事人申请或依职权召集当事人及其他程序参与人当面发表意见并进行辩论的诉讼活动。

---

① 参见孙笑侠：《程序的法理》，社会科学文献出版社2017年版，第29－33页。

近年来，民事诉讼程序中的听证制度应用领域呈现普遍化的扩增趋势。从执行异议及复议案件进行审查的听证制度，[①] 到证券代表人民事侵权诉讼中对侵权行为性质和事实进行认定的听证制度，[②] 再到知识产权诉讼中，作为技术调查官参与技术类案件技术事实查明程序的听证制度，[③] 听证制度作为正式庭审之外的灵活性、补充性、辅助性调查制度，其适用已经越发广泛。考察上述司法解释的程序规定可以发现，民事诉讼中的听证程序同样主要由预备听证、举证质证、当事人发表意见和辩论、合议庭评议和裁决作出等几个阶段构成，与法庭实体审理程序相比，具有较高程度的同质性，但其实际审理流程集中度高且较为浓缩，因此其程序效率远高于普通开庭审理的程序。[④]

知识产权诉讼禁令程序中，应当通过设置听证程序，以满足程序正义的需要，并且充分保障当事人的听审请求权和辩论权利。其原因有三：

第一，这是协同主义诉讼构造的必然要求。在协同主义诉讼构造模式中，当事人的听审请求权处于基础性地位，因为当事人

---

① 参见《最高人民法院关于人民法院办理执行异议和复议案件若干问题的规定》（法释〔2020〕21号）第12条规定：人民法院对执行异议和复议案件实行书面审查。案情复杂、争议较大的，应当进行听证。

② 参见《最高人民法院关于证券纠纷代表人诉讼若干问题的规定》（法释〔2020〕5号）第6条第1款规定：对起诉时当事人人数尚未确定的代表人诉讼，在发出权利登记公告前，人民法院可以通过阅卷、调查、询问和听证等方式，对被诉证券侵权行为的性质、侵权事实等进行审查……

③ 参见《最高人民法院关于技术调查官参与知识产权案件诉讼活动的若干规定》（法释〔2019〕2号）第8条第1款规定：技术调查官参与询问、听证、庭前会议、开庭审理活动时，经法官同意，可以就案件所涉技术问题向当事人及其他诉讼参与人发问。

④ 对民事诉讼中听证程序的深入考察和分析，参见潘剑锋、牛正浩：《书证提出命令的理论革新与路径优化——以商业秘密侵权诉讼为切入点》，载《北方法学》2021年第6期。

的听审请求权和辩论权等权利是推动民事诉讼程序的主导和原动力。因此，程序法律应当为申请人和被申请人提供进行对话辩论的“舞台”，由作为主角的申请人和被申请人之间进行攻击与防御，从而共同推进禁令审查程序的进行，并且在争论与交锋中相互之间达成妥协和合意，从而在法院的主持下，通过禁令实质化地达成解决争议的目的。因此，应当在禁令的审查程序中，由过去的非正式法官单方询问程序过渡为正式的听证程序。

第二，禁令听证程序是实现程序正义的基本要求。公权力机关作出关乎当事人重大权益的裁决时，理应听证。禁令程序作为一类能够实质性影响当事人重大程序和实体权益的准实体性程序裁决，理应纳入听证审查的范畴。然而，现行知识产权诉讼禁令审查程序规范实际上在设置时较为重视对效率的追求，忽视了对最低限度公正底线的保障，忽视了程序正义的基本原则和价值理念。因此，从程序正义的角度出发，同样应当逐渐放弃禁令单方询问制的审查形式，逐渐向法定的正式听证程序过渡。

第三，听证程序是更高审查效率的保证，且行为保全禁令的听证程序通常不致引起不可避免的损害，部分地区司法实践已经逐步采用听证的审查模式。目前，我国部分地区法院知识产权法官认为，无论是诉前禁令还是诉中禁令，法院都应当在行为保全禁令审查程序中召集双方当事人举行听证程序；① 而且当前我国部分法院已开始尝试在知识产权诉讼行为保全禁令的审查程序中适用听证程序，例如在2021年度典型知识产权案例之一的知名主播薇娅起诉“薇娅严选”不正当竞争侵权纠纷案中，杭州市滨江区人民法院在审查知识产权诉讼行为保全禁令时，便在颁发禁令之

① 参见姜广瑞、黄心怡：《诉前行为保全的适用》，载《人民司法》2020年第35期。

前，先行组织双方当事人进行听证，综合考量双方当事人的意见后，方才颁发禁令。①

笔者认为，在今后制定相关知识产权诉讼程序规则时，应明确将知识产权诉讼禁令的一般审查模式和基本原则确立为听证程序；而特殊情况下，例如，情况确实紧急时，或者申请人有充分证据证明被申请人在得知禁令审查的情况后一定会采取措施以使禁令裁决或实体生效裁判无法执行的，可以不经过听证，直接颁发行为保全禁令。至于具体的知识产权诉讼禁令听证程序规则，应当包括以下几个模块：其一，由申请人对禁令的主要申请理由、法定构成要件以及相应证据进行阐述说明；其二，由被申请人针对申请人的禁令申请理由进行反驳，并举证证明反驳理由成立的要件；其三，法庭根据双方当事人的理由和证据，总结争议焦点，形成初步心证；其四，法庭依职权针对禁令的基本问题，如担保的形式及其金额、标准等问题进行调查，并询问双方当事人的意见；其五，法庭进行听证后评议，非“四类案件”则径行作出禁令裁决，若属于“四类案件”，则通常应当层报审判委员会，由审判委员会作出是否颁发知识产权诉讼禁令的决定。

三、完善技术调查官参与禁令审查机制

（一）技术调查官制度在禁令程序中的主要障碍

技术性事实的查明，在知识产权诉讼禁令审查程序中起到重要作用，有时甚至能够直接决定禁令是否颁发。因此，逐步增加

① 参见《“薇娅严选”无关薇娅，构成不正当竞争》，载《中华商标》2021年第4期。

技术调查官在禁令的审查程序中发挥作用的权重，并且对其技术调查意见进行审慎合理的监督，应当是一个基本制度发展趋势。当前，我国技术调查官制度虽然原则上已经被纳入了禁令的审查程序中，但是由于以下几个方面障碍，技术调查官在禁令的审查过程中发挥的作用较为有限。

其一，技术调查官制度缺乏明确的程序法依据授权。由于技术调查官制度是我国通过司法解释确立的程序，并无上位法授权，因此相较于日本的技术审查官制度①等大陆法系国家和地区的同源制度，我国技术调查官的程序性规定效力位阶较低，因此其授权基础较弱，其职权相较于法官甚至法官助理来说较为“疲软”，无法作出具有司法拘束力和强制性的意见。

其二，技术调查官所作出的“技术调查意见”性质不明。无论是技术调查官有关司法解释，还是知识产权行为保全禁令司法解释，都未对技术调查官作出的技术调查意见的性质和定位进行明确规定，导致知识产权禁令司法实践中围绕技术调查意见能否提出异议等问题存在较多困惑，例如，技术调查意见是否应当公开交由当事人进行质证的问题，理论争议极大。部分学者认为，技术调查意见不属于证据，因此不应当公开；② 而马一德等学者认为，技术调查意见属于“证据材料”，应当公开并提交当事人发表意见。③ 相关规定不明导致理论争议发生，最终引起司法实践的混乱和技术调查官制度质效的减损。

---

① 参见李大扬：《日本知识产权诉讼文书提出命令制度及其启示》，载《知识产权》2021 年第 5 期。

② 参见代小佩、刘莉：《全国从业者不足五百人：这个职业帮法官破解技术密码》，载《科技日报》2021 年 11 月 9 日，第 5 版；张爱国：《评技术调查意见的不公开——以民事诉讼法的基本原理为视角》，载《知识产权》2019 年第 6 期。

③ 参见马一德：《知识产权检察保护制度论纲》，载《知识产权》2021 年第 8 期。

其三，技术调查官参与禁令审查的程序本身在司法解释规范层面便存在诸多相互矛盾的不合逻辑之处。较为典型的是：技术调查官司法解释规定，如果某一特定的技术调查官，在“一个审判程序中”，曾经参与过案件诉讼活动，则不得参与本案项下其他的任何诉讼程序。[①] 那么，如何理解“一个审判程序中”这个限定？是指一审、二审或再审这样案号不同的程序？还是同一案号当中的不同程序组分，如一个案件当中的管辖权异议程序、知识产权诉讼禁令程序、案件实体审理程序、书证提出命令程序等不同程序？在司法实践中，就行为保全禁令裁决而言，通常不会赋予其一个独立的新案号，而是以其所在的实体审理程序案号为基础，后加“之”和数字进行命名。这从一定程度上体现出实践中并非将禁令程序作为独立程序进行对待的现实。如果作后者理解，则将会给法院造成难以逾越的实操性困难，因为知识产权诉讼程序中，尤其是技术类案件，其一个案件当中往往对应着多个审判程序，如果进行一个程序就要替换一位技术调查官，则基本上所有技术类知识产权案件都会陷入技术调查官无可更换的捉襟见肘的窘境，因此一个“审判程序”对应一位技术调查官的设置，似乎很难实现，也不符合客观规律。[②] 而令人遗憾的是，当前司法实践中，多数实务界人士持有此种理解和观点。即便是前一种理解，实际上仍然很难具有可操作性，因为当前知识产权诉讼的技术调查

① 参见《最高人民法院关于技术调查官参与知识产权案件诉讼活动的若干规定》（法释〔2019〕2号）第5条第1款规定：在一个审判程序中参与过案件诉讼活动的技术调查官，不得再参与该案其他程序的诉讼活动。

② 以情况相对较好的北京知识产权法院为例，该院目前具有技术调查官约60位（其中尚且包括31名兼职技术调查官），不同科技领域的技术调查官通常仅有个位数，理论上根本无法保障每一个“诉讼程序”中分配不同的技术调查官。参见北京知识产权法院组织编写：《技术调查官制度创新与实践》，知识产权出版社2020年版，第19页。

官都按照“三级法院共享机制”①，有些涉及较为冷门技术的案件，可能对于所涉及的技术性问题，全国只有一位或几位技术调查官能够准确处理。因此，在上述情况下，很难保障技术调查官在现行规范框架下的程序独立性。

技术调查官在知识产权诉讼禁令当中的运用遭遇了较多体制机制性障碍，因此应当逐渐完善发展相应的诉讼程序制度，使技术调查官在知识产权诉讼禁令的审查程序中尽可能地发挥更科学的作用。

（二）禁令审查中技术调查官制度的完善方向

对于前述技术调查官制度存在的问题，应结合前述知识产权诉讼禁令构建的三个原则，即利益衡量原则、正当程序原则、公正与效率相统一原则，为技术调查官参与禁令案件审查的程序探寻完善的方向。

其一，赋予技术调查官制度明确的程序性法律授权。笔者认为，当前技术调查官在参与禁令审查程序中发挥作用有限的根本原因在于其缺乏程序法上的制度支撑，即“技术调查程序的立法缺失”②。因此，在未来知识产权诉讼特别程序立法过程中，可以专门将知识产权技术调查官制度和相应咨询机制规定到程序法中，为技术调查官参与知识产权诉讼禁令的审理程序提供相应的立法依据和详细的法律路径。

其二，明确“技术调查意见”的证据属性。《民事诉讼法》明确规定了鉴定意见是法定证据的一种，而本质上鉴定意见和技术

---

① 参见马一德：《提升地方知产审判质效：推动经济高质量发展》，载微信公众号“最高人民法院”2020年8月31日。

② 参见张迎春：《知识产权司法改革背景下我国专利确权制度问题审视及改造路径》，载《私法》2020年第2辑。

调查意见在功能及作出程序等方面均具有较高的相似程度，因此从理论上来说，技术调查官在个案中作出的技术调查意见，应当可以参照鉴定意见的相关规定和程序进行举证质证。现行有关技术调查官的司法解释明确规定，技术调查意见属于技术调查官针对技术问题进行调查后提出的意见，是合议庭法官认定技术事实的参考。[①] 从上述规定中可以发现，技术调查意见在本质属性上与《民事诉讼法》中的鉴定意见具有较高程度的同源性或者相似性。但是由于技术调查官并非某一领域具备鉴定资质的专家，其亦通常不隶属于某一鉴定或评估机构，[②] 因此，应当明确的是，技术调查意见本质上并非鉴定意见，[③] 只是原则上能够准用《民事诉讼法》中有关鉴定意见的程序规则而已。为何有必要明确技术调查意见的证据属性？根本在于技术调查官的技术调查意见的认定结论，直接关乎禁令审查程序中当事人的重大实体权利和程序权利，因此从正当程序的基本原理分析，应当给予当事人对技术调查意见发表意见和进行质疑的权利。当前我国技术调查官有关司法解释不允许当事人对其提出任何异议或进行质证，当事人发表意见的权利被实质性剥夺，因此应当明确技术调查意见的证据基本属性，并且允许当事人进行公开质证。从证据资格的客观性、关联性、合法性三方面判断，技术调查意见满足客观性和关联性，应无疑问；而对于合法性，由于技术调查意见不属于法定证据形式的任何一种，根据我国现行法律和司法解释，其欠缺合法性的要

① 参见《最高人民法院关于技术调查官参与知识产权案件诉讼活动的若干规定》（法释〔2019〕2 号）第 9 条、第 10 条、第 11 条。

② 参见于浩淼：《技术调查意见的性质及法律效力分析》，载《湖北经济学院学报（人文社会科学版）》2021 年第 4 期。

③ 参见董学华：《检察机关构建技术调查官制度初探》，载《人民检察》2021 年第 7 期。

件。对此，宜在将技术调查官制度吸收进入立法时，明确技术调查意见为知识产权诉讼中法定证据的一种形式。

其三，明确技术调查官在禁令审理和实体审理程序中可以由同一调查官执行调查事项。一个审判程序对应一个技术调查官在我国当前和今后一段时期内显然属于不具备实践可行性的制度方案。因此，原则上没有必要将禁令程序、实体审理程序以及其他程序作人为区隔，否则，会因此增加进一步的问题，例如，禁令审查程序中技术调查官意见认定两种产品属于同一配方和工艺流程生产的同种产品，在此基础上法官认定属于可能构成侵权从而颁发禁令；而到了实体审理程序之后，另一技术调查官认为不属于同种产品，在此基础上是不是应当撤销禁令？或者更严重的问题是，禁令的颁发是不是从根本上就是错误的？加上当前我国知识产权法院法官很大程度上依赖鉴定意见和技术调查意见才敢于下判的“以鉴代审”现象始终无法得到有效解决，如果禁令程序和实体审理程序中的技术调查意见相互冲突，则将导致严重的程序倒流和自相矛盾的问题。实际上，知识产权诉讼禁令程序与实体审理程序中的技术类事实发现和查明由相同技术调查官负责，并不会明显影响其公正程度。因为引入知识产权诉讼禁令的实质化听证程序之后，技术调查官的诉讼活动受到双方当事人监督的程度将大为提高；即便当事人认为技术调查官的调查意见存在错误，亦可以此为理由，作为原判认定事实不清的情形，就全案提起上诉加以救济，并不存在监督缺位的问题或风险。

因此，应当在知识产权诉讼禁令的审理程序中明确技术调查官的法定调查职权，赋予其明确的法律授权依据，明确技术调查意见的证据属性，并可以参照适用有关鉴定意见的程序，允许当事人进行公开举证质证；最后，应当进一步梳理理顺知识产权诉讼禁令和技术调查官程序本身的矛盾之处，重点是没有必要人为地将禁令和实体程序的技术调查程序机械割裂开来。从以上三个层面和角度出发，才能在程序正义的框架下，尽可能保障禁令的审查程序中，双方当事人能够围绕技术调查意见充分发表意见，保证其真实性和准确性，并最终保障技术调查官在禁令的审查过程中发挥更加实质化的作用，依法查明技术事实，协助法院作出是否颁发禁令的正确裁决。

四、禁令裁决复议程序的实质化改革

（一）知识产权诉讼禁令复议形式化成因

民事诉讼中，在任何一项关乎当事人重大程序权益影响的裁决程序中，完善的程序性异议和救济机制，既是维护当事人之间利益均衡的必然要求，也是正当程序原理的必要保障。当前我国知识产权诉讼禁令程序中仍然存在复议形式化的问题，即不服禁令裁决的当事人无法通过复议程序来获得有效的救济。出现复议形式化的成因有二：

其一，我国知识产权诉讼禁令审理程序相关司法解释并未规定由上一级法院进行复议，而是仅就复议程序作出原则性规定。[①] 司法实践中，通常是由同级法院甚至相同合议庭组成人员进行复议。换言之，通常由同一合议庭复议其自身作出的裁决，“自己做自己案件的法官”的情况较为严重，违反了程序正义的基本原则。以最高人民法院2020年度十大知识产权案例之一的华为公司与康文森公司二审案件为例，最高人民法院知识产权法庭在本案处于二审程序中时，于2020年8月28日作出禁诉令裁定，禁止康文森

① 参见《知识产权行为保全规定》（法释〔2018〕21号）第14条规定：当事人不服行为保全裁定申请复议的，人民法院应当在收到复议申请后10日内审查并作出裁定。

公司在最高人民法院就实体案件作出终审生效判决之前，申请执行德国杜塞尔多夫地区法院作出的相关停止侵权判决，否则将面临按日计算的高额司法罚款。① 裁定作出后，康文森公司不服，并于9月4日向最高人民法院提起复议并听证，最高人民法院于9月11日作出裁定，驳回康文森公司的全部复议请求。② 根据上述两份裁定书内容，合议庭法官完全一致，复议作出的机构也同样是最高人民法院知识产权法庭。正如学者所指出，无论是行政复议抑或司法复议制度，“自己不能做自己的法官”都应当被认为是基本的程序要求，公权力主体对自己作出的判断或行为，如果仍由自身担任复议机关，则必然缺乏程序上的合法性基础。③ 法官对自身所作出裁决的正确性问题上存在利益冲突，如果经过复议认定裁决存在错误，则根据错案终身追责下的司法责任制，④ 必然要承担错误裁决的不利惩戒后果。因此，在这种情况下要求法官自己纠正自己在先前作出的禁令裁决，似乎有违人类利己主义的自然理性，因此，法官几乎不可能在复议自身裁决的复议程序中纠正自己的错误裁判。实践中，笔者也几乎没有发现任何通过原合议庭自行复议纠正禁令裁决的案件。⑤ 民事诉讼程序法律制度不能挑战

---

① 参见最高人民法院民事裁定书，(2019) 最高法知民终732、733、734号之一。

② 参见最高人民法院民事裁定书，(2019) 最高法知民终732、733、734号之二。

③ 参见汪永清：《法治思维及其养成》，载《求是》2014年第12期；黎军：《论司法对行业自治的介入》，载《中国法学》2006年第4期；徐显明：《何谓司法公正》，载《文史哲》1999年第6期。

④ 参见《最高人民法院关于完善人民法院司法责任制的若干意见》(法发〔2015〕13号) 第25条第1款、第2款规定：法官应当对其履行审判职责的行为承担责任，在职责范围内对办案质量终身负责。法官在审判工作中，故意违反法律法规的，或者因重大过失导致裁判错误并造成严重后果的，依法应当承担违法审判责任。

⑤ 江苏省无锡市中级人民法院民事裁定书，(2018) 苏02行保3号、(2018) 苏02行保3号之二。本案中，无锡市中级人民法院在复议程序中审查认为，申请人的权利存在不稳定的可能性，故复议后解除了行为保全禁令。

和违背人性，亦不能强人所难，否则设计再完备理想的程序制度，也终将沦为被束之高阁的一纸具文。

其二，知识产权诉讼禁令复议的具体审查程序不够明确。首先，知识产权诉讼禁令有关程序法律和司法解释均未明确复议审查的范围。[①] 对于复议审查的范围目前我国法规范层面上缺乏可供参考的指南，具言之，司法实践中，复议程序是否应当被理解为重新综合全案事实和证据对禁令是否应当颁发进行重新评估？还是仅对复议申请中提到的原知识产权诉讼禁令裁决当中存在的错误相关事实与理由进行审查？原裁定审理程序中是否存在程序违法等程序性滥用行为，是否应当被纳入复议审查的范围？目前没有任何规定。其次，复议审查的具体适用形式目前尚未明确。对于知识产权诉讼禁令的复议，无论是应当以书面审为主要原则抑或应当召开听证程序，现行程序对此语焉不详；由于程序上并未规定强制性的复议听证程序，司法实践中对于行为保全禁令的复议申请，部分法院处理较为慎重，选择采取听证方式对复议申请进行审查；[②] 而大多数法院不会召开听证会，而是直接书面审查后予以驳回。[③] 各地

---

① 对于禁令复议制度的程序法依据，参见《民事诉讼法》（2023 年修正）第 111 条规定：当事人对保全或者先予执行的裁定不服的，可以申请复议一次。复议期间不停止裁定的执行。

② 参见武汉市中级人民法院民事裁定书，（2014）鄂武汉中知禁字第 00005 号；武汉市中级人民法院民事裁定书，（2014）鄂武汉中知禁字第 00005－2 号：“禁止令发布后，被申请人湖北联通及被申请人广东欧珀立即停止了被诉行为，表示积极履行法院禁令义务。被申请人广州网易、杭州网易、网易雷火不服该行为保全，向湖北省武汉市中级人民法院提出复议申请。湖北省武汉市中级人民法院于 2014 年 12 月 3 日以开庭听证方式审查了三复议申请人的复议申请，认为复议申请人提出的复议理由均不能成立，裁定驳回复议申请人广州网易计算机系统有限公司、网易（杭州）网络有限公司、杭州网易雷火科技有限公司的复议申请。”

③ 类似案例，可参见上海市浦东新区人民法院民事裁定书，（2019）沪 0115 行保 1 号；上海市浦东新区人民法院民事裁定书，（2015）浦禁字第 1 号等。

法院在禁令复议审理程序上的分歧，造成各地对当事人的诉讼权利尊重和保护的程度不一，进而一定程度上造成了当事人选择法院、创造连接点并滥用管辖权的情况。最后，对于当事人申请复议的时限，目前我国程序法和司法解释均未进行任何规定。虽然我国现行法对法院审查复议申请的时限进行了规定，[①] 但并未对当事人在受到禁令之日起多久期限之内可以申请复议进行限制。实践中，法院在颁发禁令的裁定中可能会明确指定"复议期限"[②]，但更多情况下是不会指定任何期限的，致使不服行为保全禁令的当事人在实践中任意延长申请复议期限，导致整个行为保全禁令审查程序拖沓冗长。由于程序设置得不明确，实践中各地知识产权法院对禁令的复议审查仍然处于"各自为战"的局面，并没有形成统一的类案裁判规范或标准，也限制了复议效能的发挥，从而导致禁令的复议机制呈现形式化特征。

（二）禁令复议实质化方案设计

对于前述知识产权诉讼禁令面临的两类导致复议制度形式化的问题，应当从正当程序的角度出发，结合利益均衡和公正与效率相统一两大基本原则，对其进行实质化改进。

第一，将禁令复议的管辖法院规定为颁发禁令的上级法院，如果是技术类案件，则应注意与"飞跃上诉"管辖制度的契合和匹配，[③] 应当由最高人民法院知识产权法庭对禁令的复议申请案件

---

① 参见《知识产权行为保全规定》（法释〔2018〕21号）第14条规定：当事人不服行为保全裁定申请复议的，人民法院应当在收到复议申请后10日内审查并作出裁定。

② 例如前述康文森案，最高人民法院明确指定，当事人如不服，可在"收到裁定书起5日内向本院申请复议"。

③ 参见《最高人民法院关于知识产权法庭若干问题的规定》（法释〔2023〕10号）第1条、第2条。

进行管辖。

实际上，在立法或司法解释制定的过程中，立法机关确定由本级法院抑或上级法院进行复议管辖的过程，同样是一个公正与效率权衡博弈的过程。如果规定由本级法院进行复议，则显然是效率优位性的选择；若规定由上级法院进行复议，则说明制度在设计时一定程度上牺牲了效率，但是更注重复议程序的公平性和实质性。根据前述公平与效率相统一和程序正当的基本规则，裁决结果对当事人造成的实体权利义务造成影响越大的情形下，就越应当重视对公正而非效率的优位。这一点从现行《民事诉讼法》中所规定的复议制度程序出发加以分析，亦可获得较为明确的认知。现行《民事诉讼法》仅对申请回避的决定、保全或先予执行的裁定、对妨害民事诉讼的强制措施（罚款、拘留）的决定、执行异议的裁定四类决定或裁定不服的，有权向同级或上级人民法院申请复议。① 其中，对罚款、司法拘留决定不服的复议，和对执行异议裁定不服的复议，法律规定应由上一级法院进行复议管辖。上述规定充分说明，我国现行《民事诉讼法》中所确立的民事诉讼程序由上一级法院复议的制度，应当在法律就某些对当事人诉讼权利或实体权利存在较大影响的程序性事项中适用；② 如果是一般的程序性事项，则其复议程序在原则上由本级法院的不同法官负责即可完成。

知识产权诉讼禁令的复议程序，是禁令审查程序中不服禁令裁决本身唯一的直接救济机会，如果一旦出现程序性错误，则很

① 当事人对上述决定或裁定有权进行复议的具体程序规定，分别可参见《民事诉讼法》（2023 年修正）第 50 条、第 111 条、第 119 条第 3 款、第 232 条。

② 参见廖永安、雷勇：《论我国民事诉讼复议制度的改革与完善》，载《法律科学（西北政法大学学报）》2008 年第 3 期。

可能会对当事人的实体程序权益造成不可逆转和不可挽回的损失。虽然我国法律规定因对方错误申请保全遭受损失的，当事人可以提起侵权诉讼求偿，但是由于错误保全损害赔偿纠纷中损失的证明困难以及事实上很多知识产权领域中的诸如市场份额等损失是无法通过金钱挽回的，错误保全损害赔偿诉讼作为救济途径的效果和意义远不及禁令复议程序的直接救济功能更为有效和可靠。因此，作为一种对当事人实体权利义务可能会产生重大影响的准实体性程序裁决的复议机制，理应做到公正优位于效率；况且对效率的考量，在禁令的初次颁发时便已经尽可能地优先顾及效率的价值，因此在救济程序当中，没有必要继续强调效率的优先，而应当做到保障禁令审查程序及其运行结果最后的公正性。因此，为保障公正，并从基本的程序正义角度出发，应当原则上将行为保全禁令的复议管辖法院规定为原审法院的上级法院。另外，需要强调，对于最高人民法院知识产权法庭这一特殊审判机构作出的知识产权诉讼禁令裁决，由于此时已无法向更高层级的审判机关进行复议申请，且通常绝大多数情况下该法庭是在知识产权上诉审程序中作出的禁令裁决，为最大限度保障复议程序的公平与公正，应当通过由知识产权法庭更换审判组织成员即合议庭成员的方式，进行复议审查，以防自身纠错的局限性对复议程序的效果产生不当影响。

第二，进一步明确规定和设计禁令的复议审查程序，使知识产权诉讼禁令的复议程序更加实质化。具体而言应从三个方面着手。

首先，关于禁令复议审查的范围，应当理解为以全面审查为宜，而不是类似于二审程序对于上诉案件是围绕上诉的事实和理由以及一审的错误等问题进行审理。最高人民法院知识产权诉讼禁令有关司法解释的起草执笔人曾经就此问题发表了较有权威性的观点，即对于不服禁令而申请复议的审查，法院应同样依据《知识产权行为保全规定》第7～10条规定的各项要件和保全必要性等考量因素加以审查。[①] 从司法解释起草执笔人的上述观点可以看出，实际上对于复议程序的性质，最高人民法院在某种程度上肯定并采纳了应当重新全面审查知识产权诉讼禁令的各个要素，以再次评估禁令是否应当颁布的观点，孰值肯定。

其次，对禁令审查进行复议的具体适用程序方面，应当明确必须进行双方的听证程序。如果说在初次颁发禁令时原则上应当听证，而在紧急情况等极端条件下可以例外性地不予听证，以便顾及禁令救济的及时性问题，而在禁令的复议程序中，禁令已经颁布的情况下，无论是否认可，当事人都必须执行禁令，故此时不听证原因的紧迫性或可能造成生效裁判无法执行的事由在禁令的复议阶段均已然不复存在，除非当事人敢于冒着被追究刑事责任的风险继续拒不执行生效的知识产权诉讼禁令裁定。因此，既然阻碍听证的紧迫性事由已经排除，那么原则上此时在进行公正与效率的利益衡平之时，就应当以公正而非效率作为优先选择，因此，未来应当在知识产权诉讼程序中明确规定，知识产权行为保全禁令的复议程序，一律进行听证。尤其是当下互联网听证、网上开庭已经常态化的今天，实现远程禁令复议听证已然具备相应的物质条件和制度保障。

最后，应当明确禁令复议的申请时限，避免程序无意义地延长或拖沓。具体而言，可以参照通常法院对财产保全和证据保全指定的“自收到裁定之日起5日”作为不服禁令申请复议的时限，并且通过相应明确的程序规范加以固定，即通过建立相应的法定

① 参见宋晓明、王闯等：《〈关于审查知识产权纠纷行为保全案件适用法律若干问题的规定〉的理解与适用》，载《人民司法》2019年第7期。

禁令复议失权制度，督促当事人尽快行使复议程序权利，避免当事人滥用禁令复议权利来拖延禁令审理程序，或“躺在权利上睡觉”导致禁令裁决的不稳定，从而减损禁令复议制度的效力。

五、补强禁令担保数额计算和反担保制度

（一）知识产权诉讼禁令担保制度的既存问题

知识产权诉讼禁令的担保制度存在大量问题，集中体现于以下三个方面：第一，禁令究竟是否应当提供担保，实际上在法规范层面上就是自相矛盾的，前已述及，不再赘述；第二，知识产权诉讼禁令的担保数额计算问题，我国法院自由裁量权较大，应当予以明确和细化；第三，是否允许禁令反担保解除的问题，现行制度并不允许在未经申请人同意的情况下进行反担保解除禁令，而不允许反担保解除禁令实际上将造成对被申请人的自由权利的过分限制，甚至产生宪法基本权利层面的隐忧。

（二）知识产权诉讼禁令担保制度的完善

对于知识产权诉讼禁令中的担保制度，应当从前述三项问题出发，逐一进行完善和解决。

其一，应从理论层面加以明确，知识产权诉讼禁令制度中，申请人不一定需要提供担保，应当授予法院在决定是否提供担保问题上的自由裁量权。提供担保并非颁发行为保全禁令的必然构成要件。其原因在于：首先，要求申请人提供担保的目的是避免造成错误保全引发的责任承担，而知识产权诉讼中大多数的行为保全禁令内容中的作为或不作为等特定行为，其价值很难用金钱加以衡量，因此在上述根本无法计量的情况下，如果一味地要求当事人提供担保并且确定担保金额，必然与案件实际情况相冲突。如果足够高的担保金额都不足以弥补被申请人的损失，则担保本

身便失去了意义，此时从诉讼效率和降低当事人成本的角度考虑，没有必要要求申请人提供担保。其次，行为保全禁令在审查过程中，通常法院尚未对整个案涉法律关系和预期损失作出任何预判，因此在此种情况下盲目一味地要求申请人提供特定金额的担保，不符合客观现实的需要。例如，前述华为公司与康文森公司一案中，最高人民法院在颁发禁令之前，要求华为公司提供1970万元担保，[①] 但是并未对上述金额是否能够足以弥补禁令错误颁发给康文森公司造成的损失进行任何说理或证明，也没有具体推导出上述金额的计算标准，不符合程序公正的要求。因此，笔者认为，应当赋予法官在禁令审查程序中，确认是否需要提供担保时的自由裁量权，授权法官在确实必要的情况下，要求对方当事人提供担保，减少无意义的担保提供和程序空转，避免过于僵化理解担保这一要件造成权利人无法得到及时救济。

其二，对于担保金额标准和方法的问题，应当逐步构建动态化的担保金额调整机制。当前，针对担保金额计算产生的纠纷频发的问题，我国法院正在逐步探索在知识产权行为保全禁令的审查程序中运用和采纳动态担保金的调整方法。以“天猫”反向行为保全案为例。[②] 该案是我国法院采用动态担保金制度的禁令案件，[③] 并用最高人民法院典型案例和指导性案例的方式，初步确立了行为保全禁令审查程序中的动态担保金制度。我国学理上并未

① 参见钱晓强：《通讯标准必要专利纠纷中的禁诉令问题探析》，载《电子知识产权》2021年第9期。

② 参见最高人民法院民事判决书，(2020) 最高法知民终993号，该案亦入选最高人民法院2020年10件技术类知识产权典型案例。

③ 参见刘婧：《推进知识产权审判事业高质量发展：为建设知识产权强国提供有力司法服务和保障——最高人民法院民三庭、知识产权法庭相关负责人答记者问》，载《人民法院报》2021年10月30日，第3版。

对“动态担保金”制度进行充分的系统研究。结合案例中体现出的做法，笔者认为，“动态担保金”应当是指在行为保全的金额确定过程中，法院采用“固定+动态”的担保金计算方式，在颁发禁令之前，要求申请人预先提供一定数额的固定担保，以通过上述手段，促使行为保全申请人慎重申请，实现规制诉讼禁令滥用的行为，同时也在客观上降低了在申请行为保全之初，提供高额担保给当事人造成的困难。在禁令颁发后，随着实体诉讼审判进程的推进，法院将衡量评估被申请人可能因担保遭受的损失，或撤销禁令之后被申请人可能会获得的预期利益，[①] 并随时动态调整申请人所提供的担保金额。如果随着诉讼的进行，发现禁令给被申请人带来的预期损失远大于此前评估的金额，则法院应当依职权或依被申请人的要求，增加申请人所应当提供的担保金额；如果发现禁令给被申请人不会带来实质性的影响，则此时法院可以不再追加担保金额，甚至减少担保金额。通过担保金额的浮动化设置，灵活平衡申请人和被申请人之间的权利义务关系，便可最大限度地降低利益失衡的风险。

其三，应当允许有条件的反担保禁令解除。当前，我国对行为保全禁令的解除唯一的条件是申请人同意。而司法实践中，申请人通常不会同意法院解除行为保全禁令，因此，禁令担保制度的解除便成为形式化的摆设，时常造成对被申请人的经营自由这一基本宪法性质权利的干预和入侵。[②] 司法权虽然在一定程度上可以限制或干预营业自由，但是不能无原则、无限制地干预甚至剥

① 参见《最高人民法院知识产权案件年度报告（2020）摘要》，载《人民法院报》2021年4月26日，第2版。

② 参见应振芳、储晓丹：《我国知识产权行为保全制度的合宪性研究》，载《知识产权》2016年第2期。

夺营业自由。[①] 笔者认为，行为保全禁令制度对营业自由的限制，应以确保实现行为保全禁令制度的目的为限，这也是比例原则的基本要求。行为保全禁令制度的价值目的包括两方面：第一，保障申请人在本案诉讼审理延续过程中，不至于因被申请人的行为（包括作为和不作为）受到不可逆的损害；第二，保障未来法院作出的生效判决不致因被申请人的行为而无法执行。也就是说，只有在行为保全禁令目的的范围内，法律才能够对被申请人的营业自由进行适当的限制和干预；超出了上述范围的限制和干预，既不符合公法比例原则，又与程序正义的基本理念相互龃龉。综上所述，从理论上分析可知，在确保能够完全实现行为保全制度目的的前提条件下，应当充分尊重被申请人的营业自由，不能以禁令为理由无限地干预和限制被申请人的基本权利。因而，应当在完全能实现禁令制度目的的前提下，探索构建有条件的进行反担保解除制度。对此，日本《民事保全法》的相关制度可资参考：日本《民事保全法》第 25 条规定了“假处分解除金”制度，即行为保全禁令程序中，当当事人提供的担保提存金额能够充分完全地覆盖申请人的诉讼请求并保护其请求权的完整和生效判决不会因此而无法执行的时候，裁判所可以在询问申请人的情况下，行使自由裁量权允许行为保全禁令的解除。[②] 对此，我国将来的知识产权诉讼禁令程序重构之时亦可加以借鉴，即在责令被申请人提供足额反担保的情况下，法院可以在询问申请人并征求其意见的

---

① 参见周雷：《营业自由作为基本权利：规范变迁、宪法依据与保护范围》，载《中国法律评论》2020 年第 5 期。

② 参见《日本民事诉讼法典》，曹云吉译，厦门大学出版社 2017 年版，第 292－293 页。日本《民事保全法》第 25 条明确规定：应保全的权利为以支付金钱的方式即可达成目的的权利时，裁判所可在听取债权人意见的基础上，在假处分命令中确定债务人为停止假处分执行或撤销已实施的假处分而应提存的金钱数额。

基础上，解除行为保全禁令。当然，征求意见并不意味着必然以申请人的意见为准，而是综合原被告即申请人与被申请人双方各自的理由、反担保对将来生效判决加以弥补的可能性、不解除禁令对被申请人造成的可能影响等多个因素，综合判断分析是否予以解除禁令。但是应当注意，反担保制度并非任何场合均可适用，即如果被禁令所禁止的行为将对申请人的权益造成不可逆的损害，且上述损害是任何金额的金钱赔偿亦无法弥补的，此时，无论被申请人提供反担保数额多大，都不能允许解除行为保全禁令。通过有条件的禁令反担保解除程序，实现尊重和保障双方当事人合法权益的统一。

六、完善禁令错误救济之诉程序设置

（一）禁令错误救济之诉现存问题

实际上，对于因申请人错误申请行为保全而造成的损害赔偿之诉，我国司法实践中尚无一例被申请人获得有效赔偿的案例。这一点并不能证明我国的禁令救济是不会出现错误而绝对正确的，而是由于禁令错误救济之诉的设置在程序和实体上门槛较高，造成当事人无法获得有效权利救济，且上述诉讼程序对申请人一方同样存在不公平的设置。问题主要呈现于以下两个方面。

其一，对损失的证明标准过高。禁令错误救济之诉当事人获得赔偿的构成要件之一是其遭受的损失，而知识产权行为保全禁令中多数情况下损失是无法通过金额来准确体现的。例如，创新优势的减损给被申请人带来的损失，这一点很难通过精确的数额计算来进行主张和证明。虽然在知识产权诉讼中，有关竞争优势、市场份额、品牌价值等无形资产评估报告的应用已经呈现常态化，但是大多数案件中，尤其是在对方当事人根本不认可的情况下，法院很难采信上述评估报告的证明效力。虽然我国部分司法解释明确授权人民法院在技术类知识产权案件及竞争案件中可以依职权聘请专业机构针对案涉市场份额、竞争优势等因素进行评估，但上述司法成本通常将由法院经费自身负担，因此法院主动进行评估的现实动机往往不强，上述制度在司法实践中运行的适用频率往往较低。

其二，对“错误保全申请”要求不当。禁令错误救济之诉中，判断申请人是否进行了错误保全申请，情形之一便是申请并获颁停止侵权的禁令，结果实体生效判决不认定为侵权。[①] 也就是说，如果申请行为保全禁令，则必须要求当事人在最终的实体裁判当中关于侵权的事实或主张受到支持，方可没有“申请错误”。也就是说，上述禁令出现错误的认定，已经逐渐由提供暂时性程序性救济的标准转向实体化、本案化的标准，而上述标准在法院未经实体审理前的审查知识产权诉讼禁令的程序当中，显然是很难予以保障的。

（二）完善禁令错误救济之诉程序的必由之路

禁令错误救济之诉典型的问题在于证明标准过高且对错误保全申请规定不当。因此，针对以上两个问题，应当主要从协同主义的程序构造出发，加以应对：

其一，适度降低禁令救济之诉的原告方证明标准。由于当前对损失的计算必须要求原告即通常意义的被申请人提供充分的证据加以确认，而被申请人在对无形财产的损失问题方面往往无法

---

① 参见《知识产权行为保全规定》（法释〔2018〕21号）第16条规定：有下列情形之一的，应当认定属于《民事诉讼法》第105条规定的“申请有错误”：……（3）申请责令被申请人停止侵害知识产权或者不正当竞争，但生效裁判认定不构成侵权或者不正当竞争……

精确举证，程序法对此必须从适度降低证明标准的层面上，客观地降低当事人对损失计算的证明难度，从而实现矫正正义，实现当事人的利益均衡和公正与效率的统一。在尚不具备修改程序法的条件时，一种变通的方案是，由法院充分利用其自由裁量权，合理进行依职权调查取证，并且协助双方当事人选择损失“理算”的专业机构妥善确定损失，从而有效保障禁令错误救济之诉中原告方的权益得到有效救济。

其二，应当将“申请并获颁停止侵权的禁令，结果实体生效判决不认定为侵权”的错误保全情形删除。在申请知识产权诉讼禁令时，强行要求当事人确保其最终关于确认侵权的诉讼请求和事实理由成立，显然属于强人所难。一方面，从理念上来说，支持当事人在程序法允许的范围内最大可能性地依法争取自身合法权益是辩论主义的基本原则，如果在禁令申请时便要求申请人确信存在侵权的事实，否则将承担赔偿责任，会对申请人正当寻求救济的积极性产生不可逆转的减损；另一方面，从技术上来说，无论是法院还是申请人，都无法在禁令审查程序中完全确认是否会存在侵权事实，换言之，侵权事实的证明标准远未达到实体判决的高度盖然性标准。因此，上述规定与现行知识产权诉讼的证明标准制度存在矛盾。因此，上述情形应当从错误保全申请的情形当中删除。

第五节 知识产权诉讼禁令检察监督基本原理初探

上一节所提到的几个方面的问题，都是聚焦于知识产权禁令审理程序本身的优化与完善的方案建议，主要涉及法院系统内部的程序重组和体系重构，以及通过保障当事人各项程序权利来实现“权利约束权力”理想状态的对策。然而，对于知识产权诉讼禁令审理程序中，法官自由裁量权过大的问题，仅凭借“权利约束权力”似乎远远不够，故应引入作为法院系统外部的法律监督机关的检察机关，通过其正确行使和运用检察权，适度介入禁令的审查、监督和执行程序，从而进一步完善“权力制衡权力”的制度设计，监督和限制法官在禁令审查程序中的自由裁量权，支持和保障人民法院在知识产权诉讼中依法行使审判权，维护禁令制度及时有效发挥其预设的临时救济功能价值。

一、知识产权禁令检察监督必要性证成

知识产权检察监督案件具有涉外因素多、技术专业性强、法律关系繁复、政策考量密切、诉讼程序环节复杂等固有特征。囿于传统的“重刑轻民”思想观念和工作思路影响，我国各级检察机关在知识产权民事检察监督领域仍然普遍存在力量配置相对薄弱的情况。知识产权检察保护工作中，检察机关对诸如著作权原创性判断、专利效力确权与保护范围、商业秘密侵权构成要件、行为保全禁令颁发要素等知识产权核心问题及诉讼程序普遍相对陌生，存在对技术类事实的查明力不从心、技术类专业案件法律适用无所适从的尴尬境况，使知识产权民事检察监督成为检察机关在知识产权保护中明显的短板与弱项。

结合上述现实情况分析可知，关于知识产权检察监督，目前主要存在两个方面问题：其一，知识产权民事检察监督重点不突出。知识产权民事诉讼与普通民事诉讼程序相比，在证据的审查认定、证据提出命令、秘密保持命令、先行判决与临时禁令等程序环节具有较多特殊之处，而且知识产权民事诉讼的重要特征之

一是，诸多中间程序的裁定而非生效判决本身将会对当事人各方利益产生重大而实质的影响，如行为保全禁令制度，临时禁令的颁发轻则导致当事人被排挤出某一相关领域或相关市场，重则导致当事人全球产业结构布局被迫调整，甚至在技术更新迭代过程中彻底失去优势地位，① 并使我国司法主权遭受损害。② 虽然临时禁令具有暂时性，但禁令有效期内市场的丧失、商业机会的流失、竞争优势的消解，都是无法用金钱弥补的损失。因此，知识产权民事检察监督与普通民事案件相比，监督的重点和难点必然有所差异。与普通民事案件以实体为主、程序为辅的监督侧重点不同的是，知识产权民事检察监督必然应当程序与实体并重。然而笔者经过案例实证分析③和走访调研④确认，目前实践中检察机关办理知识产权监督案件，仍然以原审事实错误为主要抗诉理由，而对于应当重点监督的程序性问题尚未加以充分关注。

其二，检察机关知识产权保护过程中调查核实权运行不畅。专业技术类事实查明是办理知识产权民事诉讼案件的前提。由于我国民事诉讼法律和司法解释⑤并未明确规定检察机关专门化技术调查官制度，实践中检察机关办理知识产权监督案件运用调查核

---

① 参见王晓晔：《标准必要专利反垄断诉讼问题研究》，载《中国法学》2015 年第 6 期。

② 参见张先砉、殷越：《知识产权国际竞争背景下禁诉令制度探索与构建》，载《法律适用》2021 年第 4 期。

③ 例如，最高人民法院民事判决书，（2019）最高法民再 346 号；最高人民法院民事判决书，（2017）最高法民再 106 号；安徽省合肥市中级人民法院民事判决书，（2020）皖 01 民再 27 号。

④ 上述信息，来自笔者在北京市人民检察院、山东省人民检察院、青岛市人民检察院、济南市人民检察院等检察机关访谈调研汇总的访谈记录。访谈日期：2021 年 7 月 21 日至 29 日。

⑤ 现有关于技术调查官的相关程序规定均包含于人民法院司法解释和规范性文件中，例如，法发〔2017〕24 号、法释〔2019〕2 号、法释〔2020〕12 号等。

实权便缺乏制度保证。检察机关就技术类事实问题只能对人民法院技术调查官作出的技术调查意见进行象征性调查、程序性核实，使监督流于形式，无法进行有效的实质性监督。虽然部分试点地区检察机关对此进行改革探索，如天津市检察机关与知识产权局共建技术调查官参与办案机制①，深圳市检察机关借助知识产权局专家设置技术调查官②等。然而上述机制同样将产生新的问题，即行政机关人员实质参与检察办案工作，可能造成行政权侵蚀检察权的隐忧；此外，在行政检察监督层面上，如果技术调查受制于行政机关，则如何实现知识产权行政检察的有效监督同样成为问题。

上述两方面问题是造成检察机关对知识产权禁令监督的制约“瓶颈”。那么，具体到禁令程序，检察机关对禁令的监督正当性何在？笔者认为主要可以从两个方面进行理解：一方面，知识产权诉讼禁令的审查程序中，法官的自由裁量权较大，不受监督的情况较为明显，从法律监督者的角色定位出发，应当对禁令的审查和裁定本身进行检察监督；另一方面，知识产权诉讼禁令的颁发与否有可能对公共利益造成重大的影响，专利非实施主体的滥用诉讼禁令行为和专利垄断行为同样可能危及我国国家利益和社会公共利益，而对于司法领域中出现危害国家利益和社会公共利益的情况，因涉及国家顶层权力设计的框架和范围问题，行政机关无法对此直接介入，而应当由作为国家利益维护者的检察机关对危害国家利益和社会公共利益的行为进行监督。③ 综上所述，检

① 参见天津市知识产权保护中心：《技术调查官参与检察办案，我市知识产权保护再上新台阶》，载天津市知识产权局官网，http://zscq.tj.gov.cn/zwxx/gzdt/202105/t20210519_5454360.html。

② 参见深圳新闻网：《引入技术调查官做智力外援》，载深圳新闻网，http://www.sznews.com/news/content/2021-04/26/content_24167545.htm。

③ 参见潘剑锋、牛正浩：《检察公益诉讼案件范围拓展研究》，载《湘潭大学学报（哲学社会科学版）》2021年第4期。

察机关的国家法律监督者和国家利益维护者的双重角色定位属性决定着检察机关对知识产权诉讼禁令的审查程序和裁决结果均具有监督的正当性依据，也具备理论和司法实践上的必要性和紧迫性。

二、知识产权诉讼禁令监督的基本原则

（一）精准监督原则

笔者认为，对于知识产权诉讼禁令的监督，最重要也是最根本的原则应当是精准性监督原则。虽然《人民检察院民事诉讼监督规则》规定，检察机关原则上对人民法院的各类生效判决和裁定都具有较为广泛的法定监督职权，[①] 民事诉讼法学界亦有观点认为，检察机关对法院的生效判决和裁定均享有法律监督权，[②] 因此，理论上对于各类裁定等程序性裁决，检察机关在发现其存在错误的时候，都应当依法启动民事检察监督程序。例如，对于诉前禁令，可以启动诉前检察监督程序。[③] 但是，笔者认为，检察机关行使广泛的法律监督权应当只是一种理想状态，现实中很难实现。检察机关的法律监督职权的作用范围和人手有限，司法资源配置不均衡，绝大多数检察机关内部并没有专门负责知识产权检察监督的办案机构和办案人员。以专门化分工监督北京知识产权法院的北京市人民检察院第四分院的情况为例，该院于 2021 年成

---

① 参见《人民检察院民事诉讼监督规则》（高检发释字〔2021〕1 号）第 74 条规定：人民检察院发现人民法院已经发生法律效力的民事判决、裁定有《民事诉讼法》第 200 条规定情形之一的，依法向人民法院提出再审检察建议或者抗诉。

② 参见胡思博：《民事检察监督的技术规则研究》，中国人民公安大学出版社 2018 年版，第 10 页。

③ 参见胡思博：《民事诉前检察监督的缺失与展望》，载《中国检察官》2014 年第 3 期。

立了知识产权检察办公室，但专门办理知识产权检察监督案件的员额检察官却只有 2～3 位。[①] 在上述情况下，侈谈知识产权诉讼的全方位、广泛性检察监督，显然有些不切实际。因此，考虑到上述司法实践中检察资源薄弱的客观情况，应当对知识产权诉讼禁令案件的监督做到“以点带面”的精准监督，以最小的司法资源和成本，取得较好的监督效果。具体而言，检察机关应当将目光聚焦于裁决结果显失公平、程序严重违法且造成重大公共利益损失的问题较为突出集中的案件场域中，实现精准化检察监督的“杠杆效应”。

（二）补位监督原则

补位监督原则体现了检察权的谦抑性运行理念，是正确认识、处理和协调知识产权诉讼禁令监督程序中法院和检察机关的相互关系的基本原则。补位监督原则主要体现在两个方面：一方面，就知识产权诉讼禁令裁决结果进行的监督，应当首先依靠法院内部的审级监督机制，以及当事人的禁令复议申请权的行使，来保障禁令审查程序裁决结果意义上的公正；另一方面，对于禁令审查程序中的程序性违法的情况，以及禁令审查程序中审判人员违法犯罪的可能线索的监督，应当首先依靠法院系统内部的监察部门、纪检部门的监督，因为法院系统内部部门的监督权力行使通常会更为直接、更加有效，也能够及时性纠正禁令审查程序中的违法行为。[②] 检察机关的介入，应当在上述两方面法院系统内部监督程序机制失灵、内部监督失效的情况下及时补位启动，介入

---

① 上述数据，参见笔者与北大法学院考察组前往北京四分检进行的座谈调研记录的内容，访谈时间：2021 年 5 月 26 日。

② 参见牛正浩、尹伟：《论执行工作“一案双查”制度的实践与完善——基于 J 省三级法院应对消极执行的实证研究》，载《法律适用》2020 年第 11 期。

相关知识产权诉讼禁令裁决过程和结果的监督。对于监督事项和监督线索的发现，可以采用主动与被动相结合的方式，既可从申诉信访和举报当中获得有关知识产权诉讼禁令审理程序中的有关违法事实等线索以启动监督程序，也可通过在履行职责的过程中依职权发现相应违法事实或国家利益遭受损害的事实，并启动检察监督程序。补位监督原则事实上也是督促当事人穷尽全部程序性救济手段之后才可以向检察机关进行控告申诉的基本理念的体现，这一立法政策精神在相关司法解释中亦得到确认。①

（三）检察建议原则

对于以知识产权诉讼禁令为代表的准实体性程序裁决的检察监督，当前现行司法解释规定较为模糊。我国民事检察监督的方式实际上包括三种：第一，提出再审检察建议；第二，提出抗诉；第三，对于民事审判程序中枉法裁判或其他犯罪行为进行立案侦查。前两种途径是源于《民事诉讼法》，第三种途径是《刑法》和《刑事诉讼法》确立的监督机制。对于程序性裁决的监督，由于其是否属于“实体”生效裁判，存在较大的理论争议，因此通说认为对其无法提出抗诉或再审检察建议；而对于民事审判中的司法人员犯罪行为的自行侦查权监督，虽然威慑力较强，但实则启动标准较高，且较为间接，无法起到直接纠正程序违法和裁决结果的效果，因此自行侦查的监督形式注定不会是一种常态化普遍适用的途径。笔者认为，在理论上应当选择通过提出检察建议的方

① 参见《人民检察院民事诉讼监督规则》（高检发释字〔2021〕1号）第28条规定：当事人认为民事审判程序或者执行活动存在违法情形，向人民检察院申请监督，有下列情形之一的，人民检察院不予受理：（1）法律规定可以提出异议、申请复议或者提起诉讼，当事人没有提出异议、申请复议或者提起诉讼的，但有正当理由的除外……

式，督促和支持法院作出正确的禁令裁决。我国司法解释中，关于检察建议的类型主要包括再审检察建议、纠正违法检察建议、公益诉讼检察建议、社会治理检察建议、其他检察建议等。① 对于知识产权诉讼禁令的监督，原则上应当通过提出纠正违法检察建议的形式进行，原因主要包括两点：其一，通过纠正违法检察建议对程序性裁决的监督具有制度规范层面的相关依据，在民事诉讼程序中检察机关发现的违法行为均可通过纠正违法检察建议的形式加以监督。② 其二，纠正违法检察建议的形式具备“刚柔并济”的优势，能够做到灵活性与刚性的统一，一方面可以通过及时提出以促进审判机关依法审查，并迅速、及时、高效纠正知识产权诉讼禁令审查程序中的错误或者违法行为，且其审批手续较少，可以较快作出，以实现较好的办案效果；另一方面，如果法院对检察建议置之不理，或者变相推诿，则在此种情况下检察机关有权依法报告上级检察院、被建议法院的上级法院和同级党委与纪检监察机关，③ 因此检察建议也具备一定的制度刚性。综上所述，纠正违法检察建议应当作为对知识产权诉讼禁令进行检察监督的主要形式。

---

① 参见《人民检察院检察建议工作规定》（高检发释字〔2019〕1号）第5条规定：检察建议主要包括以下类型：（1）再审检察建议；（2）纠正违法检察建议；（3）公益诉讼检察建议；（4）社会治理检察建议；（5）其他检察建议。

② 参见《人民检察院检察建议工作规定》（高检发释字〔2019〕1号）第9条规定：人民检察院在履行对诉讼活动的法律监督职责中发现有关执法、司法机关具有下列情形之一的，可以向有关执法、司法机关提出纠正违法检察建议：（1）人民法院审判人员在民事、行政审判活动中存在违法行为的……

③ 参见《人民检察院检察建议工作规定》（高检发释字〔2019〕1号）第25条规定：被建议单位在规定期限内经督促无正当理由不予整改或者整改不到位的，经检察长决定，可以将相关情况报告上级人民检察院，通报被建议单位的上级机关、行政主管部门或者行业自律组织等，必要时可以报告同级党委、人大，通报同级政府、纪检监察机关。符合提起公益诉讼条件的，依法提起公益诉讼。

本章小结

从知识产权诉讼禁令本身出发可以发现，当前我国知识产权诉讼禁令审查程序面临程序效率难以得到保障、程序公正难以得到实现、程序滥用成为普遍化、程序救济呈形式化的多重困境，上述程序困境在具体禁令程序中的表现形式为禁令审查程序中的多重问题，即禁令管辖程序设置不合理、禁令审查听证程序缺失、技术事实查明规定为空白、禁令裁决复议程序形式化、禁令担保问题不明确以及禁令出现错误时纠正和解除机制不完善等六个方面的问题。应然层面的知识产权诉讼禁令审查机制应当采用协同主义的诉讼构造，并以利益衡量原则、正当程序原则、公正与效率相统一原则作为禁令审查程序的指导性基本原则。

在上述理论基础上，应当从以下几个方面对知识产权诉讼禁令的程序进行优化完善：第一，管辖层面，就禁令审查程序与管辖权异议程序关系问题方面，应当坚持“互相独立、互不影响”的原则，在禁令审查的地域管辖方面，应当坚持禁令管辖的最密切联系原则。第二，听证层面，应明确将知识产权诉讼禁令的一般审查模式和基本原则确立为听证程序；而特殊情况下，如情况确实紧急时，可以不经过听证，直接颁发行为保全禁令。第三，技术事实查明方面，应明确技术调查官在禁令审查程序中的法定调查职权，明确技术调查意见的证据属性，并可以参照适用有关鉴定意见的程序，允许当事人进行公开举证质证，理顺知识产权诉讼禁令和技术调查官程序矛盾之处。第四，复议层面，应将禁令复议的管辖法院规定为颁发禁令的上级法院，进一步明确规定和设计禁令的复议审查程序，使知识产权诉讼禁令的复议程序更加实质化。第五，担保层面，应从理论层面加以明确，知识产权诉讼禁令制度中，申请人不一定需要提供担保，应当授予法院在提供担保问题上的自由裁量权，对于担保金额标准和方法的问题，应当逐步构建动态化的担保金额调整机制，允许有条件的反担保解除禁令制度。第六，禁令错误救济之诉层面，应适度降低禁令救济之诉的原告方证明标准，并将“申请并获颁停止侵权的禁令，结果实体生效判决不认定为侵权”的错误保全情形删除。

此外，检察机关具备作为国家法律监督机关和公共利益维护者的双重角色定位，应在理论上和司法实务中明确检察机关对知识产权诉讼禁令的审查程序和裁决结果具有法律监督权，检察机关对禁令的监督应当遵循精准监督原则和补位监督原则。

第四章

知识产权诉讼禁令证明问题

结合司法实践案例以及当前知识产权诉讼禁令有关法律和司法解释规范文本进行检视分析，知识产权诉讼禁令程序中存在证明责任分配不清、具体构成要件的证明标准不明等主要问题，致使司法实践中判断标准尺度较为混乱，严重影响和制约着知识产权诉讼禁令制度的发展，难以发挥知识产权诉讼禁令程序的制度初衷和预期价值。对此，应当将民事诉讼法学和证据法学有关基础理论作为研究原点，对现存问题进行分析讨论，在理论层面上明确厘清知识产权诉讼禁令中的证明责任分配和证明标准界定问题之后，通过相关司法解释或司法规范性文件的形式对知识产权诉讼禁令的证明问题进行进一步充实完善。证明责任的分配，原则上应当以罗森贝克要件事实规范说为一般基础，兼顾事案解明义务理论和程序性制裁理论的要求；而对于知识产权诉讼禁令的证明标准问题，应当结合胜诉可能性、案件紧急情况等因素构建多元化、阶梯式的证明标准。

第一节 知识产权诉讼禁令的主要证据法疑惑

如第一章所述，在我国现行法律规定下，知识产权诉讼禁令制度通常可理解为知识产权诉讼中的行为保全制度。近年来知识产权诉讼过程中禁令得到普遍适用的情况，引发了理论界和司法实务界对禁令本身证明标准的广泛争议和讨论。知识产权诉讼尤其是技术类知识产权诉讼属于典型意义上的“现代型诉讼”①，因而其部分程序和规则与普通民事诉讼相比，具有较多独特之处，在特定的领域中，无法径行照搬套用普通民事诉讼的既有理论框架进行分析，知识产权诉讼禁令程序中的证明问题，是其中差别较大的一环。

知识产权诉讼中禁令程序的证明问题较为突出，当事人之间矛盾争议的核心焦点问题和困惑主要指向两方面：一方面是知识产权诉讼禁令的证明责任问题，即对于颁发禁令的构成要件等相关事实，是由申请人还是由被申请人负担行为意义上的证明责任以及结果意义上的证明责任？能不能进行“一刀切”式的证明责任分配？还是应当区分程序性要件事实的不同属性与不同的证明功能，进而由不同的当事人分别承担证明责任？另一方面，实务界和理论界更为关注的问题是知识产权诉讼禁令裁决获得颁发的证明标准问题，即负有证明责任的当事人应当将相应的程序性构成要件证明到何种程度，裁判者才能够基于自由心证作出禁令裁

① 参见潘剑锋、牛正浩：《书证提出命令的理论革新与路径优化——以商业秘密侵权诉讼为切入点》，载《北方法学》2021年第6期。

定？此外，对于不同类型的知识产权民事诉讼案由，法官在审查知识产权诉讼禁令时，是否应当适用统一的一元化证明标准？抑或应当根据案件基本事实情况和案由，区分适用多元化的证明标准？两种程序设计和模式选择在具体法律适用的层面上各自具有哪些优劣之处？

上述两方面问题，在知识产权诉讼禁令有关司法解释颁布至今，始终是禁令申请人与被申请人博弈的焦点，也是困扰司法实务界特别是知识产权法院法官的疑难问题。部分案例中体现出的法律适用尺度和判断标准等严重不一，致使知识产权诉讼禁令制度的审理和是否颁发成为当事人无法预测的领域。

由于在知识产权诉讼禁令审理中，不同法院对有关证明责任的分配原则相互矛盾，自由裁量权较大，且对所采纳的证明标准语焉不详，几乎不会在禁令裁定中进行具体阐释和说理，当事人往往处于一种“赢得茫然、输得糊涂”的状态。① 笔者认为，“同案同判”或“类案同判”作为一种基本的程序正义要求和公正理念，② 不仅应当在实体裁判文书中努力实现，在程序性裁决特别是对当事人实体权利义务具有实质性影响的程序性裁决中同样应当努力追求和保障。程序性裁决的同案不同判，同样严重损害司法公信力。遗憾的是，无论是知识产权法学界抑或程序法学界对此问题均未施以足够的重视。知识产权诉讼禁令审理程序中的上述两方面主要证据法困惑，成为制约知识产权诉讼禁令制度发展的重要瓶颈；此外，由于证据法与程序公正的高度关联性，有必要

---

① 参见王利明：《裁判说理论——以民事法为视角》，人民法院出版社 2021 年版，第 1 页。

② 参见陈景辉：《同案同判：法律义务还是道德要求》，载《中国法学》2013 年第 3 期。

在研究禁令制度的程序设置及其优化完善之前，对其证明责任和证明标准问题结合现有民事诉讼证据法学理论研究成果，进行理论上条分缕析式的深入研究。

第二节 知识产权诉讼禁令的证明责任分配不明问题

一、既有研究结论

我国民事诉讼法学理论通说认为，证明责任有两层含义，第一种是客观上的举证责任，又称“实质上的证明责任”，即当某种事实的存在与否不能确实时（真伪不明的状态），规定应由哪一方当事人承担不利法律后果的一种负担。第二种是主观上的举证责任，又称“形式上的举证责任”，是指当事人在具体的诉讼中，向法院提出证据证明其主张的一种行为责任。① 虽然经典证明责任理论即罗森贝克的“规范说”源自以案件实体请求权所对应的要件事实作为证明对象，但学者姜世明等人则认为，在民事裁定程序中，当事人之间对程序性事项或要件的证明依然应当符合证明责任的分配基本原理，即遵循“程序性证明”原理。

根据程序性证明基本原理的核心观点，“程序性证明”是指民事诉讼程序中，各方当事人针对案件中的程序性争议或程序性请求运用证据向法官进行的论证和说服活动。② 对此，学者姜世明指

① 参见张卫平：《民事证据法》，法律出版社 2017 年版，第 271 页。
② 参见胡思博：《民事裁定研究》，社会科学文献出版社 2014 年版，第 61 页。

出："裁定程序中，仍然有证明责任分配之问题，且除法有明文应释明者外，其仍应为证明之程序。"①

知识产权诉讼禁令程序设立的时间较短，故对知识产权诉讼禁令程序的证明责任分配问题，现有实证研究结论和法教义学的研究成果极少，几乎处于空白。当前国内的主要研究成果是通过普通民事诉讼程序中的行为保全制度出发，对其中有关的证明问题进行初步探讨和研究，对于证明责任问题，也通常是一笔带过、较为简略地分析。司法实践中，对于包括知识产权诉讼禁令程序在内的程序性事项的证明，法院时常出现自相矛盾的做法：第一，当事人对程序性事项不负证明责任，其属于法院自行审查和单方决定的范围，法官决定程序性事项的权力处于近乎不受控制的状态；第二，法院要求当事人对自己的全部主张承担证明责任，变相剥夺当事人行使权利的机会。②

对于行为保全程序中证明责任的分配问题，较有影响力的观点是，由于《民事诉讼法》和相关司法解释并未对申请人的证明责任进行明确规定，亦无对申请人提交证据的强制性要求，据此可以将其理解为申请人对其主张不负证明责任。③ 另有学者指出，行为保全禁令审理与实体审理无异，因此对禁令构成要件的证明责任同样应当参照实体审理中的证明责任分配模式，由申请方负担。④ 有学者从比较法视角出发，考察研究英美法系中间禁令程序制度中的一般证明责任分配原则，认为应当由主张保全请求权申

① 姜世明：《民事诉讼法基础论》，台北，元照出版有限公司2011年版，第293页。
② 参见胡思博：《民事裁定研究》，社会科学文献出版社2014年版，第62页。
③ 参见周翠：《行为保全问题研究——对〈民事诉讼法〉第100－105条的解释》，载《法律科学（西北政法大学学报）》2015年第4期。
④ 参见胡婷：《行为保全程序中的证明问题研究》，载《民事程序法研究》2018年第19辑。

请的一方承担证明责任。[①] 当前针对知识产权诉讼禁令的证明责任分配问题，仍然停留在以普通民事诉讼行为保全制度作为考察样本的一般性讨论上，且学术界对证明责任的分配问题观点主要包括两种：其一，认为应由申请人承担证明责任；其二，认为不应由申请人承担证明责任，而主要应当通过法院依申请或职权的调查来确认是否应当颁布禁令。上述理论层面的观点争鸣，实际上也是我国相关司法解释规定不明确、并未明确证明责任的分配问题，这也是法官在审查知识产权诉讼禁令程序中无所适从的侧面写照。

二、既有研究结论的不足

上述两种类型的观点均具有参考意义和价值，具备其各自的合理性，也为笔者的研究提供了重要启发。但仔细分析研究后可以发现，无论是申请人承担证明责任的观点，还是法院应当依职权查明禁令所涉事实的观点，均有一定程度的值得商榷之处。以下笔者将有针对性地进行阐述：

其一，当前学术界主流通说认为，在行为保全禁令的审理过程中，应当由申请人承担证明责任。笔者对上述观点部分表示同意，但上述观点显然忽略了一个重要的问题，即行为保全禁令的适用情形或适用语境问题。原则上如果是一般意义上的普通民事诉讼案件，如以当事人履约、排除妨害为申请事项的合同纠纷、物权纠纷等案件，由申请人负担举证证明所申请的行为保全的必要性、紧迫性等问题自不待言，申请人也基本能够顺利完成与之有关的证明责任；但无论是知识产权诉讼案件的实体审理过程，

① 参见张培：《新西兰中间禁令与我国行为保全措施比较研究》，载《法律适用》2017年第5期。

还是诉讼禁令的申请和审查程序，困扰权利人的一大痼疾就在于由证据的结构性偏在问题引发的权利人的举证难问题。① 以知识产权侵权诉讼中禁令申请为例，能够证明“难以弥补的损害”、采取行为保全将“对被申请人造成的损害”甚至是否“损害社会公共利益”等有关程序性要件的证据，通常均偏在于作为被申请人的被诉侵权人一方，如果一味机械地强令申请人对上述构成要件进行举证，由其承担证明责任，则有可能造成申请人在诉讼过程中根本无法完成相应的举证任务，而承担结果意义上的证明责任。假如权利人由于承担证明责任而导致实践中大多数知识产权诉讼禁令无法得到颁布，则会造成较为严重的消极后果：第一，变相鼓励了知识产权违法侵权行为，损害了实质公正，从而有悖于知识产权诉讼禁令的制度初衷；第二，权利人无法得到及时救济，而在日后诉讼中面临严重不利被动局面，“赢了官司”的同时，有可能“输了市场”。因此，对于知识产权诉讼禁令的举证责任分配问题，应当充分考虑其适用的证据结构性偏在现实背景和知识产权诉讼中当事人证明妨碍普遍化的现实语境，不可机械地将全部证明责任分配给申请人一方承担。

其二，认为申请人不需承担证明责任，而将是否颁发禁令有关的事实查明任务全部推托给法院的主张，与当事人主义的协同诉讼模式不相符合，且容易加重法院的裁判负担。一方面，我国在司法改革不断推进的过程中，民事诉讼基本模式已经逐渐由过去“超职权主义”模式向尊重当事人程序处分自由和各项诉讼权利的“当事人主义”模式不断过渡和转变，最终初步形成基于商

① 参见潘剑锋、牛正浩：《书证提出命令程序性制裁理论检视——以商业秘密侵权诉讼为切入》，载《政法论丛》2021 年第 5 期。

谈理性的“协同主义”的诉讼模式和诉讼构造。[①] 虽然在知识产权诉讼等“现代型诉讼”案由中，法院的审判职能将不可避免地在一定程度上向“超职权主义”有所复归，以确保案件实体正义的实现，但是总体而言，协同主义的诉讼构造仍然是主导民事诉讼程序类型的基本原则。根据协同主义诉讼观，当事人应当在法院的指挥下行使各项诉讼权利，承担诉讼义务，[②] 理应包括对自己的程序性主张和申请承担相应的证明责任。另一方面，如果过于强调人民法院在知识产权诉讼审理程序过程中的主导地位，则必然造成法院对当事人程序权利的越位，而越俎代庖必然导致法院在审理禁令程序时将承担原属于当事人的工作，造成原本就有“案多人少”压力的法院承担的工作量进一步增加，在员额法官无法成比例增加的现实背景和条件下，整个知识产权诉讼禁令的审查程序必然会被人为地进一步拉长，从而无助于实现通过禁令迅速制止侵权行为、避免无可挽回损失的制度设计初衷。更为重要的是，民事程序中，证明责任的承担主体只能是当事人，法院作为居中裁判者不承担任何证明责任，也没有义务承担与之有关的全部证明责任，证明不能的不利后果只能由当事人承担，这也是民事诉讼程序的基本原则与常识。

无论是一味地要求申请人承担证明责任，还是将事实查明的任务全部交由法院负责的观点都存在一定的局限性和片面性，亟待构建新的理论加以诠释和完善。对于法学研究来说，任何一个科学理论的构建都离不开对规范文本的分析解读，换言之，规范研究应当

① 参见段厚省：《诉审商谈主义：基于商谈理性的民事诉讼构造观》，北京大学出版社 2013 年版，第 121－122 页。

② 参见张卫平：《双向审视：民事诉讼制度建构的实体与程序之维》，载《法制与社会发展》2021 年第 2 期。

是法学研究的基础。为更加准确地理解知识产权诉讼禁令中的证明责任分配问题，必然应首先对现行知识产权诉讼禁令有关的规范文本进行检视梳理，从中发现问题，这也是理论建构的基石。

第三节　知识产权诉讼禁令证明责任分配的规范考察

事实上，我国《知识产权行为保全规定》① 已经在《民事诉讼法》《民事诉讼证据规定》等法律法规的基本制度和基本规范的基础上，给证明责任分配提供了部分原则性设定。

就宏观层面的证明责任而言，《知识产权行为保全规定》第4条进行了总括性、原则性的规定：向人民法院申请行为保全，应当递交申请书和相应证据。结合本条其他内容，这里所说的证据应当是指本条第3款所载明事实的相关证据材料。第4条第3款规定，申请所依据的事实和理由应当由申请人在申请书中予以载明，其核心的事实和理由就是被申请人的行为将会给申请人的合法权益带来难以弥补的损害，或者被申请人的行为将造成生效裁判难以执行，除此两种情形外，不得进行扩张解释，即禁令适用范围受到严格限制。

从上述条文的文义出发，可以进行如下三层解读：其一，该条规定明确，当事人对自己的知识产权诉讼禁令申请应当“递交证据”，而“证据”是指能够证明案件事实的材料，在民事诉讼过程中也只能是用来进行证明活动的要素。从这个意义上讲，我国

① 参见《知识产权行为保全规定》（法释〔2018〕21号）。

有关知识产权诉讼禁令的司法解释实际上已经明确肯定了一个前提性问题，亦即知识产权诉讼禁令的审理过程，其本身实质上就是一种民事证明过程。上述法规范的精神，与学者姜世明等所主张的“程序性证明”理论不谋而合。其二，原则上，知识产权诉讼禁令的申请人应当承担相应的举证责任，这里虽然从字面意思解读其表层含义虽是承担主观证明责任，但其隐含的意义是，如果申请人无法完成司法解释赋予其的举证责任，则应当承担申请被驳回的不利证明责任后果，即结果意义上的客观证明责任，单纯就司法解释规范文义解释而言，其条文中不包含由被申请人承担事案解明义务或证明妨碍责任的意旨。其三，申请人的主要证明事项实际上包括两项，且这两项程序性证明事项属于选择性证明事项。只需要证明申请人即将可能遭受难以弥补损害的风险，或未来生效裁判无法执行的风险，二者证明其一，则申请人完成了程序性事实证明，法院应当将其作为颁发知识产权禁令的法定情形。对于其他的事项，司法解释并没有规定是由申请人抑或由被申请人承担举证责任和证明责任。

具体到微观层面某一具体要件的证明责任，对于知识产权禁令程序的全部审查事项，《知识产权行为保全规定》第 7 条亦明确进行了罗列。具言之，人民法院在审查判断是否颁发知识产权诉讼禁令的时候，应当围绕以下项目的程序性要件事实并结合自由心证作出判断。

第一，申请人的请求是否具有事实基础和法律依据。笔者认为，虽然在文义上，上述构成要件中的“请求”应当被理解为是申请颁发知识产权诉讼禁令的请求，[①] 实际上此项构成要件直接指

---

① 上述观点来自笔者与最高人民法院知识产权法庭一位法官的访谈内容，访谈日期：2021 年 10 月 15 日。

向的是已经形成诉讼系属的本案实体法律关系有关的要件事实证明问题，因为知识产权诉讼中，绝大多数案件为侵权案件，而侵权案件中一类重要的前提性实体要件事实即权利人是否享有真实有效的权利；此外，知识产权合同类案件中，案涉知识产权的有效性是法院依职权所应当查明的要件事实。换言之，虽然知识产权诉讼禁令的审查程序属于一类临时性救济程序，但是其审查要件却包含了本案实体判决有关的绝大多数要件事实，即案涉知识产权的权属、效力等是否真实、有效且稳定，申请人对禁令所保护的知识产权是否享有知识产权实体法层面上的请求权。理论界通常认为，人民法院在审查该要件过程中，实际上就是在审查判断和某种程度上预测在本案实体审理中，申请人的胜诉可能性。①

第二，如果不颁发禁令，被申请人的行为是否会对申请人的合法权益造成难以弥补的损害风险，或使生效裁判无法执行的风险。该要件是法院在审查判断是否颁发知识产权诉讼禁令时所应当判断的核心程序性事实要件，《知识产权行为保全规定》第 4 条已进行了宏观上的规定，且已经将该审查要件的举证责任和结果意义上的证明责任分配给申请人承担。在第 7 条进行重复列举，以便裁判者进行重点考察。对于该要件，前述已论及，此处不予赘述。

第三，不颁发禁令对申请人的损害是否超过禁令对被申请人的损害。实际上，司法解释之所以明确规定该构成要件，是因为知识产权诉讼禁令的颁布是对双方当事人利益进行衡量后，基于比例原则和对双方当事人实体权利义务影响最小的原则所作出的

① 上述观点参见严仁群：《人格权禁令之程序法路径》，载《法学评论》2021 年第 6 期；关春媛：《标准必要专利纠纷中禁诉令制度的探索与构建》，载《中国发明与专利》2021 年第 11 期。

裁定。利益衡量又称利益平衡，是知识产权诉讼各项程序和实体审理过程中所贯穿始终的基本要求，无论是知识产权诉讼程序的立法抑或实际的司法过程，均充分渗透着利益衡量的理论色彩。一般认为，利益衡量应当是所有知识产权实体法和程序法制度运行的基本价值目标和操作指引。[①] 而利益衡量的目标，在知识产权诉讼禁令程序中得到比较典型的体现，亦即禁令的颁布与否的裁决结果，将对双方当事人的诉讼实力对比和最终的案件处理结果产生重要而深远的实质性影响，是对当事人实体权利的重大干预和处分，所以必然应当充分权衡申请者和被申请者的相对利益，以期实现二者之间的利益均衡、权利义务平衡，不至于因禁令颁发而造成公正的天平失衡。人民法院行使司法权的过程属于公权力的运行过程，也是进行利益衡量的过程，必须遵循作为公法基本原则的比例原则，因为知识产权诉讼禁令程序作为一类重要的国家通过其公权力（司法权和可能的执行权）干预私人权利的形式，其实施干预的手段和所欲维护或实现的利益目的应当成比例。[②] “两害相较取其轻”，该构成要件要求法院在审理知识产权诉讼禁令程序中，权衡判断颁发禁令时对两者造成的损害或影响哪个程度更高，以及如果必须通过禁令这一裁决来暂时性干预当事人之间实体权利义务，该种暂时性的限制在实体法上与本案实体生效裁判文书相矛盾的风险有多大。但是随之产生的问题是，就申请人自身因假如不颁发禁令而造成的损害而言，申请人往往能够加以证明；而在利益衡量天平的另一端，即被申请人因颁发禁

① 参见冯晓青：《我国知识产权制度实施的战略布局——关于〈知识产权强国建设纲要（2021－2035年）〉的理论思考》，载《知识产权》2021年第10期。

② 参见潘剑锋、牛正浩：《检察公益诉讼案件范围拓展研究》，载《湘潭大学学报（哲学社会科学版）》2021年第4期。

令而可能遭受到的损害，申请人往往无法证明，且如果将上述损害的证明责任划分给申请人承担，则可以预测的是，申请人会极力将上述可能的损害程度作“轻缓化”的证明，有充分的动机尽可能减少该项损害的可能范围，以获得禁令的成功颁发。因此，将被申请人可能因禁令的颁发而遭受损害的证明责任分配给申请人一方承担，既不现实，也不合理。

第四，禁令的颁发是否损害社会公共利益。一般认为，除却在公益诉讼等特定类型的程序中，诉讼各方当事人和公益诉讼人有可能对公共利益的损害承担证明责任外，在民事诉讼中，当事人的法律行为或事实行为是否损害公共利益，系法院依职权探知之范畴，当事人无须主张或证明。对于禁令颁发是否损害社会公共利益这一审查构成要件，应当主要以法院审查认定为主。社会公共利益具有高度抽象性和不确定性，[①] 难以从法律制度的规范层面进行精确概括，因此将上述构成要件的证明责任分配给当事人，必然带来证明的困难。法律不强人所难，对于高度抽象和模糊的公共利益判断要件，主要应当由法院依职权把握，而不应将其证明责任分配给当事人。综观比较法上的立法例可知，无论是英美法系还是大陆法系，在禁令的审查程序中，对于禁令颁发是否违反公共政策或公共利益的判断要件问题，均采取法院职权保留事项的观点。[②] 申请人不必承担其所申请的禁令将不会带来社会公共利益损害的证明责任，被申请人亦不必承担禁令将带来公共利益损害的证明责任，而是由法院在权衡各方面因素之后，主动依职

① 参见曹志勋：《民事鉴定程序启动中的职权与权利配置》，载《当代法学》2021年第3期。

② See Abram Chayes, *The Role of the Judge in Public Law Litigation*, 1281 Harvard Law Review 89 (1976).

权进行审查判断的事项。因此，在分析禁令是否损害社会公共利益这一构成要件的时候，现行法律规范和司法实践一般认为公共利益要件不应由当事人承担任何证明责任。①

分析考察我国当前关于知识产权诉讼禁令证明责任分配的宏观层面与微观层面现行有效的制度规范后，笔者发现，在表层上，当前我国知识产权诉讼禁令程序的证明责任主要存在以下几个重要问题：其一，有关申请人举证的原则性要求并未进行任何形式的补充，未充分预估到有关知识产权诉讼中证据结构性偏在的问题以及被申请人可能存在的证明妨碍行为应当如何处理；其二，对于申请人的请求是否具有事实基础和法律依据即胜诉可能性问题这一带有强烈实体法属性的构成要件，并未明确是由申请人承担证明责任抑或由被申请人和申请人共同承担证明责任；其三，对于颁发禁令与否对双方的损害程度的构成要件，同样未能明确是否应当由申请人和被申请人各自承担证明责任；其四，针对禁令的颁发是否损害社会公共利益问题，司法解释并未规定是否应当由法院进行依职权审查，抑或由双方当事人积极举证。而以上表层上的问题，实际上源自理论成果的供给、贡献不足，知识产权诉讼禁令程序的证据法研究仍然处于亟待填补空白的局面。表层的问题，集中凸显并折射出我国民事诉讼法特别是民事证据法领域深层次的理论问题，即准实体性程序裁决过程中，知识产权诉讼禁令程序、书证提出命令程序等应当适用何种证明责任理论？罗森贝克基于实体法构成要件事实的证明责任规范说是否依然适用？如果无法完全适用，应结合我国的现实情况对其作出何种程度以及何种方面的修正？程序性要件的证明责任与实体审理过程

① 参见宾岳成：《禁诉令性质的行为保全裁定之考量因素及保障措施——我国知识产权诉讼首例禁诉令裁定解读》，载《法律适用》2021年第4期。

中的证明责任为何种关系？[①]

第四节 知识产权诉讼禁令程序证明责任理论检视

从民事诉讼证明责任基本理论架构层面分析考察，当前在我国民事诉讼法学界占有主流和通说地位的依然是德国学者罗森贝克基于民事实体法和实体请求权基础构成要件所提出的规范说(以下简称罗氏规范说)。罗氏规范说基于《德国民法典》各条文结构，[②] 其核心内容是：按照民事实体法规范的构造、措辞和顺序，[③] 民事实体权利构成要件可以根据其性质区分为权利产生规范、权利妨碍规范、权利消灭规范和权利排除规范四种，对应四种要件事实种类，即权利产生事实、权利妨碍事实、权利消灭事实与权利排除事实；在上述四类规范的分类模式下，主张某一种民事实体权利者，需要就权利产生事实或者权利形成规范中的要件承担证明责任，对方当事人应就权利妨碍事实、权利消灭事实或权利排除事实承担相应证明责任。[④]

根据上述分析，无论是以罗氏规范说为代表的民事诉讼证明

① 例如，知识产权诉讼禁令颁发的一个重要的程序性要件是申请人的胜诉可能性，即申请人的请求是否具有事实基础和法律依据。而这一事实要件，显然与实体审理中，当事人诉讼请求能否获得支持的实体性要件存在高度重叠。如何客观界定程序性要件事实证明责任分配和实体性要件事实证明责任分配在同一诉讼中的关系，需要诉讼法学界进一步深入研究、探索。

② 参见杨代雄：《表见代理的特别构成要件》，载《法学》2013 年第 2 期。

③ 参见陈刚：《证明责任概念辨析》，载《现代法学》1997 年第 2 期。

④ 参见［德］莱奥·罗森贝克：《证明责任论》（第 5 版），庄敬华译，中国法制出版社 2018 年版，第 95－107 页。

责任理论，还是以民事实体请求权为基础的构成要件事实理论，均以民事实体法或者民事实体权利作为请求权基础，进行构建和展开；而对于当事人在诉讼过程中的程序性裁决机制，是否同样适用以程序权利或程序性请求权基础要件为原点的证明责任理论，学界却鲜有探讨。换言之，对于程序性裁决中的要件事实或程序性证明事项，能否适用罗氏规范说这一证明责任理论，抑或适用其他的证明责任理论，当前学术界研究探索较少。对于程序性要件的证明责任的讨论，例如，某项非法证据是否应当排除等（程序性事项的证明责任等）“程序性证据法”问题，通常在刑事诉讼法学研究中讨论较多，① 而在民事诉讼法学相关现有成果中，几乎没有学者进行充分系统的关注与研究。讨论行为保全禁令等程序性裁决中的证明责任理论的有关文献，通常止步于援引德国、美国知识产权诉讼禁令等法律相关制度，并概括性根据比较法上的立法例，指出行为保全制度中由申请人或原告承担证明责任，② 而并未从证据法角度分析其理论基础和可行性，更未由此出发探索规范说是否适用于全部程序性裁决机制。而英美普通法系民事诉讼程序中，其证明模式以当事人之间的对抗为主导，因此对于诸如民事“调卷令”是否允许、禁令是否颁发、管辖权争议等程序性裁决事项的证明责任，理应由申请方承担。③ 对此，笔者认为，理论的借鉴与法律制度的移植，必须要考虑该制度所依托的现实情况、法律传统和国家司法体制，不能直接将比较法上的现成结

① 参见彭海青：《证据合法性证明与程序性证据法理论》，载《法学杂志》2018 年第 12 期。

② 参见丁勇：《公司决议瑕疵诉讼担保制度检讨及立法完善》，载《法学》2014 年第 5 期。

③ 参见马明飞、蔡斯扬：《ICSID 仲裁管辖权争议中证明责任适用的局限与克服》，载《社会科学家》2021 年第 7 期。

论机械平移至尚不健全的程序规范之中。但借鉴上述各方观点并明确程序性裁决中的证明责任分配问题，是科学构建我国知识产权诉讼禁令程序证明分配责任理论的前提条件。

一、程序性要件与程序性裁决理论的提出

民事诉讼法学理论中，通常把诉讼中待证要件事实所对应的构成要件划分为程序性要件和实体性要件。其中，实体性要件又称本案要件或实体判决要件，是决定最终实体裁判结果的构成要件；而广义的程序性要件，学者又称其为起诉要件、诉讼要件，是判断当事人诉权有无的形式性要件。① 而笔者在本章所讨论的程序性要件是狭义的程序性要件，即法院在进行本案诉讼审理程序中，审查或审理各项程序性裁决机制的过程中，应当由某一方当事人负担证明责任的构成要件。对于程序性要件的概念，可对其作如下定义：程序性要件是指民事诉讼程序性裁决审查或审理过程中，由当事人承担证明责任，并应当由人民法院所查明和确认且据此作出程序性裁决的构成要件。类似于实体判决要件是源于民事实体法所确认的当事人实体请求权基础，程序性要件的确定和划分，源于民事程序法规范②所明确规定的当事人的各项程序性权利。研究知识产权诉讼禁令程序的证明责任分配问题，必然从微观层面将程序性裁决所涉及的各个要件加以拆分后，逐一进行讨论，才能切中要害。换言之，在知识产权诉讼禁令程序中，程序性要件是构成程序性证明责任的基础，宏观层面的程序性证明

---

① 参见张卫平：《起诉条件与实体判决要件》，载《法学研究》2004 年第 6 期；段文波：《起诉条件前置审理论》，载《法学研究》2016 年第 6 期。

② 这里的民事程序法规范，既包括《民事诉讼法》本身，也包括某些特定的司法解释。

责任分配只有通过聚焦到微观上各个具体的程序性要件的证明责任分配层面，才具备可操作性和法律适用价值。综上所述，程序性要件是程序性证明的基本对象和元素，也是知识产权诉讼禁令制度中程序性证明责任的载体。只有明确了程序性要件的概念，才能为有效建构分析程序性裁决中证明责任的分配原理奠定基础。

程序性要件理论的作用场域为程序性裁决的审理过程。何为程序性裁决？民事诉讼中的“程序性裁决”概念，是指在民事诉讼过程中，由法院对各种程序性事项依当事人申请或依职权所作出的裁决，主要载体包括裁定和决定两种，[①] 程序性裁决是当事人诉讼权利与法院审判权（特别是诉讼指挥权）交互作用的直接体现。[②] 对于程序性裁决，可根据其处理事项是否与当事人的实体权利义务发生直接关联的作用效果，将其划分为单纯的程序性裁决和准实体性程序裁决两种。前者是指所处理的程序性事项并不直接影响和关涉当事人实体权利义务的事项，如管辖权异议的裁决、回避的裁决、补正裁判文书的裁决等，其单纯地与程序性事项有关联；后者是指所处理的程序性事项直接关涉和影响当事人的实体权利义务，以及对当事人实体权利义务能够形成类似于实体生效裁判一般影响程度的程序性裁决，如书证提出命令程序裁决、秘密保持命令程序裁决、行为保全禁令裁决等裁决事项，其裁决结果将直接影响当事人的实体权利义务。[③] 需要强调的是，单纯的程序性裁决亦有可能间接影响当事人的实体权利义务。例如，管

① 参见何四海：《当事人民事诉讼权利的救济机制研究》，湘潭大学 2013 年博士学位论文，第 22 页。

② 参见陈瑞华：《程序性裁判中的证据规则》，载《法学家》2011 年第 4 期。

③ 关于准实体性程序裁决机制的详细阐述，参见潘剑锋、牛正浩：《书证提出命令程序性制裁理论检视——以商业秘密侵权诉讼为切入》，载《政法论丛》2021 年第 5 期。

辖权异议的裁决可能直接影响当事人的诉讼成本、生效判决执行效率,[①] 甚至在可能的地方保护主义干预下,最终影响甚至决定案件实体裁判结果的走向。[②] 但是上述影响属于对当事人实体权利义务的间接作用,而非直接造成影响;只有准实体性程序裁决,才会直接作用于当事人的实体权利义务,并在诉讼过程之中、生效判决或裁定作出之前便对当事人权利义务产生实质性、准实体性的影响。因此其证明责任的划分才更具备研究意义。同时,由于准实体性程序裁决与当事人实体权利义务高度关联性的特点,因而就证明对象、证明标准、证明程序等方面而言,准实体性程序裁决所依托的证明责任理论与罗氏规范说应存在内里的高度契合特征。此外,由于作为本书研究主题的知识产权诉讼禁令程序是一类重要的准实体性程序裁决,因此,本书以下所述“程序性裁决”及其相关证明责任理论建构,如无特别注明,将以准实体性程序裁决为核心加以展开。

二、程序性裁决语境下证明责任分配的基本原则

笔者认为,证明责任理论不仅在实体审理程序中适用,在程序性事项的审查程序中,经典证明责任理论依然可以在很大程度上得到适用。在程序性裁决的审查或审理场域,特别是知识产权诉讼禁令的审理过程中,以下三条基本原理应当是成立的:其一,程序性要件的证明责任分配问题,总体上依然应当基本适用罗氏规范说;其二,程序性要件的证明责任分配,在特定情形下需通

---

① 以J省实证研究为例,省会城市的消极执行发生率显著低于经济欠发达的其他地市。参见牛正浩、尹伟:《论执行工作“一案双查”制度的实践与完善——基于J省三级法院应对消极执行的实证研究》,载《法律适用》2020年第11期。

② 参见张卫平:《管辖权异议:回归原点与制度修正》,载《法学研究》2006年第4期。

过事案解明义务理论加以适度修正，即应当将被申请人的证明妨碍责任考虑在内；其三，程序性要件的证明责任分配应当体现民事诉讼程序性制裁理念。上述三条基本原理是程序性裁决语境中证明责任分配理论的基本原则，也是指导具体制度设置层面上知识产权诉讼禁令程序中程序性要件证明责任分配机制的基本理论依据。以下笔者将对此进行详细阐释和证成。

（一）罗氏规范说的总体正当性证成

首先，在程序性裁决语境中，对于程序性要件的证明责任分配这一重要问题，原则上罗氏规范说亦基本成立，证明责任的规范说在科学分配程序性要件证明责任的难题中依旧能够发挥积极作用。学者指出，根据分配正义论的基本观点，经典罗氏规范说的实质和精髓就在于，当事人应当对有利于己方的规范要件加以主张和举证。① 无论是在我国民事诉讼法规范层面还是在法律逻辑学层面，这一判断模式在程序性裁决的审查过程中依然基本成立。具体表现在以下几个方面。

一方面，现行知识产权诉讼程序规范总体上支持罗氏规范说。程序法学的研究，应积极在既有理论和法律体系框架内寻求妥适解决理论和实践问题的圆满方案，而尽量减少直接全盘否定、笼统批判现有制度的“立法修改型”研究。② 根据我国知识产权诉讼现行法律规范体系，大多数程序性要件的证明责任分配是符合罗氏规范说的。总体而论，最高人民法院在知识产权诉讼证据的基本司法解释中概括性地指出，当事人对自己提出的主张，应当提

---

① 参见牛正浩、高世宁：《行政公益诉讼的证明责任与证明标准——以全国法院1610份裁判文书为分析样本》，载《人民司法》2021年第4期。

② 参见安建须：《四面一体裁判法：法官裁判思维与方法》，法律出版社2021年版，第14-15页。

供证据加以证明。[①] 当事人的主张，既包括实体法意义上的主张，如诉讼请求，也应当包括程序性主张，如禁令的申请；上述基本原则，与罗氏规范说的基本内涵一致。在书证提出命令程序审理中，申请人应对书证的特定化承担主张责任和证明责任，因为“书证特定化”这一构成要件一旦成立，申请人将无疑因此获益，而掌握原本在对方当事人控制之下的书证，以获得诉讼的主动权；秘密保持命令的审理中，申请保持秘密命令的当事人应对拟保密内容属于商业秘密进行证明，因为“证据涉密”这一构成要件属于申请人不愿公开，担心有损害后果发生，故此程序性要件事实是对申请人有利的构成要件。综上所述，无论是从司法解释文义角度理解，还是从我国准实体性程序裁决实例出发，在知识产权诉讼的程序性裁决语境中，罗氏规范说总体上应当被认为是成立的。

另一方面，从法律逻辑学上进行分析，罗森贝克强调对规范的要件事实的“四分法”，即权利产生、妨碍、权利消灭和排除有关的事实。实际上，在知识产权诉讼的程序性裁决之中，程序性要件事实同样可以根据上述分类标准进行“四分法”建构与划归。程序的申请人应当针对程序权利，如禁令申请权等诉讼权利的生效要件事实、胜诉可能性等程序性要件事实进行举证，目的在于成功获得法院颁发禁令；而被申请人应当对上述程序权利的反面承担证明责任，即诉讼权利的妨碍、消灭和排除的程序性要件事实，如禁令的颁发将给被申请人带来远高于不颁发禁令给申请人带来的预期损害后果。事实上，在程序法学中，诉讼权利妨碍、消灭和排除的这三类规范要件事实之间的界限有时并不是完全泾

① 参见《最高人民法院关于知识产权民事诉讼证据的若干规定》（以下简称《知识产权诉讼证据规定》法释〔2020〕12号）第2条。

渭分明的，时常出现实操层面上的区分困难。[①] 笔者认为，单纯纠结于“妨碍、消灭或排除”等概念的名称辨析，其意义比较有限，因为上述概念也是罗森贝克在规范说之中作为分析工具而提出的，一味地针对分析工具而论分析工具，可能有作茧自缚的嫌疑。但毋庸置疑的是，诉讼权利的妨碍、消灭和排除事实通常可以被统一理解为“阻却”申请人诉讼权利实现的事实，而阻却诉讼权利的要件事实，属于对被申请人有利的事实，根据前述罗氏规范说的核心观点，原则上应当由被申请人承担证明责任。因此，从上述演绎推理角度分析，罗氏规范说的基本原理在宏观整体层面上，能够适用于程序性裁决中对程序性要件的证明责任分配。

值得注意的是，亦可从民法学界对法规范的“原则/例外”关系分析的视角，对程序性裁决中罗氏规范说的适用性进行充分诠释。通说认为，“原则/例外”关系是罗氏规范说在我国的继承、完善和发展，其实质在于，主张原则规范之效果的当事人对原则规范之要件事实负证明责任，而对上述效果有争执的当事人，则应当对例外规范之要件事实负证明责任。[②] 而反观知识产权诉讼程序性裁决程序特别是禁令程序，合议庭在实践中通常的做法是，对于申请人的程序性申请，基本以保障申请人的诉讼权利作为程序正义的基本原则，而当例外情况出现时，诸如申请人缺乏实体权利基础、胜诉可能性不足，或被申请人能够举证证明申请人的申请没有事实依据或缺乏胜诉可能性，法院则应拒绝申请人的诉

① 不同法院作出的行为保全司法裁判案例所体现出的观点亦不完全一致。例如，笔者在最高人民法院知识产权法庭的调研中发现，有的法官认为，知识产权诉讼禁令中对于被告可能遭受的损失这一要件，属于诉讼权利妨碍要件，有的法官坚持认为属于诉讼权利排除要件，其理解差异的实质在于对禁令申请权本质属性的理解各不相同。调研时间：2021 年 9 月 20 日。

② 参见易军：《原则/例外关系的民法阐释》，载《中国社会科学》2019 年第 9 期。

讼权利行使，这种情形除例外。

因此，无论是从罗氏规范说所主张“四分法”的逻辑脉络出发，还是从“原则/例外”关系角度出发，知识产权诉讼程序性裁决特别是禁令程序中，罗氏规范说在总体意义上同样具有充分的用武之地。一言以蔽之，经典证明责任原理总体上依然在知识产权诉讼准实体性程序裁决的证明责任的分配活动中起到支配性、基础性作用。当然，虽然总体而言罗氏规范说可以适用，但是仍然应当考虑程序性裁决的基本特征，对其进行适当的理论改进和完善，即通过事案解明义务以及程序性制裁的理念，对程序性裁决中证明责任的分配加以补充，从而使该理论更符合客观情况，增强罗氏规范说对知识产权诉讼禁令制度证明责任问题的解释力和理论生命力。

（二）事案解明义务论在程序性裁决中的应用

在总体层面上，知识产权诉讼程序性裁决中程序性要件的证明责任分配适用罗氏规范说理论。在此现实条件下，笔者认为，就知识产权诉讼程序性裁决过程中普遍存在的证据偏在、证明妨碍等典型问题，[①] 单纯依据罗氏规范说已难以解决，故应当运用事案解明义务理论对罗氏规范说进行局部的修正。

如果说程序性制裁机制是对证明妨碍行为的积极制裁和规制，即在要求分配程序性要件证明责任的结果中，应当体现出对证明妨碍行为的惩戒和制裁；则事案解明义务理论是主张对原本依法不承担证明责任的一造当事人通过法律的拟制，使其应当消极承担部分容忍义务和证明责任的基本原则。在民事诉讼程序中，若

---

① 有法官指出，知识产权诉讼程序性裁决证明中突出且普遍的问题包括证据偏在、证明妨碍、证明标准模糊等，参见笔者在北京知识产权法院的调研访谈记录，调研时间：2022 年 6 月 20 日。

基于罗氏规范说所强调的辩论主义和分配正义的基本要求，理应由负有证明责任的一方承担主张和证明责任，即民事诉讼中一方没有义务为对方提供对己不利的、对方得以攻击自身的武器。而在特定的情况如事证偏在情形下，① 完全由负担证明责任的一方完成举证是很难的，实际上便与民事诉讼追求实质公正的理念和民事诉讼制度私权保护和通过解决纠纷进行社会治理的二元目的论相违背，② 既无益于当事人实体权利的公正实现，更无益于纠纷的妥善化解。因此，在前述情况下，德国民事诉讼法学界于20世纪80年代逐渐提出事案解明义务的基本理论，以实现现代型民事诉讼中的“矫正正义”，即通过矫正罗氏规范说使证明责任分配模式更加“接近正义”。

事案解明义务是对以辩论主义为核心的罗氏规范说在一定程度上的修正，③ 大陆法系诉讼法学理论中对其法理基础的讨论，通常包括当事人的真实义务、诉讼协力义务、陈述义务、民事诉讼诚实信用原则以及民事实体法上的文书提出义务和信息义务等理论学说；④ 英美法系中，基于对抗制的诉讼模式，不负证明责任的当事人在诉答程序和事实发现程序中同样在特定情况下应遵循

---

① 参见程书峰：《事证偏在视域下的当事人事案解明义务研究》，载《社会科学家》2021年第8期。

② 对于民事诉讼的目的，有学者认为应当以私权保护作为旨归，参见任重：《民法典的实施与民事诉讼目的之重塑》，载《河北法学》2021年第10期；张卫平：《中国第三人撤销之诉的制度构成与适用》，载《中外法学》2013年第1期。但笔者认为，除私权保护这一重要使命之外，亦应看到，在当前强调全面推进依法治国和坚持新时代“枫桥经验”促进社会治理现代化的时代背景下，民事诉讼制度的目的已经逐渐包含纠纷解决和社会治理双重属性。因此，对于民事诉讼的目的，笔者更倾向于坚持私权保护和纠纷解决的二元论立场。

③ 参见姜世明：《举证责任与真实义务》，厦门大学出版社2017年版，第73页。

④ 参见吴泽勇：《不负证明责任当事人的事案解明义务》，载《中外法学》2018年第5期。

“事证开示义务”①，而事证开示义务与大陆法系的事案解明义务属于比较法意义上的同源性制度。结合通说，笔者认为，事案解明义务的概念可以作如下定义：

事案解明义务是指负担证明责任的一方当事人在无法具体陈述其主张或完成举证活动的情况下，原本根据罗氏规范说不负担证明责任的另一方当事人对案件要件事实的查明，应当承担不利事实之陈述义务，以及为查明要件事实而向法院提交有关证据材料或容忍法院进行鉴定勘验取证的义务。②

从事案解明义务的概念出发可以清晰看出，事案解明义务并未颠覆罗氏规范说的基本框架和理念，而是属于在某些特定情形下证明责任分配的例外性原则，上述理论依然建立于罗氏规范说的证明责任论这一理论主干之上。具体到知识产权诉讼的程序性裁决语境中，是否可以吸收事案解明义务的基本理念和先进理论观点来完善程序性要件事实证明责任的分配机制？如果可以运用，则在理论上将如何进行妥适构建并协调其与罗氏规范说的基本关系？笔者在研究事案解明义务的基本原理以及相关司法实践问题后，倾向于认为，宜从以下三个方面进行初步思考：

其一，程序性裁决中事案解明义务基本原则确立的正当性。同罗氏规范说相似，虽然关于事案解明义务的讨论最初源于民事实体法请求权基础规范，但是在程序性裁决的证明事项中，有关程序性要件的证明责任分配问题，同样有必要适用事案解明义务理论以维护程序的公正。事案解明义务理论在特定情形下进行有限度的适用，在知识产权诉讼证据的“基本法”性质的司法解释

---

① 参见陈杭平：《“事案解明义务”一般化之辨——以美国“事证开示义务”为视角》，载《现代法学》2018年第5期。

② 参见姜世明：《举证责任与真实义务》，厦门大学出版社2017年版，第74－75页。

中，亦得到最高人民法院明确肯定。[①] 笔者认为，从逻辑上分析，由于事案解明义务理论是罗氏规范说的补充，前已论及罗氏规范说在知识产权诉讼程序性裁决中的可适用性，由此可自然引申过渡到事案解明义务本身，亦可在知识产权诉讼准实体性程序裁决的审查过程中进行适用，在此不再赘述。

其二，事案解明义务理论的适用范围应当得到严格限制，只能作为一种原则背后的例外情形加以引入和运用，否则将动摇“当事人就对其有利的程序性要件负担证明责任”的罗氏规范说基本理论要义以及现代民事诉讼辩论主义基础。只有在适用罗氏规范说分配证明责任时将出现导致显著违背实质公正、显著侵害申请人实体权利并且对案件纠纷的解决存在重大负面影响的“显失公平”的特殊情况下，方可考虑运用事案解明义务理论将部分程序性要件的证明责任分配给本不承担证明责任的当事人。换言之，事案解明义务理论绝对不能成为分配程序性要件证明责任的一般性原则，而是应当强调以罗氏规范说为原则，以事案解明义务理论为补充，二者属于相互补充、对立统一的关系，不可相互替代。虽然二者在证明责任的分配问题上有时指向相反的结论，但仔细分析可以发现，二者在维护程序运行的实质公正和促进民事纠纷的迅速实质性化解的目的层面上，具有深层次的统一性。因此，应当科学客观地看待两个理论的张力与统一。

其三，对于事案解明义务理论在程序性要件证明责任分配问题中的适用情形，应当由法律或者司法解释进行明确而严格地限定，不得委托于法官自由裁量权的行使，否则其正当性基础将被

---

① 参见《知识产权诉讼证据规定》（法释〔2020〕12号）第24条规定：承担举证责任的当事人书面申请人民法院责令控制证据的对方当事人提交证据，申请理由成立的，人民法院应当作出裁定，责令其提交。

湮没于缺乏有效监督的司法恣意之中。事实上，我国学者在考察各国的诉讼要件制度之后得到的结论是，目前事案解明义务理论尚未在大陆法系国家成为司法实践和民事诉讼法律制度中的通行原则，其直接原因一是缺乏成文法规范的授权，[①] 二是事案解明义务与罗氏规范说的内在紧张关系。但近年来，我国司法实务界逐渐有法官在审理程序性裁决事项时认为事案解明义务在应对知识产权诉讼中证据偏在问题时可能发挥重要作用，并据此建议在有关司法解释中规定事案解明义务基本原则。[②] 2020 年，最高人民法院在制定知识产权诉讼证据“基本法”性质的知识产权诉讼证据规则相关司法解释时，通过确立相较于普通民事诉讼程序而言更为广泛的“证据提出命令”（普通民事诉讼中为“文书证据提出命令”）制度，在一定程度上吸收了事案解明义务的基本要旨，体现出最高司法机关对事案解明义务进行吸纳的持续性尝试，但依然尚未明确其具体适用的法定情形，[③] 这也在一定程度上反映出最高人民法院在此问题上所采取的较为审慎的司法态度。因此，对程序性证明事项中事案解明义务的确立，应当秉持稳妥审慎的原则，首先在以知识产权诉讼制度为代表的“现代型诉讼”程序性裁决程序中进行规定。目前，我国学界正在探索研究制定相关知识产权诉讼特别审理程序法规范的可行性与必要性，未来在知识产权特别审理程序的立法过程中，可以将事案解明义务相关的规则确立为知识产权诉讼程序性裁决机制中的补充性原则，在司法实践

---

① 参见袁琳：《证明责任视角下的抗辩与否认界别》，载《现代法学》2016 年第 6 期。

② 参见孙艳、洪碧蓉：《知识产权侵权诉讼中的事案解明义务》，载《人民司法（应用）》2016 年第 8 期。

③ 参见《知识产权诉讼证据规定》（法释〔2020〕12 号）第 24 条规定：承担举证责任的当事人书面申请人民法院责令控制证据的对方当事人提交证据，申请理由成立的，人民法院应当作出裁定，责令其提交。

经验积累成熟之后，逐步推广至其他诉讼案由当中。

（三）程序性裁决证明责任分配中的程序性制裁理念

程序性制裁理念最初源于刑事诉讼法学研究领域，是一种对程序性违法后果的无效化治理模式，即通过宣告违法诉讼行为的无效，来制裁程序性违法行为的制度。程序性违法行为的审查裁量与排除是相对独立的程序，在英美法系又被形象地称为“审判之中的审判”①。程序性制裁理念所蕴含的对程序正义的追求和对当事人诉讼权利充分保障的基本精神，使其近年来被包括笔者在内的国内诸多民事诉讼学研究者尝试吸收参考借鉴，并进一步探索该理论在民事诉讼证据裁判和程序性裁决过程当中，对疑难理论问题进行解释并加以应用的可行性和必要性。② 笔者此前发表的论文囿于篇幅所限，未能予以充分展开。笔者特在本章节此部分对民事诉讼程序性制裁的基本原理进行进一步补充与说明，使之在程序性裁决证明责任分配问题中与既有民事诉讼制度更加契合：

其一，虽然核心观点均为主张通过对程序性违法行为的法律后果进行无效处理来规制和杜绝程序性违法，但民事诉讼程序性制裁理论与刑事诉讼程序性制裁理论在侧重点上存在差别：刑事诉讼程序性制裁理论，侧重于强调对公权力机关侦查、起诉和审判行为的监督和无效化处理，以实现保障人权、防止无罪的人遭

---

① 参见陈瑞华：《刑事程序的法理》（下卷），商务印书馆2021年版，第439－450页。

② 关于民事诉讼程序性制裁理论的初步探索，参见张硕：《论行政非法取证行为程序性制裁——兼评〈行政诉讼法〉第43条第3款》，载《河北法学》2018年第9期；徐德臣、李建坤：《民事诉讼目的视阈下程序性制裁考察》，载《山东理工大学学报（社会科学版）》2016年第5期；徐德臣：《民事诉讼程序性制裁机制研究》，西南政法大学2015年博士学位论文，第73页；潘剑锋、牛正浩：《书证提出命令程序性制裁理论检视——以商业秘密侵权诉讼为切入》，载《政法论丛》2021年第5期。

受错误定罪判刑的目标；而民事诉讼语境中的程序性制裁理论，由于诉讼行为的主要实施者是作为平等主体的各方当事人，而对于法院运用诉讼指挥权并且居中裁判的行为可以通过法定的上诉或复议等机制予以较为充分的救济，因此在民事诉讼中，程序性制裁所针对的主要目标应当是侧重对当事人程序性违法行为的无效化处理。根据学界既有研究结论，民事诉讼中的“程序性违法”行为的判断标准应当包括两类，即违反程序法规范的行为和显著违背民事诉讼诚实信用原则的行为。

其二，在知识产权诉讼准实体性程序裁决过程中，程序性制裁理论应当作为一项基本原则加以适用。准实体性程序裁决的申请与审查过程，既要求当事人遵守程序法规范，又要求当事人基于民事诉讼诚信原则审慎行使各项程序性裁决机制中的诉讼权利。一方面，相较于基于辩论主义和理性商谈性程序获得最终实体性裁判的过程，在民事诉讼特别是知识产权诉讼准实体性程序裁决中，当事人诉讼权利行使出现异化的可能性更高，因为非诚信行使程序性权利的行为带来的不当利益和给对方当事人造成的不利影响更大，对生效裁判的实质性影响更为深远；另一方面，更为关键的是，在现行程序法框架模式下，我国大部分准实体性程序裁决的救济机制流于形式，如一直以来饱受质疑的“裁定—复议”制度，对部分准实体性程序裁决不服的，我国民事诉讼法律规范通常规定由本院进行复议，这与“任何人都不能做自己的法官”这一朴素程序正义观念相悖。从前文案例实证研究分析可知，在法院自身复议自身裁决的情况下，准实体性程序裁决结果通过复议得到救济和纠正的概率微乎其微，准实体性程序裁决的结果控制环节的先天不足，必然要由更加完善合理的裁决过程控制机制加以功能性代偿。

基于上述两方面鲜明原因，在知识产权诉讼准实体性程序裁决的审理机制中，应当更加注重对裁决过程公正性的控制，而几乎唯一的路径就是通过提升当事人对既有程序性裁决程序规范的遵从程度和对民事诉讼诚信原则的尊重程度，最大限度地保障裁决结果的公正、理性和合比例性。因此，相较于当事人在民事诉讼案件审理过程中更注重辩论主义模式下的权利行使自由，在知识产权诉讼的程序性裁决过程中，当事人的自由应当适度让位于对程序公正的追求，其行使诉讼权利的边界应当在一定范围内进行收缩，以符合诚信诉讼的基本原理。在知识产权诉讼的程序性裁决机制中，应当对当事人遵守程序法规范的程度和进行诚信诉讼的程度施以更严要求和更高标准。

其三，对于知识产权诉讼程序性裁决过程当中的程序性要件证明责任的分配，特别是结果意义上的证明责任分配问题，应当体现程序性制裁的理念。在知识产权诉讼中，当事人不仅在实体审理过程中，例如在举证、质证过程中，通过隐藏销毁证据来实施程序性违法行为，同时在关键的准实体性程序裁决审查过程中，如书证提出命令、秘密保持命令、行为保全禁令的审查程序中，也同样会采取违反程序法规范或违背诚实信用原则的方式，如采取隐匿财务账簿等关键性获利证据，致使申请人无法完成文书特定化证明责任而导致法庭拒绝颁发书证提出命令；①通过财务会计手段虚减利润和销量，或签署虚假专利使用权协议等手段，使知识产权诉讼禁令审理程序中申请人对涉案专利市场份额的计算评估出现偏差，从而不当地阻止申请人对行为保全禁令必备要件之一的“难以弥补的损害”进行证明，最终影响行

① 参见辽宁省沈阳市中级人民法院民事判决书，(2021) 辽01民终12645号民事二审判决书。

为保全禁令的颁发。[①] 一言蔽之，知识产权诉讼中的准实体性程序裁决审理程序中，当事人违背程序法规则和诚信义务的证明妨碍行为通常比较普遍。因此，对于前述证明妨碍等非诚信诉讼行为甚至滥用诉讼权利的行为，应当通过证明责任分配机制作为过程性控制工具进行程序性制裁。换言之，就是应当在知识产权诉讼程序性裁决的证明责任分配问题中运用程序性制裁的基本理论。

第五节　知识产权诉讼禁令程序证明责任分配模式构建

根据前述理论分析与建构，笔者认为，对于作为一类重要的准实体性程序裁决程序，知识产权诉讼禁令程序的证明责任分配问题，应当原则上遵循罗氏规范说，并且结合事案解明义务理论和程序性制裁理论对其进行补充修正。在当前知识产权诉讼禁令审查程序中证据结构性偏在和当事人特别是被申请人实施证明妨碍行为普遍化的背景下，作为我国知识产权诉讼禁令制度现行规范的核心法规范渊源，《知识产权行为保全规定》对知识产权诉讼禁令程序中各程序性要件的证明责任分配问题仅进行了原则性的笼统规定，远远不能满足申请人的权利及时通过禁令得到维护的需求。由于欠缺具体可行的证明责任分配规范，人民法院在司法实践中往往“一刀切”地机械地将全部举证责任分配给申请人行使，间接导致了知识产权诉讼禁令在司法实践中的适用率低、准

① 参见北京知识产权法院民事裁定书，(2020) 京民初850号。

许颁发率低的困境。为此，应当结合前述理论分析得出的基本结论，对我国知识产权诉讼禁令中的证明责任分配进行理论厘清和模式重塑，以便更好地指导知识产权诉讼禁令制度的发展完善。以下，笔者将结合知识产权诉讼禁令具体的程序性要件，对我国知识产权禁令的证明责任分配模式进行理论层面的检视，并就其未来发展的理想方向尝试进行总结和建议。

一、知识产权诉讼禁令的证明责任分配一般模式

笔者认为，可以进行这样一项较为贴切的比喻：基于证明妨碍行为和证据严重结构性偏在的事实，应将其视为程序性裁决证明过程中“申请人—被申请人—法院”这一三角形结构系统内部的“摩擦力”，会无谓损耗司法效率和司法资源而无法对程序性事项证明产生任何积极作用。但是正如物理学中不存在完全无摩擦力的、完全光滑的理想系统一样，在现实司法环境中，基于理性经济人的机会主义行为理论，任何人均有将自身权利效能最大化利用的天然趋势，当事人的证明妨碍行为这一司法“摩擦力”亦很难杜绝，证据结构性偏在的事实作为系统性影响亦无法完全消除。[①] 我们可以将完全没有证明妨碍行为和证据结构性偏在的诉讼系统理解为一种严格的、纯粹理论研究意义上的理想状态，正如绝对光滑、绝对零度、绝对真空等理想状态永远在物质世界是可望而不可即的乌托邦一样，社会司法现实场域中，无证明妨碍和证据结构性偏在的理想状态也是一个美好而不现实的愿景或者应

① 笔者认为，证据结构性偏在的根本原因在于，辩证唯物主义认为，认识世界需要过程，申请人或被申请人一方均难以站在“上帝视角”将全部案件事实和证据做到完整、充分地全部掌握。此外，在证明过程中，无论是当事人还是法官，均无法做到“绝对真实”。

然性假设。

从应然性层面而论，假设知识产权诉讼禁令程序中证据不存在严重的结构性偏在，且当双方当事人不会实施任何证明妨害行为的绝对理想状态下，知识产权诉讼禁令的审查程序中，程序性要件事实的证明责任分配从理论上来讲应严格遵循罗氏规范说，具体而言：

总体层面上，应当在诉讼法学理论上确立罗氏规范说在程序性裁决证明责任分配问题中的主导地位，即明确申请人和被申请人应当在知识产权诉讼禁令审理程序中，对有利于己方的程序性要件加以主张和举证。从上述观点出发，具体知识产权诉讼禁令程序性要件的分配问题，应当以该要件得以证立将有利于申请人禁令申请程序权利实现作为划分依据。基本原则是知识产权诉讼禁令程序的申请人应当针对禁令申请权、获得禁令颁发权等诉讼权利所产生的要件事实如“胜诉可能性”等程序性要件事实进行举证，目的在于成功获得法院颁发禁令；而被申请人应当对申请人之禁令申请权等诉讼权利的相反程序性要件，即诉讼权利的妨碍、消灭和排除的程序性要件事实承担证明责任。笔者认为，在未来知识产权特别审理程序法律规范中，可就程序性要件证明责任的基本划分原则进行总则性的规定。

具体层面上，首先，对于“胜诉可能性”要件，如禁令是否具有事实基础和法律依据以及案涉知识产权效力是否稳定，由于假设其证立之后会对申请人获得禁令救济、实现禁令程序权利有利，是有利于申请人一造的程序性要件事实，原则上应当由申请人一方对该程序性要件承担证明责任；如果申请人无法证明其禁令申请具有事实基础和法律依据，则应当认为此时属于“原则/例外”视角下不给予颁发禁令保护的例外，从而由申请人承担不利的结果意义的证明责任。

其次，对于“难以弥补的损害”和“生效裁决难以执行的风险”要件，根据罗氏规范说，原则上应当同样由申请人承担证明责任，道理与前述构成要件的证明责任划分原理相同，且在总体原则方面已展开分析，此处不予赘述。

再次，对于“不颁发禁令对申请人的损害超过颁发禁令对被申请人的损害”这一构成要件，笔者认为，该程序性要件事实上是两项构成要件的组合，不宜简单作为一个构成要件处理。可以将其拆分为申请人“不颁发禁令遭受的损害”和被申请人“因颁发禁令遭受的损害”。以北京互联网法院颁布的世界杯决赛转播权知识产权诉前禁令为例，该案中，央视应当对假如不颁发禁令将对其收视率、广告费收入、流量费用等损失承担证明责任。而对被申请人因禁令颁发所可能遭受的损害这一要件，由于结构性偏在问题，央视对该程序性要件缺乏证据；同时，该程序性要件的证明本身与央视存在利益冲突，亦即如果央视举证证明被申请人的损失大于其自身的损失，则法院将很可能不颁发禁令。

因此，对于前一个要件，即“不颁发禁令遭受的损害”，笔者认为理应由申请人承担证明责任，因为申请人通常对自身的经营状态和营利情况以及产业布局等问题最为了解，从实际操作层面上将该程序性要件的证明责任划分为由申请人承担，较为科学客观合理；且同时由于申请人证明其可能遭受的损失将对知识产权诉讼禁令的颁发有利，即有利于实现申请人的程序权利，因此从规范说角度出发，该程序性要件事实属于程序性权利的发生或生效事实，从而应当由申请人承担该要件的证明责任。

但是，对于被申请人“因禁令颁发而遭受的损害”这一具有高度或然性的预期损害要件，原则上不宜由申请人承担证明责任。

原因主要有两方面：一方面，让申请人承担被申请人将因禁令颁发而遭受预期损失的证明责任显然属于“强人所难”，尤其是在知识产权诉讼证据偏在的情况下，要求申请人证明上述问题几乎是不可能完成的任务；另一方面，从逻辑角度分析，如果将上述要件的证明责任分配给申请人，则申请人无疑会竭力证明被申请人将不会因禁令遭受任何损失，或预期损失远小于因不颁发禁令给申请人造成的损害。因此，如果将上述证明责任要件分配给申请人，夸张地说，无异于“与虎谋皮”，而只有被申请人才有充分证明其自身将因禁令颁发而遭受损失的动力，且根据罗氏规范说，上述要件属于典型意义上的权利妨碍要件，如果能够得以充分证明，则显然对被申请人有利，从而能够阻却禁令的颁发，成功妨碍申请人禁令相关诉讼权利的实现。因此，笔者认为，原则上对于被申请人预期损失的要件，由被申请人承担证明责任似乎更为妥适。

最后，关于禁令是否会损害社会公共利益这一事项，笔者认为，应属于法院依职权进行调查确定的范畴，双方当事人对该事项均不应承担任何证明责任。但值得注意的是，双方当事人在司法实践中为充分说服法院颁发或不颁发禁令，通常会主动进行额外主张并提供统计数据、调研报告、专家咨询意见等材料，以证明禁令的颁发将不会（申请人一方）或会（被申请人一方）损害社会公共利益。[①] 但是双方当事人的此类主张和举证，并不属于证明责任分配理论应当解决的问题。事实上，不仅限于知识产权诉讼禁令的裁决，基于知识产权的竞争性和政策性，法院对知识产权诉讼中所作出的任何裁判文书抑或审判行为是否有悖公共利益，

① 参见宁立志、龚涛：《标准必要专利许可中的不公平高价及其反垄断规制》，载《荆楚法学》2022 年第 5 期。

都具有公法上的查明、确认义务。因此，法院有责任、有义务保证其颁发的知识产权诉讼禁令裁决在保护创新和维护公共利益之间实现均衡，[①] 这是一切知识产权诉讼制度的“底层逻辑”。否则作为整体本位主义的法院将会被追究相应责任，合议庭组成成员也会承担相应的纪律处分、政务处分责任，甚至玩忽职守或渎职的刑事责任。因此，禁令的颁发是否损害社会公共利益这一事项的查明义务并非当事人所应当承担证明责任的事项，也超过了辩论主义模式中当事人所应承担辩论义务和主张责任的范畴，因此不应将上述要件的证明责任划分给任何一造当事人来承担，事实上如果禁令真的损害了社会公共利益，社会公共利益的损害结果也与当事人的诉讼行为之间没有直接因果关系，直接造成社会公共利益损害结果发生的是法院颁发禁令的行为。此外，即便申请人无法证明禁令将不会损害公共利益，法院也不应仅凭此一个理由就拒绝颁发禁令，而应利用职权查明确认后作出正确的裁决。

二、知识产权诉讼禁令证明责任分配模式的现实修正

当完全不存在任何证明妨碍行为且证据结构性偏在不会对民事证明活动和当事人诉讼证明产生实质性影响的理想状况下，知识产权诉讼禁令审查程序中的证明责任分配应严格适用罗氏规范说。前文已分析罗氏规范说在程序性裁决中适用的严谨性、可行性和合理性，并已略论及理想状态下各要件的具体证明责任分配情况。但正如现实物质世界场域中不存在绝对理想状态一样，现实的知识产权诉讼禁令司法实践中也绝不可能做到彻底消除证明妨碍行为及证据的结构性偏在的事实。因此，在知识产权诉讼禁

① 参见万勇：《公共健康危机的知识产权法应对》，载《中国法学》2022 年第 5 期。

令的审查程序中，为因应现实普遍存在的证明妨碍和其他机会主义诉讼行为，减轻证据结构性偏在现象给证明带来的困难，对于其证明责任的分配问题，还应当充分运用事案解明义务理论和程序性制裁理论两种有力工具，对罗氏规范说加以现实修正。

一方面，证明责任的例外性移转，应当具备程序法规范的明确授权。有学者指出，对于事案解明义务，无须以专门立法的方式确定。① 但较为通行的学说认为，证明责任的分配，原则上应当具备法定性，以限制法官的自由裁量。② 知识产权诉讼中证明妨碍的普遍性和证据偏在的严重性，与普通民事诉讼存在区别，将事案解明义务进行原则性、总括性的规定相较于普通民事诉讼程序，似乎更有必要。因此，对于事案解明义务理论，可以考虑在目前《最高人民法院关于知识产权民事诉讼证据的若干规定》（以下简称《知识产权诉讼证据规定》）第 24 条的基础上，在知识产权诉讼禁令有关的知识产权诉讼程序法或相关司法解释中进一步就事案解明义务产生的法定情形加以详细规定。笔者认为，对于事案解明义务在知识产权诉讼禁令程序中产生的法定情形，宜包括以下两种：第一，有证据表明当事人存在严重妨碍举证的行为；第二，由一方当事人承担证明责任将导致极端不公正。概言之，知识产权诉讼禁令审查程序中的程序性事案解明义务，应当以阻却证明妨碍行为、促进协力诉讼作为基本启动条件，以程序法施加的事案解明义务之“外力”，抵消和中和程序运转的“摩擦力”耗散，实现程序正义，其适用应严格遵循法定情形，不得随意扩

① 参见吴泽勇：《不负证明责任当事人的事案解明义务》，载《中外法学》2018 年第 5 期。

② 参见肖建国：《“民事诉讼证据制度的新近发展及其趋势”研讨会成功举行》，载微信公众号“华政民诉”2021 年 11 月 25 日。

大。否则，一旦将诸如胜诉可能性、申请人因不颁发禁令而导致的预期利益损失等证明责任轻易分配给被申请人，必然造成新的实质意义上的不公正，同时也会使知识产权诉讼禁令的申请审查程序出现紊乱。此外，如果法院查明一方当事人实施恶意的证明妨碍行为且情节较为严重，① 从事案解明义务的证明责任转换原理角度出发，可以适当运用法律推定制度，直接推定实施证明妨碍的当事人应负担证明责任的构成要件无法完成证明责任的效果，从而实现证明妨碍普遍化情形下的矫正正义。②

另一方面，“例外不等于无序”③。应当在知识产权诉讼禁令证明责任分配原理中体现程序性制裁理论的基本理念。民事诉讼程序性制裁理论的理念突出强调对程序违法行为的无效化制裁。因此，从上述理论出发，未来司法实践中，在审查知识产权诉讼禁令程序中双方当事人的诉讼活动时，裁判者应基于民事程序法规范和诚实信用原则的要求，对程序性违法事实适当依职权加以调查，如果发现当事人进行程序性违法行为，则应当视情况直接推定当事人的证明责任成就或不成就。实际上，对当事人民事诉讼行为的无效化处理，不必由法院直接宣告特定行为无效，而是可以从结果意义上的证明责任角度，阻却其欲达成的证明效果。上述对证明效果的无效化处理，在结果意义上，可以通过自由心证的规范作出，从而有效规制知识产权诉讼禁令审查程序中的当事人机会主义诉讼行为。

---

① 笔者认为，该种情形应包括故意销毁证明要件事实的主要证据、多次实施证明妨碍行为被法院纠正却拒不纠正等情形。

② 参见熊云辉：《责任主义民事诉讼的证成——一种民事诉讼观念史的考察》，载《南昌大学学报（人文社会科学版）》2021年第1期。

③ 参见傅郁林：《“民事诉讼证据制度的新近发展及其趋势”研讨会成功举行》，载微信公众号“华政民诉”2021年11月25日。

综合上述各节分析，笔者针对知识产权诉讼禁令这一准实体性程序裁决审理程序中的程序性要件的证明责任分配问题概括如下：第一，禁令的申请和启动这一程序性请求权，应由请求方承担证明责任；第二，禁令审理程序启动后，双方当事人围绕是否颁发禁令这一程序性争议及其所拆分成的各个要件，原则上应由请求方和被请求方根据罗氏规范说各自承担证明责任，申请人承担权利存在和生效有关的程序性事实要件，被申请人承担权利阻却有关的程序性事实要件；第三，出现严重证明妨碍或证据偏在时，运用事案解明义务和程序性制裁理念予以矫正，在法定例外情形下，产生证明责任移转的例外性效果。

第六节　知识产权诉讼禁令的证明标准的现实困惑

一、禁令证明标准现状

在对知识产权诉讼禁令的证明责任划分进行理论构建之后，该程序中的另一方面重要问题在于如何准确理解其证明标准问题，即对各个程序性要件事实证明完成到何种程度，裁判者才能基于自由心证颁发行为保全禁令？对于知识产权诉讼禁令的证明标准，应当在宏观全案层面坚持一元论的标准还是区分案件类型来分别赋予其多元化或阶梯式的标准？抑或应在微观层面结合不同要件的性质设置不同证明标准？目前，由于我国民事诉讼程序法规范并未对知识产权诉讼禁令的具体证明标准进行明确规定，法规范的空白造成司法实务中不同法院作出的禁令证明标准认定尺度不一，部分甚至相互矛盾。

例如，在最高人民法院指导性案例第115号案中，① 最高人民法院知识产权法庭对行为保全禁令的证明标准体现出两方面裁判观点：一方面，行为保全禁令申请人所应达到的证明标准必须满足"足以证明发生造成损害的紧急情况"的构成要件，此处"足以"根据文义解释一般应当理解为高度盖然性；另一方面，如果一审判决确认相关知识产权侵权行为事实，二审在审查判断行为保全禁令时可以适度降低其证明标准，甚至可以考虑不必由申请人提供担保。从上述观点看出，最高人民法院在面对知识产权禁令证明标准问题中倾向于采纳一种随适用的审理程序不同而较为灵活"可变"的高度盖然性证明标准，上述观点亦得到了全国各级法院裁判文书的支持。② 而早在2012年行为保全禁令程序正式被确立为法律制度后的第一起知识产权诉讼禁令公报案例中，北京市第二中级人民法院针对杨某著作权纠纷案件实施了"积极合理的禁令程序"，通过裁判文书可以发现其实际上采用了优势证据的证明标准，一方面是以追求更高效率为目标，另一方面兼顾本案的社会影响力。③

二、现行禁令证明标准之困惑

对以上实证案例分析，不难发现有较多问题和现实困惑：其一，虽然最高人民法院在其指导性案例中实质上采用了高度盖然性的证明标准，而上述标准亦逐渐成为司法实务界的主流，但如

① 参见瓦莱奥清洗系统公司诉厦门卢卡斯汽车配件有限公司等侵害发明专利权纠纷案，最高人民法院指导案例115号（2019年）。

② 参见广东省高级人民法院民事判决书，（2019）粤民终1482号。

③ 参见杨某康（笔名杨某）与中贸圣佳国际拍卖有限公司、李国强诉前禁令案，载《最高人民法院公报》2014年第10期。

果采纳这一证明标准，则将引发新的理论矛盾。通说认为，无论是大陆法系抑或普通法系，民事诉讼的实体裁判证明标准通常均采用高度盖然性的标准，[①] 而如果知识产权诉讼禁令采纳高度盖然性标准，则必然导致本案实体审理程序的证明标准与程序性裁决的标准趋同化，即禁令程序同样要求当事人进行理论上的“完全证明”[②]。如果程序性裁决的标准与民事诉讼实体审理证明标准一致，则说明事实发现和查明程度已经到达作出本案判决的要求，禁令是否丧失其本身的独立价值？直接作出实体裁决岂不是更加符合效率性和公信力的要求？此为禁令证明标准的现实困惑之一。

其二，如果为了追求程序性救济的及时性，从而采取较低的优势证据证明标准，是否必要？前已述及，如果采用超过高度盖然性的证明标准，如达到排除合理怀疑的证明标准或者行政诉讼法中常用的“确信无疑”证明标准，[③] 则似乎已经超过本案实体判决的证明标准，没有实际意义。其根本的原因在于，知识产权诉讼禁令程序性要件之权利的正当性基础或胜诉可能性，已包含了对当事人实体权利义务是否具备胜诉可能性的审查。如果申请人完成对此要件的证明责任并且达到高度盖然性标准，则理论上人民法院至少可直接作出确认侵权并停止侵权行为而不具有对损害赔偿进行给付的先行判决，[④] 便没有必要颁发临时救济措施性质的

---

① 参见张卫平：《认识经验法则》，载《清华法学》2008 年第 6 期；李浩：《民事诉讼证明标准的再思考》，载《法商研究（中南政法学院学报）》1999 年第 5 期。

② 参见北京市第二中级人民法院民事裁定书，(2010) 二中民保字第 11235 号。

③ 参见牛正浩、高世宁：《行政公益诉讼的证明责任与证明标准——以全国法院 1610 份裁判文书为分析样本》，载《人民司法》2021 年第 4 期。

④ 参见罗素云：《技术类民事案件适用先行判决的正当性思辨与规则构建》，载《知识产权》2020 年第 5 期。

禁令。[1] 而假如采取较低的优势证据标准，则必然使禁令的颁发成为一般情形，禁令的不颁发成为例外，被申请人“动辄得咎”，对其生产经营造成重大实质性不利影响和不确定性。因此，如何平衡禁令证明标准背后的利益冲突，是否有必要降低现行禁令程序的证明标准为优势证据标准，此为禁令证明标准的现实困惑之二。

其三，对于不同的知识产权诉讼案件，其权利受到威胁的紧迫程度具有较大程度的差异。例如，实践中存在如果不通过禁令加以制止，被申请人将即刻公开发表某些特定含有权属争议内容的著作，或即将播出某些案涉权属争议的影视作品，此类情况下，一旦被申请人完成播出或发表行为，则相关作品便进入公共领域，随后的侵权行为将难以通过司法权加以控制，即侵权的制止将成为不可能事件。因此，上述情形当中，当事人面临的侵权可能性呈现较为紧迫的特征；而现实中往往客观上还存在一些似乎并非十分紧迫的情形，以笔者曾经参与办理的一起典型的商业秘密案件为例：本案中，申请人为我国石油化工领域企业，其商业秘密被部分人员获取后，在案涉产品相关市场上的产能和市场份额迅速扩张，[2] 并一直在推动 A 股上市程序。在此种情况下，二审过程中，申请人向二审法院申请行为保全禁令，要求法院颁发禁令以中止其继续进行上市的各项程序和利用申请人商业秘密进行生产经营的行为。对于申请人的上述请求，二审法院认为，一审程序审理将近 6 年时间方才作出判决，在此期间被申请人一直在进行上

---

① 知识产权诉讼中的先行判决程序，虽然既往实践中适用率较低，但在决策者努力推动知识产权最严格司法保护政策的当下，近年来其适用频率已显著提升。根据笔者对全国知识产权诉讼司法实践的观察，先行判决制度主要适用于法院查明确认权利人具有稳定的知识产权请求权，而上述权利由于被诉侵权人的行为受到侵害，权利人的诉讼请求应得到支持，而其损失暂时处于尚未及时查明的情况之中。

② 参见北京知识产权法院民事判决书，(2015) 京知民初字第 933 号。

市申请和案涉产品的生产经营，并没有造成申请人的权利实质性受损，因此申请人在二审程序中才提出行为保全禁令申请，不具有救济的紧迫性。据此，申请人提交的证据不足以证明其将遭受难以弥补的损害或使未来的生效判决难以执行，未达到高度盖然性的证明标准，因此裁定不予颁发禁令。[①] 从上述案例紧迫性的区别可以看出，针对不同的案件权利受损的紧迫性程度，法院在实践中显然采用了不同的证明标准加以判断。笔者调研发现，一个较为直观的规律是：知识产权诉讼中，对于法官自由心证所认定为紧迫性程度较高的禁令申请，法院倾向于适用较低的优势证据证明标准；而对于法官自由心证认定为紧迫性程度较低的禁令申请，即便一审判决已查明侵权事实并作出损害赔偿判决，二审法院依然将适用较为严格的高度盖然性证明标准。其疑惑在于，不同法院在知识产权诉讼禁令审查程序中基于紧迫程度采用不同的证明标准，是否具备充分的民事诉讼理论正当性基础？是否对"同案同判"乃至于"类案同判"的基本原则造成冲击？一言蔽之，知识产权诉讼禁令审查过程中，应否基于法官对案件紧迫程度的自由心证，适用多元化的证明标准？此为禁令证明标准的现实困惑之三。

对于知识产权诉讼禁令程序的证明标准问题，目前基于司法实践的现实考察，笔者共发现三方面现实性困惑，即禁令适用高度盖然性标准是否具有正当性依据？优势证据标准是否具有可行性和合理性？是否应根据案涉知识产权侵权行为的紧迫程度采用多元化证明标准？上述三个问题，日益成为知识产权禁令证明标准问题中的核心争议焦点，亟待通过运用民事诉讼法学的基本原理加以厘清和解决。

---

① 参见北京市高级人民法院民事裁定书，(2018) 京民终500号；以及相关判后答疑内容。

第七节 知识产权诉讼禁令证明标准理论检视

根据民事诉讼法学理论通说，证明标准是指在证明活动中，对于当事人之间争议的事实，法官根据证明的情况对该待证事实作出肯定性或否定性评价的最低要求，当裁判者的证明评价达到证明标准时，待证事实就被认为已经得到证明，裁判者应以该事实为依据作出裁判。[①] 证明标准的高低设置，决定了法官进行自由心证所需要的事实与证据的充分程度，这也决定着禁令审查程序的具体设计和运行效率，最终决定了禁令审查程序的结果。而对于本案生效裁判的证明标准，学术界特别是诉讼法学理论界对程序性裁决的证明标准研究和关注相对较少，对于行为保全禁令的证明标准研究更是凤毛麟角，主要停留在比较法层面上。然而，与司法实践中的混乱和困惑相对应的是，当前关于行为保全禁令的观点无法达成原则性共识，呈现出较大程度和范围的理论分歧争议，现将具有影响力的理论观点简要评述分析如下。

一、优势证据标准说

优势证据标准说认为，基于知识产权诉讼禁令程序的基本制度价值和功能定位，决定其无须适用民事诉讼实体审判即处理实体法律问题时的证明标准，亦即高度盖然性标准，[②] 而是应当“略

① 参见江伟、邵明主编：《民事证据法学》（第2版），中国人民大学出版社2015年版，第181页。

② 参见张海燕、苏捷：《功能主义视角下知识产权诉前行为保全制度的激活》，载《中国应用法学》2020年第6期。

低于”普通民事诉讼证明标准。[①] 至于具体降低到何种证明标准程度，代表性学者认为原则上应当降低至“优势盖然性”的证明尺度，[②] 且在具体的禁令审理程序中，应当赋予法官对案件证据是否达到优势证据的证明标准进行选取的自由裁量权。对于知识产权诉讼禁令是否达到优势证据的证明标准，应当结合案涉知识产权诉讼的实体法律关系和审查程序中具体的举证情况，交由法官自由裁量。[③] 持该学说观点的学者，主要寻求域外大陆法系国家或地区诉讼制度立法例的参考与支持，作为法律改良的依据和制度移植的范例。

国际组织相关知识产权争端解决程序机制层面上，对知识产权诉讼禁令程序的证明标准坚持采用优势证据标准说是国际知识产权争端解决的主流趋势。例如，作为欧洲标准必要专利案件最重要权威政府间官方裁决机构和其他技术类国际知识产权争议解决重要中心，[④] 2013 年新组建的欧盟统一专利法院（Unified Patent Court of Europe），其设立的条约第 62 条第 4 款明确将国际知识产权诉讼中临时禁令的颁发标准设定为满足符合“提交合理而充分的证据”这一具备典型优势证据意味的证明标准，[⑤] 而不需提交额外证据，以便专利权人及时启动临时禁令程序。近年来，欧盟大

① 参见徐伟：《〈民法典〉人格权侵害禁令的法律适用》，载《法制与社会发展》2021 年第 6 期。

② 参见周翠：《行为保全问题研究——对〈民事诉讼法〉第 100 – 105 条的解释》，载《法律科学》2015 年第 4 期。

③ 参见郑洁：《中欧电子商务消费争议多元纠纷解决机制之比较研究》，载《民事程序法研究》2018 年第 19 辑。

④ See Thomas F. Cotter, *Comparative Law and Economics of Standard – Essential Patents and FRAND Royalties*, 311 Texas Intellectual Property Law Journal 22 (2014).

⑤ See Article 62, Agreement on a Unified Patent Court, http://archive.epo.org/epo/pubs/oj013/05_13/05_2873.pdf.

量标准必要专利和商业秘密有关的临时禁令程序，均体现出对优势证据证明标准的采纳和运用。①

域外其他国家国内法层面上，德国民事诉讼制度值得重点分析。德国民事诉讼法通说认为临时性禁令救济程序中对权利保护的“需要”，申请人证明其“有合法的利益”即可，作为快速启动临时救济的门槛，不宜对其证明标准要求过高，② 以便通过适度降低证明标准来换取较高的救济效率。③ 从德国程序法文本和大量司法案例、专家法律意见书④等渊源进行观察可知，德国民事诉讼法理论通说通常将大部分程序性裁决的证明标准理解为一种“疏明”（glaubhaftmachung）的标准，“疏明”可理解为一种证明程序得到简化后的简式或略式证明标准；在疏明程序中，申请人对其负担证明责任的要件需完成“最低限度”的可信度举证。⑤ 日本学者伊藤真针对保全程序中的疏明标准指出：在为保证能够顺利地实施事实认定而为保全的情形中，若裁判无法迅速推进程序作出裁判，就可能妨碍制度目的的实现。该种情形中，由于并非对实体权利关系前提事实的认定，因此当需要证明为保全而采取相应的处分

---

① See William F. Lee& A. Douglas Melamed, *Breaking the Vicious Cycle of Patent Damages*, 385 Cornell Law Review 101（2016）.

② 参见沈达明编著：《比较民事诉讼法初论》，对外经济贸易大学出版社 2015 年版，第 20 页。

③ 参见最高人民法院修改后民事诉讼法贯彻实施工作领导小组编著：《最高人民法院民事诉讼法司法解释理解与适用》，人民法院出版社 2015 年版，第 353－359 页。值得注意的是，上述数字化表现目的在于比较各种证明标准的相对程度高低，并非数学意义上对案件证明程度的精准计量，其主要具有相对意义，而非绝对数值意义。

④ 参见潘剑锋、牛正浩：《构建专家法律意见书裁量采纳机制的思考——基于全国法院 1418 件裁判文书实证分析与比较法研究》，载《理论学刊》2020 年第 3 期。

⑤ See Thomas Traschler, *A Uniform Application of Article* 13 *of the Cape Town Convention via an Autonomous Interpretation*, 640 Uniform Law Review 21（2016）.

或作出一定程序上事项的裁判时，无须达到高度盖然性的确信，只需达到相当程度的盖然性即可对该事项作出认定。① 另有学者指出，疏明标准与优势证据标准的数字化表征相符，均大致为50%。② 有学者主要从参考借鉴德国民事诉讼上述制度出发认为我国行为保全禁令程序的审查，应将其证明标准界定为疏明，对于我国《民诉法解释》等规范进行体系解释亦可确立行为保全禁令中的优势盖然性标准，即50%的优势证据标准。③

从比较法角度可以看出，知识产权诉讼禁令程序中，优势证据标准说较符合国际通行知识产权争议解决程序和大陆法系主流立法原理的一般性、普适性规则。

二、高度盖然性标准说

学者常怡认为，民事诉讼法学理论研究的主要对象包括审判实践和民事诉讼实际情况。因此，理论联系实际是研究民事诉讼法学的基本方法。④ 故从禁令审查的司法实践角度考察，坚持高度盖然性证明标准学说的人士主要是司法实务界人士，其理由主要可归纳为法律适用原理、民事诉讼法目的、司法审判政策三个方面。

第一，从法律适用原理出发，目前禁令的证明标准应当适用普通民事诉讼程序中的一般性规定。具言之，客观上我国民事诉讼法律和司法解释并未对知识产权诉讼禁令的审理标准作出规定，

---

① 参见［日］伊藤真：《民事诉讼法》（第4版补订版），曹云吉译，北京大学出版社2019年第1版，第235页。

② See Mark Schweizer, *The Civil Standard of Proof – What Is It, Actually*, 217 International Journal of Evidence & Proof 20 (2016).

③ 参见任重：《我国诉前行为保全申请的实践难题：成因与出路》，载《环球法律评论》2016年第4期。

④ 参见常怡：《民事诉讼法学研究》，法律出版社2010年版，第15页。

但相关司法解释对民事诉讼的证明标准进行了明确规定，即负有举证责任的当事人，如果能将待证事实证明至“具有高度可能性”的程度，则应当视为满足了对此事实的举证责任；此外，司法解释亦明确，如果法律对特定的待证事实所应当满足的证明标准作出了其他规定，则应当以特别法优于一般法的原理，优先适用特别规定。[①] 然而，无论是作为我国实质意义上民事证据法主要规范依据的《民事诉讼证据规定》[②] 还是作为我国知识产权诉讼特别证据法的《知识产权诉讼证据规定》，[③] 均未对知识产权诉讼禁令或知识产权诉讼实体要件的证明标准作出特别规定。综上所述，在法规范已对证明标准作出一般规定但对禁令的证明标准没有特别规定的情况下，从法律文义解释及体系解释的层面理解，依然应当适用高度盖然性的一般标准。

第二，采用高度盖然性的禁令证明标准契合我国民事诉讼的基本目的。任何民事诉讼制度都并非孤立的，证明标准的设置与民事诉讼的目标高度相关。英美法系证据法理论通说认为，证明标准的设置应兼顾诉讼的社会目标和个人目标，[④] 特别是在我国现实的司法语境中，民事诉讼制度的社会目标或者社会治理功能往往优位于个人权利保障目标。[⑤] 换言之，如果采用较低的证明标准，则知识产权诉讼中禁令的颁发率将大幅上升，导致急于维权的大量权利人滥用禁令权利的行为普遍化，致使双方当事人权益

① 参见《民诉法解释》(2022 年修正，法释〔2022〕11 号) 第 108 条。

② 参见《民事诉讼证据规定》(2019 年修正，法释〔2019〕19 号)。

③ 参见《知识产权诉讼证据规定》(法释〔2020〕12 号)。

④ 参见［英］威廉·特文宁（Willian Twining)：《反思证据：开拓性论著》(第 2 版)，吴洪淇等译，中国人民大学出版社 2015 年版，第 75、193－195 页。

⑤ 参见潘剑锋、牛正浩：《新时代“枫桥经验”视域下的社会化协同执行机制——基于 J 省法院的实证研究》，载《东岳论丛》2021 年第 3 期。

受损，也可能阻碍创新发展的进程，使科技界人士特别是中小高新技术企业从业人员“动辄得咎”，同时变相鼓励禁令异化为实质上的隐性垄断或不正当竞争行为。①

第三，通过高度证明标准把握禁令的适用，符合我国审判政策的要求。调研中，知识产权审判部门多位法官表示，大多数需要颁发禁令的知识产权诉讼案件实际上属于典型意义上的“四类案件”。四类案件中，第一类为重大疑难复杂敏感案件，而“重大疑难复杂敏感”，包括涉及国家利益、社会公共利益的案件。四类案件第二类为可能影响社会稳定的案件，而对于影响社会稳定的理解，最高人民法院明确认为包含对特定行业、产业发展产生较大影响的案件。② 知识产权领域的竞争已经成为当下国际竞争的焦点领域，因此知识产权案件中，尤其是涉及5G、6G、元宇宙、人工智能、量子技术、航空航天等尖端产业领域更新迭代的重大涉外知识产权案件，禁令审查的结果既涉及国家和社会公共利益，也影响产业利益和社会稳定。③ 而上述案件实际上是知识产权诉讼禁令和禁诉令、反禁诉令、禁执行令的适用频率最高的场域。④ 由于关涉利益重大，对于上述案件中的禁令申请，受案法院往往需要层报上级法院进行监督和报备，⑤ 并且倾向于认为应当采取较为

① 上述观点，源于笔者在最高人民法院第五巡回法庭的调研座谈纪要。访谈时间：2021年10月28日。

② 参见《最高人民法院关于进一步完善“四类案件”监督管理工作机制的指导意见》（法发〔2021〕30号）第2~4条。

③ 参见牛正浩、潘剑锋：《论检察机关化解政治安全风险的维度》，载《甘肃政法大学学报》2021年第4期。

④ 如华为与康文森、无线星球、高通等通信行业巨头的一系列专利诉讼中的知识产权诉讼禁令申请。

⑤ 除不予执行涉外仲裁裁决案件外，关于我国法院系统层报机制极少存在公开资料或报道，但据笔者调查了解，涉外案件尤其是重大知识产权案件中，地方法院层报最高人民法院进行把关审核的情况，在目前的司法实践中仍然客观存在。

审慎的态度和司法政策，对证明标准从严掌握，最大限度防止裁决错误给公共利益乃至法官个人带来的潜在威胁。因此，虽然法律和司法解释并未要求知识产权诉讼禁令的审查程序适用高度盖然性标准，但是在实践中，大部分合议庭和法官对于禁令的申请往往认为应当适用高度盖然性的标准，有法官认为，对行为保全的证据，应达到内心确信的程度，即法院应当按照该类案件判决裁判标准或更严的证据标准予以审核，① 个别案例中甚至近似采纳了“排除合理怀疑”的接近绝对真实标准。②

三、多元化证明标准说

多元化证明标准说，又称“弹性证明标准理论”“阶梯式证明标准理论”。持此学说者以我国台湾地区民事诉讼法学界姜世明、许士宦、李建良等学者为主要代表，其在考察德、日民事诉讼法学理论通说的基础上，结合我国台湾地区的司法实践情况特别是智慧财产案件特别审理法和智慧财产法院诞生之后的审判实践中所反映出的主要问题，提出知识产权诉讼禁令程序（我国台湾地区称为“定暂时状态假处分”制度）应当适用的证明标准为可变化的多元化证明标准。事实上，多元化的证明标准是以前述大陆法系通行的优势证据标准为基石，在优势证据原则为基本原则的基础上发展演化而来的全新的证明标准理论。

对于知识产权诉讼禁令的证明标准问题，我国台湾地区学者的观点具有代表性。多元化证明标准说的主要观点归纳总结如下：第一，申请人提供的担保并不能代偿己方证明标准的未成就，即

① 参见秦善奎：《知识产权民事审判证据实务研究——以智慧的方式善待智慧》，知识产权出版社2018年版，第67－68页。

② 参见绍兴市中级人民法院民事裁定书，(2017) 浙06民初264号之一。

担保既不能代替释明，也不能补充释明，而是应当直接驳回申请。① 第二，对于禁令的证明标准（我国台湾地区将证明标准称为“证明度”），大多数情况下，原则上应当由禁令的申请人举证达到通常意义上的释明②之责任即可，不需要固守本案化的实体证明标准。③ 第三，弹性证明标准是指在优势证据标准或称“优势盖然性”的一般基础模式上，法院在审查知识产权诉讼禁令证明标准时应当采用弹性的、动态的多元化证明标准。根据笔者对我国台湾地区的判例和理论通行观点进行的考察，弹性证明标准理论中，决定作为因变量的证明标准的主要自变量因素包括三个。

1. 禁令请求内容与本案实体判决的接近程度。知识产权诉讼禁令的适用，应避免裁定之作成，使本案诉讼裁判失去意义。④ 如果知识产权诉讼禁令请求与民事诉讼实体请求的给付内容越接近，则对于申请人而言，其所应当负担的证明标准就越高。若有与申请人实体诉讼请求完全一致的情况，如停止知识产权侵权行为的行为保全禁令、先予执行或先行判决，则应当适用与本案实体判决相一致的高度盖然性证明标准。⑤

① 参见许士宦：《商业事件之定暂时状态处分》（上），载《月旦裁判时报》第12期（2020）。

② 需要注意的是，我国台湾地区的“释明”这一术语的内涵外延，与德国民事诉讼法学理论中的“疏明”基本可理解为属于相同的概念，而与大陆的“释明”概念具有较大差别。根据笔者个人观点理解，我国《民事诉讼法》中的释明，主要是指法院依职权对某些程序性事项向诉讼参与人进行说明，而我国台湾地区的“释明”是一种简略式样的证明方法或者证明程序。

③ 参见姜世明：《民事诉讼法基础论》，台北，元照出版有限公司2018年版，第397页。

④ 参见李建良：《暂时权利保护的规范体系与实务发展》，载《月旦法学教室》第7期（2021）。

⑤ 参见姜世明：《新民事证据法论》，台北，新学林出版股份有限公司2010年版，第323－326页。

2. 被申请人因禁令可能遭受的损失与申请人因不颁发禁令可能遭受损失的差值程度。学者姜世明认为"若相对人因假处分所受损失远大于声请人未获得假处分所受损害者，其盖然性要求亦应提高"①。也就是说，在法院查明知识产权诉讼禁令两造因禁令是否颁发所遭受的负面损失和影响之后，如果被申请人因禁令遭受的损失与被申请人因不颁发遭受的损失比值越大，则代表着颁发禁令出现"大炮打蚊子"式不符合比例原则的风险程度就越高，因此法院必然将对证明标准进行更为审慎的把握，以免造成无法挽回的后果。②

3. 禁令所涉知识产权保护的紧迫程度。根据我国台湾地区学者的观点，对于知识产权诉讼禁令的证明标准问题，在部分类型的案件当中，亦应考虑其紧急性要件即禁令所涉知识产权保护的紧迫后，采用较为灵活的证明标准，即情事状态越紧迫，则原则上应当适用的证明标准通常就越低，但不能突破优势盖然性即优势证据标准的底线。③ 然而，学者同时对在此种情况下法院所享有的过分膨胀的自由裁量权表示了隐忧，其强调灵活性的证明标准会导致民事诉讼程序的安定性受到一定程度的挑战，因此应当由法院在知识产权诉讼禁令的审理过程中进行适当指示，及时进行心证公开，以避免禁令的突袭裁判。④

综合上述分析，我国台湾地区民事诉讼法学领域在知识产权

---

① 姜世明：《民事诉讼法基础论》，台北，元照出版有限公司 2018 年版，第 398－399 页。

② 参见陈荣宗、林庆苗：《民事诉讼法》（下），台北，三民书局 2020 年第 9 版，第 910－915 页。

③ 参见姜世明：《民事诉讼法基础论》，台北，元照出版有限公司 2018 年版，第 408－409 页。

④ 参见许士宦：《商业事件之定暂时状态处分》（下），载《月旦裁判时报》第 1 期（2021）。

诉讼禁令证明标准的基本理论学说层面整体上坚持弹性多元化优势证据标准说。禁令的证明标准是一条动态连续性变化的“光谱”，而理论界将证明标准的确立事实上交给了法官的自由心证。禁令个案审查过程中，其证明标准的高低，取决于法官基于自由心证，可综合考量对禁令请求与本案判决请求的接近程度、被申请人因禁令可能遭受的损失与申请人因不颁发禁令可能遭受损失的差值程度、禁令所涉知识产权保护的紧迫程度三个因素。其中，前两个因素与证明标准呈正相关关系；第三个因素与证明标准呈负相关关系。禁令证明标准波动的区间为优势证据标准（50%）至高度盖然性标准（75%）。①

第八节　知识产权诉讼禁令证明标准比较分析

综合分析前述三种关于知识产权诉讼禁令的证明标准理论学说后，笔者倾向于认为，三种理论学说均具有一定程度的合理性和参考意义；但仔细审视之后，发现上述三种学说均具有较为明显的理论短板和值得商榷之处。对此，宜博采众长、扬长避短，在对上述三种理论学说进行批判性参考和吸收的基础上，科学构建和完善我国知识产权诉讼禁令证明标准的理论和制度体系。

一、优势证据标准说简评

（一）优势证据标准说之长处

对于优势证据标准说，可从三个角度评价其独特的功能和

① 上述数字仅具有相对比较意义，并非具有精确的绝对数值意义。

长处。

第一，优势证据证明标准是德国、日本等大陆法系国家与地区的理论通说，也是相关国际条约和知识产权争端裁决组织所明确确立的证明标准。随着我国综合国力的提升和“一带一路”倡议不断向纵深推进发展，国际性涉外知识产权案件激增，在国际知识产权政府间国际组织中扮演越发重要的角色，通过重塑争端解决规则参与国际知识产权治理的程度不断提高，部分案件确立的标准甚至已成为国际组织裁判同类案件的通行惯例，例如，华为诉中兴案中，欧盟法院对垄断案件是否颁发临时禁令判断要件问题确立了“五步骤十三保留”规则。① 就国际私法和国际治理的角度而言，在我国知识产权诉讼中构筑起一套符合国际通行程序的禁令程序证明标准，既有助于提高我国法律的域外适用效能，也有助于优化我国的营商环境，真正将我国打造成为国际知识产权争端解决的新高地和优选地。②

第二，从对知识产权权利人的充分及时保护和有效救济角度来看，优势证据标准说无疑是一种“知识产权权利人友好型”的证明模式选择，通过禁令程序证明标准的适度降低，权利人的暂时性司法保护请求得以实现，侵权行为得到有效制止和及时救济，这也是知识产权诉讼禁令制度的价值初衷。

第三，从促进司法效率的提升角度来看，在采用优势证据标准的证明模式下，法院审理知识产权诉讼禁令的审理期限将显著缩短，审理效率将明显提高。诉讼制度证明标准的程度，直接决

① 参见魏立舟：《标准必要专利情形下禁令救济的反垄断法规制——从“橘皮书标准”到“华为诉中兴”》，载《环球法律评论》2015 年第 6 期。

② 参见沈伟：《中美贸易摩擦中的法律战——从不可靠实体清单制度到阻断办法》，载《比较法研究》2021 年第 1 期。

定着司法机关在程序运行中所耗费的司法资源和解纷成本。例如，实证研究表明，刑事诉讼中证明被追诉人有罪的证明标准通常应达到最高的排除合理怀疑的标准，为达到上述证明标准，在单个案件的处理中，在制度上需要侦查机关、公诉机关和审判机关等耗费远高于单个民事诉讼案件的大量司法资源。① 其根本原因就在于，刑事诉讼的证明标准高于民事诉讼的高度盖然性标准。②

综合上述几点，优势证据标准说符合国际通行的司法程序惯例，能够迅速使权利人获得临时性救济，促进司法效率的提升，减少司法成本消耗。

（二）优势证据标准说之缺憾

但是在承认其主要优势的基础上，还应看到优势证据标准说的两方面主要缺憾：

第一，忽视了被申请人实体权利遭受不当干预和影响的风险。任何知识产权诉讼制度，均包含着利益衡量的基本要素，尤其是作为准实体性程序裁决机制的禁令程序，由于禁令程序中申请人与被申请人的紧张冲突关系，诉讼契约通常难以达成。因此，对申请人权利的倾斜性保护似乎必然意味着对被申请人合法程序权益的减轻保护或限制。因此，若始终固守较低的优势证据证明标准，则被申请人的权益将在知识产权诉讼过程中时刻处于遭受重大不利影响的风险之中，与“平等武装”的当事人主义民事诉讼基本理念相互龃龉。被申请人同样属于当事人地位，而且禁令的申请程序并非像执行程序那样单向度，其本质上依然主要是等腰

① 参见宋英辉、郭云忠等：《我国刑事和解实证分析》，载《中国法学》2008 年第 5 期。

② 参见霍海红：《提高民事诉讼证明标准的理论反思》，载《中国法学》2016 年第 2 期。

三角形的对审结构,[①] 因此，从兼顾双方利益的角度来说，如果始终采取优势证据标准，则有可能导致等腰三角形的禁令审查结构出现权利义务的失衡。

第二，一味地追求知识产权禁令审查程序的效率可能导致本案争议无法得到实质化解。如果采用优势盖然性的证明标准，则可能导致原本就已经较为简化的禁令审理程序进一步粗线条化。无论是我国台湾地区智慧财产法院对定暂时状态假处分程序的审理，抑或英美法系普通法诉讼中对临时禁令的裁量颁发，都强调应当充分保障当事人特别是被申请人的庭审请求权和辩论权利，使双方当事人在进行充分的程序参与和哈贝马斯提出的“理性的商谈对话程序”之后，最终作出禁令裁决，即“以听证审查为原则、以不听证审查为例外”[②]。而考察大陆法院的知识产权诉讼审判实践情况，当前为节省时间成本，禁令的审查程序实际上已经逐渐异化为“以不听证审查为原则，以听证审查为例外”的审查形式。如果今后进一步降低证明标准，则必然带来知识产权诉讼中的大量禁令申请案件涌入法院，导致知识产权诉讼领域“诉讼爆炸”的情况更加突出，从而使禁令审查程序进一步被迫简化。听证的频率降低，将很大程度上导致当事人通过理性商谈解决争议的可能性进一步降低，从而引发当事人强烈的被剥夺感和被忽视感，造成当事人对程序公正的怀疑，产生司法不公的误解，从而不利于知识产权诉讼“案结事了”、服判息诉。

---

① 参见任重:《夫妻债务规范的诉讼实施——兼论民法典与民事诉讼的衔接》，载《法学》2020 年第 12 期。

② 参见刘燕:《司法视角内完善中国海事强制令制度的建议》，载《中国海商法研究》2020 年第 3 期。

二、高度盖然性标准说简析

高度盖然性标准说是我国当前大多数法院在审查知识产权诉讼禁令，特别是专利、商业秘密、集成电路布图设计、植物新品种等技术类知识产权诉讼案件中的禁令问题时所实际采用的证明标准。①

（一）高度盖然性标准的合理性

高度盖然性的证明标准模式的主要优势及合理性同样在于三点：

第一，程序错误率低。能够稳妥审慎地处理禁令是否颁发这一问题，有效减少由于错误颁发禁令引起的针对全案提起上诉或复议等问题。少部分知识产权诉讼案件中，当事人的主要上诉理由便是对行为保全禁令的颁发存在怀疑，因此对全案提起上诉；②此外，虽然发案率较少，但当事人尤其是被申请人对错误申请行为保全提起损害赔偿之诉的案例近年来不断浮现，③从某种意义上说明了行为保全禁令制度并没有真正促进纠纷的多元化解，反而增加了新的矛盾和争议，出现了不得不通过其他民事诉讼制度加

① 这一现象的深层次原因在于，对于大多数非技术类知识产权案件来说，如放映权、发表权纠纷等案件，被申请人是否存在侵权实际上较为直观，法官可以凭借较低的证明标准即可作出正确裁决。而对于技术类知识产权案件，一方面，侵权事实和损害结果实际上很大程度依赖于技术调查官进行的技术性事实查明结果，在禁令审理程序中查明较为困难；另一方面，在技术类知识产权案件中，行为保全禁令诉请和声称的损害结果之间的因果关系、侵权行为与损害结果之间的因果关系往往都并非十分明确。因此法院出于“司法惯性”来适用高度盖然性证明标准的情况十分普遍。我国台湾地区学者将其称为假处分程序事实查明的“本案化”。

② 典型案例如浙江省高级人民法院民事判决书，（2019）浙民终709号、北京知产法院民事判决书，（2021）京73民终1794号等。

③ 典型案例如山东省泰安市中级人民法院民事判决书，（2021）鲁09民终2909号。

以解决的“程序旋转门”现象。[①] 因此，对于技术类知识产权案件，原则上掌握较严格的证明标准尺度，能够有效降低程序裁决过程和结果的错误率，保障最终裁决结果的公正。

第二，限缩自由裁量空间，有效防止法官滥用自由裁量权。自由裁量，是指法官根据法规范，依据法庭查明的事实，在个人法律意识支配下作出裁判的过程。[②] 因此，自由裁量的外在决定因素，包括法律规范授权和案件事实证明两方面。在任何诉讼程序制度中，随着证明标准的提高，案件事实不明的概率就会降低，案件事实真伪不明的情况就会降低，因此法官自由裁量权发挥作用的空间便会相应得到限缩。例如，我国民事执行程序中，由于对审程序的缺失和执行制度的空白，法官在进行程序性事项判断，如判断何时属于终本情形时，主观性、行政化色彩较强，缺乏约束的自由裁量权带来的后果就是“执行乱”现象的出现，以及拖延执行、消极执行等问题的产生。[③] 笔者于 2019 年在对消极执行等“执行乱”问题进行调研时，最高人民法院执行局相关负责人士在访谈中便认为，根本原因一方面是执行活动缺乏有效监督机制，另一方面是法官自由裁量权过大，程序性事项的证明标准过低，有些程序性事项的证明，甚至不需要给出理由，如异地地方性银行账户的财产线索查找问题。虽然知识产权保全禁令程序是暂时性救济，并非终局性执行，但是其道理是相似的，即证明标准越高，法官的自由裁量权受到约束的程度越高，司法权滥用的空间就越小。

---

① 参见潘剑锋：《民诉法修订背景下对“诉调对接”机制的思考》，载《当代法学》2013 年第 3 期。

② 参见张军：《法官的自由裁量权与司法正义》，载《法律科学（西北政法大学学报）》2015 年第 4 期。

③ 参见牛正浩、尹伟：《论执行工作“一案双查”制度的实践与完善——基于 J 省三级法院应对消极执行的实证研究》，载《法律适用》2020 年第 11 期。

第三，有助于促进纠纷预先实质性化解。较高的证明标准一方面可以客观上推进审理程序的更加完备，另一方面可以给双方当事人更多进行审理的机会，从而保障两造程序参与者的听审请求权。听审请求权的保障，有助于促进双方当事人在禁令颁发的程序中针对胜诉可能性问题、侵权问题、损害赔偿问题等进行反复沟通交流，在形成证据契约的前提条件下达成全案诉讼和解，从而有助于促进纠纷的实质性化解。有学者考察后指出，知识产权行为保全禁令具备有效促进在实体判决作出之前，预先化解纠纷的潜在功能，[①] 而上述功能的激活，前提在于知识产权诉讼禁令合适的证明标准选取以及随之配套的充分程序保障。相较于优势证据的证明标准，高度盖然性标准更能促进纠纷的高效和实质性化解。

（二）高度盖然性标准之短板

知识产权诉讼禁令高度盖然性的证明标准的缺陷，主要有两方面：一方面，证明标准高必然带来运行效率较低、司法资源成本较高的问题，前已详述，在此不再重复；另一方面，即禁令程序证明“本案化”的问题，此问题是高度盖然性证明标准学说致命的缺陷。由于我国知识产权诉讼禁令程序的审查要件设计，已经包含了对本案胜诉要件的审查判断，因此对于上述要件的判断，如果采用高度盖然性的证明标准，则为何仍然需要颁发禁令，而不是针对全案直接作出实体判决，或者是至少作出确认侵权或者停止侵权的先行判决？这也是理论界对高度盖然性标准的主要怀疑。事实上，高度盖然性标准具备实践可操作性，证明其符合当前司法实践的要求，是基于当前知识产权诉讼的特征所进行的一

---

① 参见张海燕、苏捷：《功能主义视角下知识产权诉前行为保全制度的激活》，载《中国应用法学》2020 年第 6 期。

定程度上的妥协，但似乎缺乏诉讼法学理论上的正当性证成，这也是理论界鲜有持此学说主张的原因。

三、多元化证明标准说审视

知识产权诉讼禁令多元化弹性证明标准的核心在于：原则上对于一般知识产权诉讼禁令案件，应当采用优势证据的证明标准；在考虑与本案实体诉讼请求相近程度、相对损害程度和紧迫程度的因素下，可以采用弹性证明标准，将实际上选择采用证明标准的权力，委诸法官自由裁量。

（一）多元化证明标准之优势

相较于较为固定的优势证据标准和高度盖然性标准，该理论学说主要的优势在于灵活性较强，且裁判结果更加贴合客观规律和现实因素。

第一，灵活性强。多元化弹性证明标准强调应当结合案件具体事实和实际因素，授权法官在知识产权诉讼禁令审查程序中，结合三要素检验得到的心证结果，基于自由裁量权对证明标准进行个案判断。在这种情况下，法官对程序规范进行创造性变通和发挥的空间就会较大，不必固守统一僵化的证明标准。事实上，知识产权诉讼禁令审理程序中，裁判事实变化纷繁复杂，远非数条程序性规范所能完全涵盖囊括。因此，相对于固守某一特定证明标准，法官的主观能动性在案件处理过程中，尤其是现代型诉讼中，发挥的积极因素和作用越发不可小觑。新时代“枫桥经验”视域下的法院是社会治理的重要力量，[①] 法官并不是机器，不是只

---

① 参见侯国跃、刘玖林：《乡村振兴视阈下诉源治理的正当基础及实践路径》，载《河南社会科学》2021 年第 2 期。

能依据预先设定编写的程序，输入具体事实从而得出结论的设备，而是应强调发挥其主观能动性，[①] 履行社会治理的责任，[②] 积极推动社会协同治理和纠纷多元化解决，以本职工作为中心，能动地化解社会矛盾。[③] 而更为灵活的多元化弹性证明标准理论，能够赋予知识产权诉讼禁令的审判法官发挥主观能动性的空间，从而为知识产权纠纷的实质性化解提供理论支撑。

第二，多元化弹性禁令证明标准的法律适用，将使禁令的裁判结果更加符合客观规律和现实情况。任何裁判都不是孤立存在于真空中的，而是必须基于客观现实情况作出的。例如前述“四类案件”问题、特定案件的层报问题，实际上就体现出任何裁判必然无法脱离其所在的政治、社会和文化背景，亦即民事审判工作特别是知识产权审判工作亦应当强调法律效果、政治效果和社会效果的统一的司法政策。[④] 笔者在此无意讨论和质疑上述司法政策是否具有正当性，而是从纯粹法律技艺理性角度出发，认为民事程序设计在实然层面上会深刻受到上述司法政策及社会现实土壤的影响。因此，在我国研究任何民事诉讼制度的设计与完善，都应考虑司法政策对特定程序的深远影响和形塑作用。笔者认为，多元化的弹性禁令证明标准，能够赋予法院将司法政策、产业安全、国家和社会公共利益熔于一炉进行综合考量的灵活空间，例如，对于“四类案件”等重大敏感复杂的知识产权诉讼

① 参见江国华：《走向能动的司法——审判权本质再审视》，载《当代法学》2012年第3期。

② 参见苏力：《关于能动司法》，载《法律适用》2020年Z1期。

③ 参见罗东川、丁广宇：《我国能动司法的理论与实践评述》，载《法律适用》2020年Z1期。

④ 参见何莉：《兼顾国法天理人情　彰显司法公平正义》，载《人民法院报》2021年11月18日，第5版。

案件禁令的颁发问题，可以基于自由裁量权，慎重适用较高层次的证明标准，以便遵循司法政策，做到“三个效果”的统一；对于一般意义上法律关系较为简单、事实较为清楚的知识产权案件，尤其是并不直接涉及重大社会公共利益的案件，则可以考虑适用较低层次的证明标准，以提高禁令审理和颁发的救济效率。

（二）多元化证明标准之反思

从功能主义视角出发，多元化证明标准是瑕瑜互见的。多元化弹性证明标准的缺陷与其优势相比同样十分明显：

第一，在实践层面上，正如我国台湾地区学者所指出，绝对的权力将带来绝对的滥用。弹性的多元化证明标准有可能带来裁判恣意或自由裁量权的滥用，甚至成为新的司法腐败滋生风险点。此外，弹性证明标准的选择，对法官的专业素质特别是知识产权有关的专业知识提出较高的要求。如果法官专业素质或专业知识不够，对公共利益的理解和认识不够深刻全面，则有可能无法选择较为合适的证明标准进而作出适当而公正的禁令裁决。因此，如何进行心证公开或者在知识产权诉讼禁令程序中增设与多元化证明标准相适应的监督和制约机制，均是该理论无法解决和回避的问题。

第二，在理论层面上，多元化弹性证明标准的缺陷在于其对具体证明标准的把控和衡量缺乏进一步理论研究。具言之，证明标准与三个因素的具体衡量尺度不够明确，即每个因素在法官进行自由心证权衡过程中所应当起到的权重无法确定。而如果法律或司法解释对其不同的因素权重规定过于明确或定量化，则无疑又会陷入“三人明证其事，始合定罪”① 式的近似法定证据主义或

① 参见（唐）长孙无忌等撰：《唐律疏议》，中华书局1983年版，第285页。

法定证据制度的怪圈中。矛盾或争议的焦点在于，如何把握“弹性”的限度，即如何找到法官裁量理性和自由裁量权约束的最佳平衡。

第三，弹性证明标准，是不是一个可以被理解为随着三个自变量而连续性变化的“参数”，该理论并未给出进一步答案。关于弹性证明标准中的具体标准的数值，与三个因素之间是否呈现线性连续变化，目前理论并未明确加以探索。科学界谚语有云：“自然界喜欢渐变，不喜欢跳跃。”① 原则上，根据三个因素进行衡量之后，法院对特定知识产权诉讼禁令证明标准的选取，理论上完全可以在优势证据标准（50%）到高度盖然性标准（75%）之间选择任何一个数值，只要其选择是根据对三因素的衡量分析，而合理地作出即可。但无论是司法实践，抑或弹性证明标准理论，似乎也只是将证明标准的选取局限在两个端点进行反复“跳跃”，始终是优势证据标准或高度盖然性标准二者选其一，而未探讨在两个端点的区间范围内，由法院行使自由裁量权，居间选择禁令证明标准（如70%）的可能性。

第九节　我国知识产权诉讼禁令证明标准构建

在简要分析知识产权诉讼禁令证明标准各主要理论学说以及其各自长处和短板之后，笔者倾向于认为，原则上应当以多元化的弹性证明标准理论为基础和蓝本，并通过适当途径或机制对多元化的弹性证明标准加以优化完善和修正，从而在上述理论的指

---

① 尹贻梅、刘志高、刘卫东：《路径依赖理论研究进展评析》，载《外国经济与管理》2011年第8期。

导下，科学构建较为完善的符合我国特色知识产权诉讼审判规律的知识产权诉讼禁令证明标准制度。

一、理论最优解：多元化弹性禁令证明标准

对于我国知识产权诉讼禁令的证明标准问题，应当逐渐从当前司法实践中所秉持的高度盖然性标准向多元化弹性证明标准进行理论和实践转向。为何不采用优势证据标准，而是参考借鉴弹性标准？笔者认为，当前阶段针对知识产权诉讼禁令程序的证明问题，采用多元化弹性证明标准是制度的最优解，其原因可从正反两方面角度出发。

从正面角度来说，多元化弹性证明标准在理论上吸收和兼顾了优势证据标准和高度盖然性标准的双重理论优势，并且试图通过法官自由裁量权的引进，限制和排除上述两个单一证明标准学说的负面因素。因此，该理论学说可被理解为一种介于单一证明标准之间的中间路径，既能够在特定语境下进行变通并发挥证明标准的优势，又能够避免僵化适用单一证明标准的缺憾。该标准可以使法官基于不同的实践情况，灵活作出变通和处理，使裁判结果做到实质公正和程序效率的最优化，同时可以将尽可能多的影响因素，如程序请求权性质、紧迫性、相对损害程度以及三个效果的统一要求等因素吸收进入禁令审查程序的利益衡量过程中，为裁判者利益衡量预留充分的灵活度和制度空间，不至于削足适履、故步自封、作茧自缚。最后，有学者指出，我国民事实体和程序法规范中已经逐渐构筑起多元化的证明标准体系，因此在知识产权诉讼禁令程序中构建多元化的弹性证明标准体系，[①] 也具备

① 参见邵明、李海尧：《我国民事诉讼多元化证明标准的适用》，载《法律适用》2021 年第 11 期。

一定的现实基础和依据。

从反面角度来说，对多元化弹性标准的质疑和批评主要来自对法官自由裁量权行使缺乏约束的不信任。而实际上，随着近年来全国范围内政法队伍教育整顿等工作的推进，[①] 对政法机关督导和巡视工作已呈常态化运行，我国审判体系与审判能力现代化水平和司法机关公正指数逐渐提升，对审判权的制度性监督机制特别是司法干部违规插手干预案件的“三个规定”[②] 等机制已逐步趋于严格完善，对法官个体自由裁量权的约束亦得到进一步发展。有理由相信，我国司法审判的专业水平和公正程度在将来一定会得到长足的进步。因此，因法官有可能滥用自由裁量权而不采用多元化弹性证明标准，放弃更加科学的规范理论，有“因噎废食”的可能。此外，近年来，随着最高人民法院知识产权法庭“飞跃上诉”机制的建设，[③] 技术类案件审判重心整体上移，全国知识产权审判专门化、知识产权法官专业化的程度客观上得到较大程度的提高，对技术问题的查明机制亦得以通过技术调查官等机制加以解决，为更加科学规范地行使知识产权诉讼禁令证明标准的自由裁量权创造了客观基础。在此种情况下，适度扩大法官在证明标准选择方面的自由裁量权将逐步成为我国知识产权诉讼禁令证明标准相关制度的必要选择。

---

① 参见陈一新：《发扬自我革命精神　打造新时代政法铁军》，载《学习时报》2021 年 5 月 12 日，第 1 版。

② “三个规定”是指《领导干部干预司法活动、插手具体案件处理的记录、通报和责任追究规定》、《司法机关内部人员过问案件的记录和责任追究规定》和《关于进一步规范司法人员与当事人、律师、特殊关系人、中介组织接触交往行为的若干规定》。

③ 参见方斯远：《我国飞跃上诉的制度构建：兼论有限三审制的改革路径》，载《中国法学》2020 年第 5 期。

二、知识产权禁令多元化弹性证明标准构建

基于前述分析，我国知识产权诉讼禁令证明标准司法实践建构中，较宜采用多元化的弹性证明标准。但是，为进一步保障有关制度的运行质效，尽量减少法官可能存在滥用自由裁量权的情况出现，应当从以下几个方面进行证明标准制度的建构和完善。

（一）以优势证据为原则

在未来知识产权特别审理法或其配套的司法解释中，明确规定行为保全禁令的审理程序所应当适用的多元化弹性证明标准的一般基准即优势证据标准，以及与实体判决相似性、案件紧迫性、相对损害大小程度等有关的考量因素，从法规范层面授予法官对知识产权诉讼禁令审查程序证明标准的自由裁量权。其理论原因在于，大陆法系诉讼法理通说认为，对于民事诉讼证明标准，特别是特定案件中不采用一般证明标准的例外情形，均应以实体法成文规范作为制度依据。因此，作为“例外”情形的知识产权诉讼禁令多元化弹性证明标准，应当具备法律规范的明确授权，才能具备足够的正当性基础。

（二）赋予法官自由裁量权

明确原则性标准授予法官对知识产权诉讼禁令证明标准的动态识别与弹性选择权。弹性选择权应当被理解为法官在综合各衡量要素的情况下，有从优势证据（50%）下限到高度盖然性（75%）上限标准这一范围之间任意一点（如选取65%或70%等标准）进行选择的权利，此处的数值仅具有比较参照意义，是相对概念。因为在现实司法审判语境中，法官在进行各种因素的综合权衡之后，大多数情况下其所形成的心证标准不一定与最高或最低证明标准严格吻合；在此种情况下，如果强制法官在上下限

二者中选择其一，则其证明标准的选择实际上反而违背了客观事实情况和法官的善良心证。因此，原则上应当允许法官根据案件具体情况选择适用上下限之间任意一点的证明标准，但是应当加强在裁判文书中对心证形成过程和证明标准进行充分阐释，通过及时的心证公开，为禁令裁决提供充分的正当性理由，① 以促进裁判结果的说理性和可接受性。②

（三）完善约束机制

配套完善对法官在知识产权诉讼禁令证明标准选择中的自由裁量权监督、约束和控制机制。虽然随着我国司法文明指数和公正指数的提升，总体而言，自由裁量权滥用的情况逐渐减少，但是在公法场域内，对公权力的约束亦只能通过权力相互制衡而非寄希望于贤者政治来实现。因此，对于多元化弹性证明标准的选择，亦应通过完善相关的配套监督约束机制，实现对法官滥用自由裁量权的程序控制。笔者认为，可以从以下两类重要程序机制入手进行考虑。

一是通过完善程序性裁决相关的类案识别与强制检索机制，构建我国特色的程序性裁决指导性案例体系。当前，虽然类案强制检索机制得到了广泛适用，且在促进法律统一适用和减少裁判分歧领域取得显著成效，但是类案强制检索当前主要聚焦于对实体法规范要件的相似性比对和识别，只要求对实体裁判结果保障“类案同判”即可，而对于程序性事项特别是以禁令为代表的准实体性程序性裁决事项，其类案强制性检索机制的实践尚处于空白

① 参见雷磊：《法教义学的基本立场》，载《中外法学》2015 年第 1 期。
② 参见张文显：《法理：法理学的中心主题和法学的共同关注》，载《清华法学》2017 年第 4 期。

状态。[1] 而对于程序性裁决来说，仍然有必要遵守类案同判的一般程序正义原则，而且可以将类案尤其是最高人民法院作出的裁判案例和本院就相似情况下作出的程序性裁决案例作为一种强制性参考标准（法院在进行证明标准选取时所参考的标尺），使其在规范法官自由裁量权行使过程中发挥重要价值。对于知识产权诉讼禁令的弹性标准选择，应当颁布专门的指导性案例制度，进一步规范法官自由裁量权的合理行使区间和范围。

二是通过更大范围和更深程度的程序性裁决裁判文书公开机制，促进法官在裁判文书中加强说理，及时公开自由心证。相较于民事案件实体裁判文书，在我国裁判文书网上公开的程序性裁决类文书范围非常有限，主要是少数管辖权异议、财产保全类文书。其根本原因在于，我国司法解释规定的应当在互联网强制公开的裁判文书范围并未包括程序性裁决文书。[2] 而事实上，指导性案例制度和参考案例制度应当既包含实体性规范，又包含程序性规范。[3] 笔者基于从事知识产权诉讼实务经验认为，单个知识产权诉讼案件中，可能包含多个程序性裁决文书，而最终的生效实体裁判文书中包含程序性规范、程序性裁判要旨和法官就程序性裁决进行裁量过程的信息量通常较为有限，往往其审查过程及说理内容被一笔带过，甚至完全不会提及。如果赋予法官多元化弹性证明标准的自由裁量权，则原则上必须通过将禁令的程序性裁决文书进行公开，来促进法官自由心证的公开，这亦有利于推动民事诉讼实证法学的研究。值得关注的是，最高人民法院已经颁布

① 参见齐晓丹等：《类案检索方法指引》，法律出版社2020年版，第24－27页。

② 参见《最高人民法院关于人民法院在互联网公布裁判文书的规定》（法释〔2016〕19号）第3条。

③ 参见胡云腾、于同志：《案例指导制度若干重大疑难争议问题研究》，载《法学研究》2008年第6期。

了相关司法规范性文件，明确将建立统一法律适用平台及数据库，① 为裁判者提供更为全面的案例参考依据，并为包含程序性裁决文书在内的更广泛意义上的裁判文书公开提供了制度保证。因此，在统一法律适用平台和数据库落地实施的过程中，应考虑将知识产权诉讼禁令的程序性裁决文书适时予以公布上网，纳入数据库，促进法官对于弹性证明标准选择的说理，提升心证公开的程度。

本章小结

本章从证据法理论角度出发，对于知识产权诉讼禁令程序理论和实务界当前面临的三重困境之一的证明问题，聚焦于知识产权诉讼禁令的证明责任分配和证明标准选取这两方面最为集中突出的理论问题，结合知识产权诉讼禁令的司法实践，进行了较为细致的理论研究。

对于证明责任分配问题，我国知识产权诉讼禁令有关的司法解释仅进行了原则性粗略规定，造成司法实践中的大量困惑。本章研究认为，作为一类重要的程序性裁决，知识产权诉讼禁令程序的证明责任分配问题，应当原则上遵循罗氏规范说，并且结合事案解明义务理论和程序性制裁理论对其进行补充修正。具言之，针对知识产权诉讼禁令这一准实体性程序裁决审理程序中的程序性要件的证明责任分配问题概括如下：第一，禁令的申请和启动这一程序性请求权，应由请求方承担证明责任；第二，禁令审理

① 参见《最高人民法院统一法律适用工作实施办法》，2021年12月1日生效。

程序启动后，双方当事人围绕是否颁发禁令这一程序性争议及其所拆分成的各个要件，原则上应由请求方和被请求方根据罗氏规范说各自承担证明责任，与申请人承担权利存在和生效有关的程序性事实要件，与被申请人承担权利阻却有关的程序性事实要件；第三，当出现严重证明妨碍或证据偏在时，运用事案解明义务和程序性制裁理念予以矫正，在法定情形下，产生证明责任移转的例外性效果。

对于证明标准选取问题，当前无论是《民事诉讼法》抑或司法解释，均未对禁令的证明标准进行任何规定。考察比较法立法例和我国司法实践，当前知识产权诉讼禁令的证明标准主要有三种理论学说，即优势证据标准说、高度盖然性标准说和多元化证明标准说。经过比较分析研究可以得出结论，当前多元化证明标准说可以作为我国知识产权民事诉讼证明标准的最优解。在理论上采纳该理论学说的同时，未来知识产权司法审判实践方面，关于禁令证明标准选取问题，应当从目前的高度盖然性为主的实操标准向多元化弹性标准转向和过渡，在知识产权特别审理法或其配套的司法解释中，明确规定行为保全禁令的审理程序所应当适用的多元化弹性证明标准的一般基准即优势证据标准，明确原则性标准明确授予法官对知识产权诉讼禁令证明标准的动态识别与弹性选择权，通过不断完善程序性裁决相关的类案识别与强制检索机制，以及更大范围和更深程度的程序性裁决裁判文书公开机制，促进法官在裁判文书中加强说理，及时公开自由心证，尽量减少在禁令审理程序中出现突袭裁判和滥用自由裁量权的情况，实现对法官在禁令证明标准选取过程中自由心证的有效监督和规制。

第五章

知识产权诉讼禁令滥用的识别与规制

随着新技术革命浪潮席卷全球，知识产权诉讼禁令制度日益成为守成国家向新兴科技强国进行技术劫持与限制的重要工具。2019 年下半年以来，发达国家及其跨国公司等境外主体在我国法院发起的诉讼过程中滥用知识产权诉讼禁令，损害我国国家安全与发展利益，而我国目前对禁令滥用的制度设置无法有效加以应对，逐渐成为制约我国知识产权诉讼禁令制度发展完善的三大困境之一。禁令程序的异化与滥用具有法教义学、法经济学及法社会学三方面原因，致使我国法院在识别规制日益普遍化、常态化的知识产权诉讼禁令滥用行为时还面临识别失序与规制失范两方面实践困境。对此，应以程序性制裁理论为基础，对现有禁令程序加以整合优化，同时充分运用人工智能和大数据技术，构建针对禁令申请权滥用的行为画像精准动态识别机制，并辅之以惩罚性赔偿、失权性裁量驳回、司法惩戒与司法移送制度等配套程序设置，实现对知识产权禁令滥用行为的有效规制。最高人民法院对滥用知识产权诉讼权利的行为亦逐渐加以关注，并出台相应司法规范性文件，要求各级法院依法整治知识产权领域虚假诉讼、恶意诉讼、滥用诉权等不诚信诉讼的行为。[①] 本章将重点关注并分析研究国内诉讼中相关主体滥用知识产权诉讼禁令行为的问题，对于国际平行诉讼中禁诉令与禁令的滥用问题，由于目前理论界和实务界对上述问题的判断标准尚未形成通说，且"滥用"问题本身密切关乎各国公共政策的考量而具有差异性和多元性，为保障本书研究主题的明确，笔者将在今后研究过程中另行撰文详述。

第一节　国际竞争背景下知识产权诉讼禁令程序异化

一、知识产权诉讼禁令滥用异化严重

随着以5G通信技术为核心的新技术革命席卷全球，通信领域中以标准必要专利（SEP）为代表的关键核心专利和技术秘密信息成为第三次科技革命更新迭代的重要原动力。知识产权的公共政策性，[②] 使之成为新兴国家与守成国家间经贸、科技和产业竞争的焦点领域，并逐渐演化为关乎国家安全、国家利益和社会公共利益的重要载体。[③] 诉讼是人类文明时代没有硝烟的战争；国际平行知识产权诉讼，是当前知识产权国际竞争主要的外化表现形式。

---

① 参见《最高人民法院关于为促进消费提供司法服务和保障的意见》（法发〔2022〕35号）第19条。

② 参见孔祥俊：《论知识产权的公共政策性》，载《上海交通大学学报（哲学社会科学版）》2021年第3期。

③ 参见潘剑锋、牛正浩：《检察公益诉讼案件范围拓展研究》，载《湘潭大学学报（哲学社会科学版）》2021年第4期。

在此背景之下，作为知识产权诉讼中重要组成部分的知识产权诉讼禁令制度，其审理程序和裁判结果已然成为决定知识产权诉讼胜败的重要一环，对人民法院通过司法程序推动营商环境优化和知识产权强国战略的实施构成实质性影响。

禁令与垄断是一对“孪生兄弟”，禁令制度具有天然的垄断属性。在新冠疫情引发全球经济失速、主要西方发达国家治理失灵而非西方国家展现出强劲治理效能和较高科技发展持续性①的时代背景下，知识产权诉讼作为发达国家维护其竞争优势的“救命稻草”，其垄断色彩与属性不断显明化。通过知识产权诉讼禁令制度进行知识产权劫持的情况，在我国法院司法审判工作中屡有发生，② 屡见不鲜。

二、知识产权诉讼禁令滥用有关理论供给不足

当前知识产权诉讼禁令的滥用，是知识产权诉权滥用的常见表现形式。以知识产权诉讼禁令为主要表现形式的全球“法律战”“贸易战”③ 频发，而我国理论界针对知识产权诉讼禁令的审理程序，特别是就禁令滥用行为进行规制的相关研究理论成果却显苍白薄弱。目前，学术界关于诉讼权利滥用的性质、常见类型与规制等基本问题的探索虽已取得一定进展，但针对知识产权诉讼权利特别是知识产权诉讼中禁令申请权的滥用研究却凤毛麟角。

具言之，关于知识产权诉讼禁令滥用研究，总体上呈现三方面理论研究不足：其一，重实体轻程序。学术界对于知识产权诉

---

① 参见薛澜、关婷：《多元国家治理模式下的全球治理——理想与现实》，载《政治学研究》2021 年第 3 期。

② 参见蒋华胜：《标准必要专利禁令救济法律制度的重构》，载《人民司法》2020 年第 31 期。

③ 参见沈伟：《中美贸易摩擦中的法律战——从不可靠实体清单制度到阻断办法》，载《比较法研究》2021 年第 1 期。

讼中的各种滥用诉讼权利的行为，往往倾向于从反垄断法①乃至普通意义上的侵权责任法②等实体法领域加以阐释探讨，将滥用诉讼权利简单等同于民事侵权③，而鲜有以程序法原理为逻辑原点的因应之策，而知识产权诉讼禁令之滥用，本质上是一个程序法问题，如忽略程序法进路而一味地从实体法出发，似有刻舟求剑、南辕北辙的意味。其二，重规制轻识别。目前，学者对滥用知识产权诉讼权利的行为研究重点普遍置于滥用诉权的类型化行为④并如何对其进行规制，较少涉及善意行权与权利滥用的理论边界，更未在实操层面上对司法实践中法院应如何准确识别较隐蔽的权利滥用行为提出行之有效的解决方案。其三，重理论轻实证。现有关于知识产权诉讼禁令的研究主要聚焦于禁令的法理基础与制度比较、禁令颁发要件、禁令与禁诉令等关联程序、非专利实施实体等“专利蟑螂”专利劫持的反垄断法规制，却少有对近年来非专利实施实体在国内外的诉讼禁令滥用以不当牟利的动态情况进行实证分析的最新成果。

三、知识产权诉讼禁令滥用呈普遍化趋势

理论研究成果积累有限，致使知识产权诉讼禁令制度在司法实践中面临诸多实践困境和无法得到妥善解决的难题，从而使禁令的功能很大程度上出现异化：禁令程序的当事人实体与程序权利的救

---

① 参见王先林：《知识产权与反垄断法——知识产权滥用的反垄断问题研究》（第3版），法律出版社2020年版，第31页。

② 参见朱雪忠、彭祥飞：《论专利侵权诉讼滥用的规制：价值与模式》，载《西北大学学报（哲学社会科学版）》2019年第4期；宁立志、宋攀峰：《专利诉权滥用的防范》，载《知识产权》2017年第10期。

③ 参见潘牧天：《论滥用民事诉权侵权与民事侵权的逻辑关联》，载《苏州大学学报（哲学社会科学版）》2015年第4期。

④ 参见王猛：《民事诉讼滥诉治理的法理思考》，载《政治与法律》2016年第5期。

济功能被弱化甚至虚化，甚至逐渐沦为禁令申请人进行专利劫持和技术垄断与不正当竞争行为的工具，知识产权诉讼禁令日益成为国际知识产权跨国公司在相关市场上实施垄断行为的重要制度依托。因此，考察近年来各类滥用行为的案例，可以根据知识产权诉讼禁令滥用的直接目的或动机不同，将禁令的滥用行为大致分为两种：其一，为本案判决获得不当程序或实体利益的滥用行为；其二，在本案实体判决之外，牟取市场支配地位等衍生利益的滥用行为。

两种滥用禁令行为具有目的上的明显差异。前一类型的滥用是通过知识产权诉讼禁令程序的滥用，从本案诉讼中直接牟取不正当利益，例如通过伪造相关证据材料，寻求法院通过颁发禁令的形式，对对方当事人进行打击或制裁，使其被迫停止正当地使用案涉知识产权的生产经营行为，更类似于一种“虚假诉讼”或恶意诉讼的情况；[①] 或通过不正当地申请禁令，在缺乏胜诉可能性的前提条件下，恶意实现对对方当事人的权利限制，从而胁迫对方当事人被动接受不利的和解条件等行为，如索取高额知识产权使用费用等，损害了正常的争议解决秩序，打破了知识产权司法保护的必要平衡。[②] 而后者的根源在于，知识产权制度与垄断和竞争如影随形。实施后一种禁令滥用的目的在于，将知识产权禁令程序及其变化形式，如禁诉令、禁执行令等，作为其全球知识产权战略体系的一环，进而实施滥用市场支配地位、经营者集中，或其他排除和限制竞争的行为。[③]

上述两种主要形式的知识产权诉讼滥用行为，在当前司法实

---

① 典型案例如山东省泰安市中级人民法院民事判决书，（2021）鲁09民终1287号；北京市第四中级人民法院民事判决书，（2021）京04民终152号。

② 参见王先林：《知识产权强国建设需要规制知识产权滥用行为》，载《中国市场监管报》2021年10月9日，第3版。

③ 参见刘晶：《美国规制滥用知识产权行为保全的经验借鉴》，载《知识产权》2015年第3期。

践中均呈现普遍化的趋势。[①] 对于前者的识别与锁定往往较为明显，而后者涉及民事诉讼程序法问题与竞争法的协调关系，其表现形式往往较为隐蔽。值得注意的是，两种知识产权滥用的情况，在实践中往往呈现交织存在，并不是孤立发生；而实际情况通常是，一次滥用行为造成双重损害后果发生。跨国知识产权巨头在我国境内进行诉讼时，往往通过滥用知识产权诉讼禁令程序，实现本案"以诉牟利"获得的诉讼效益和资本利益最大化；同时，在相关市场具有垄断支配地位的"专利蟑螂"等主体亦将通过禁令的形式，拒绝其他主体使用其技术，从而加强其对相关技术领域市场的封锁和垄断。[②] 上述两种滥用知识产权诉讼禁令的情况均呈现普遍化的趋势，仅从标准必要专利案件当事人针对全球费率裁判申请禁令的频率和发案率分析，便可得出上述结论。[③] 对于近年来存在滥用禁令的焦点案例，笔者总结如表 5－1 所示（统计截至 2022 年 12 月 1 日）。

表 5－1 滥用禁令的焦点案例

序号	当事人	起诉时间	诉讼请求	案件进程
1	华为 *v.* IDC（1）	2011 年 12 月 6 日	确定 IDC 全部中国标准必要专利（包括 2/3/4G 专利及专利申请）许可给华为的许可费率或费率范围	广东省高级人民法院二审判决 2013 年 10 月 16 日 最高人民法院再审裁定 2018 年 12 月 6 日

① 参见王铮：《滥用知识产权行为保全的法律规制研究》，载《西南知识产权评论》2020 年第 2 辑。

② 参见李扬：《中国需要什么样的知识产权行为保全规则》，载《知识产权》2019 年第 5 期。

③ 参见祝建军：《标准必要专利禁诉令与反禁诉令颁发的冲突及应对》，载《知识产权》2021 年第 6 期。

续表

序号	当事人	起诉时间	诉讼请求	案件进程
2	ZTE *v.* IDC	2014 年	—	深圳市中级人民法院撤诉裁定 2018 年 9 月 28 日
3	华为 *v.* PanOptis	2017 年 7 月 6 日	PanOptis 所有及有权做出许可的、声称满足 2/3/4G 标准或与 2/3/4G 标准相关的全部中国标准必要专利，按照 FRAND 原则，判令确认许可给原告的复合 FRAND 的许可条件，包括费率	深圳市中级人民法院撤诉裁定 2020 年 4 月
4	华为 *v.* Conversant	2018 年 1 月 25 日	(1) 确认不侵犯 3 个标准必要专利权利； (2) 判令符合 FRAND 原则的许可条件，包括费率	南京市中级人民法院一审判决 2019 年 9 月 16 日 最高人民法院二审未决
5	ZTE *v.* Conversant	2018 年	—	深圳市中级人民法院一审未决
6	华为 *v.* IDC (2)	2019 年 1 月 2 日	(1) 确认 IDC 违反 FRAND 义务； (2) 判令符合 FRAND 原则的 IDC 3/4/5G 全部中国标准必要专利许可条件（包括费率），许可期限 2019 ~ 2023 年	深圳市中级人民法院撤诉裁定 2020 年 5 月

续表

序号	当事人	起诉时间	诉讼请求	案件进程
7	小米 *v.* Sisvel	2019 年 12 月	请求确定 Sisvel 公司所持有的无线传输技术相关的全部中国标准必要专利的许可费率	北京知识产权法院一审未决
8	OPPO *v.* Sisvel	2019 年 12 月	请求确定 Sisvel 公司持有的中国标准必要专利的许可费率	广州知识产权法院一审未决
9	小米 *v.* IDC	2020 年 6 月 3 日	请求确定 IDC 的中国 3/4G 标准必要专利 FRAND 许可费率	武汉市中级人民法院一审未决

从近年来外国企业在我国起诉和应诉的诉讼请求可发现，绝大多数案例中，当事人均会提起费率确认并且停止侵权行为的请求，而与上述诉讼请求相配套，案件当事人（如 IDC、Sisvel、PanOptis 等专利非实施主体）往往在起诉之前或起诉过程中滥用申请知识产权诉讼禁令的行为，以期在实体诉讼进行期间获得主动权。综上所述，无论是在诉讼过程中直接牟利型案件，还是通过诉讼禁令的形式攫取相关市场垄断地位以便在将来继续提升知识产权许可使用费率的案件，自 2011 年以来均呈现逐年递增的态势，给我国高新技术产业发展带来了一定的冲击、挑战和负面影响。

四、我国面对国际知识产权诉讼禁令滥用行为的被动局面

在面对外国企业的国际平行诉讼和禁令滥用行为时，由于我国对知识产权行为保全禁令及禁诉令等制度的研究理论供给不足，司法实践中，特别是在我国涉外案件的处理中，我国民事诉讼司

法制度逐渐暴露出较多短板，致使在技术类知识产权平行诉讼中，我国企业普遍面临较为被动的局面。

以笔者参与办理的前述华为公司与美国 PanOptics[①] 公司之间的5G专利国际平行诉讼国际争夺战为例。本案中，2014年，作为知名专利非实施主体 UP 即向英国高等法院起诉华为公司，诉请确认华为公司侵犯其 5G 标准必要专利，并要求英国法院确认 FRAND 费率许可条件。2016年英国法院颁发针对华为的临时禁令，并作出侵权判决，认定华为公司侵犯其两项有效标准必要专利；2017年，作出判决确认 UP 在谈判中向华为主张的费用符合 FRAND 原则。2017年7月，华为公司在深圳市中级人民法院提起反垄断诉讼，起诉 UP、PO 等公司，主张 UP 在前期谈判中恶意拖延谈判进程，并在英国针对其提出的禁令申请和诉讼行为属于滥用市场支配地位的垄断行为，要求 UP、PO 赔偿损失。

对此，笔者倾向于认为，事实上作为美国公司的 UP 在英国法院起诉华为公司的行为具有明显的滥用诉讼权利进行法院选择（forum shopping）倾向，因为英国既非侵权行为地，又非缔约谈判地，不具备冲突法原则所要求的最低限度的连接点，其目的在于规避我国法院和中国法律管辖。此外，UP 并在未充分证明华为公司的任何行为对其造成损失的情况下申请不必要的知识产权诉讼禁令，核心的原因在于，涉案专利尚未实际投入生产使用和营利，PO 和 UP 的诉讼禁令申请不满足紧迫性的条件和胜诉可能性的要求，双方在起诉之前始终处于正常的缔约谈判轨道上。[②] 综上所

① 简称“PO”；其关联公司为无线星球公司，即 Unwired Planet，简称“UP”，对华为公司的专利诉讼主要由 PO 或 UP 发起。

② 参见祝建军：《标准必要专利滥用市场支配地位的反垄断法规制》，载《人民司法》2020年第13期。

述，至少从诉讼法理层面分析，UP 在英国起诉的行为存在规避我国法院管辖权和我国法律的适用、滥用知识产权禁令程序权利和其他诉讼权利的行为。

除上述滥用诉讼禁令的行为外，为反制华为公司在我国提出的反垄断诉讼，UP 向英国高等法院进一步申请了禁诉令，即禁止华为公司在中国启动任何与英国诉讼相反的民事诉讼程序。对于华为公司依法向深圳市中级人民法院提起的诉讼，英国高等法院根据 UP 的申请，向华为公司进一步颁发了禁诉令。禁诉令审理的主审法官亨利·卡尔（Henry Carr）在其颁发的禁诉令理由中认为："毫无疑问，看到这些程序之后（华为公司在深圳提起的中国诉讼），华为公司提起的中国程序属于无理缠诉（vexatious）行为，意在向 UP 施压（oppressive），且是对英国管辖权、判决和诉讼进程的严重干扰和权利的滥用。"① 据此，英国高等法院不仅认为华为公司在中国法院起诉的行为属于滥用诉讼权利和干扰英国法院管辖权，而且指控华为公司实施了专利"反向劫持"行为，并针对华为公司颁发了新的禁诉令，使华为公司在全球范围内均无法进一步主张程序救济，以维护其自身合法权益，从而在全球专利诉讼争夺战中面临重大不利局面。

实际上，我国司法实务界和理论界普遍认为，由于我国知识产权诉讼禁令制度的研究不足，以及相关诸如禁诉令和反禁诉令等制度的缺失，我国高新技术企业在全球范围内的知识产权诉讼中，难以对境外主体借助外国法院对其实施的滥用诉讼禁令行为

---

① Jorge L. *Contreras*, *Global Rate Setting*: *A Solution for Standards - Essential Patents*, 701 Washington Law Review 94 (2019). Laura Whiting& Paul Abbott, *The UK*: *A FRANDly Jurisdiction*, 16 Managing Intellectual Property 283 (2019).

进行有效反制，[①] 因此在当前知识产权跨国诉讼中，我国高新技术企业常常面临域外主体滥用知识产权诉讼禁令行为的被动局面。由禁令引发的愈加频发的司法混战，是各国争夺高新科技司法主导权和维护自身公共利益的必然结果。[②] 虽然我国最高人民法院通过案例的形式在司法实践中进行了禁诉令的初步探索，即通过华为公司与康文森公司案对境外主体作出了禁诉令性质的行为保全禁令裁定，[③] 但是禁诉令作为反制措施之一，只能从表层上阻却外国法院行使管辖权，防止境外非实施主体的滥用诉权行为，而由于我国对知识产权诉讼禁令的识别和规制力度不够，法律和司法解释中并未明确确立对禁令滥用的规制路径，因此总体上而言，我国法院对知识产权诉讼禁令滥用的行为进行制裁的力度和制度性武器十分有限。

知识产权诉讼禁令特别是国际平行诉讼中的知识产权诉讼禁令制度，当前出现滥用行为普遍化的制度异化现象。由于我国诉讼法学界对这一类新类型的程序滥用行为研究较不充分，造成司法实践中对禁令滥用的行为规制力度有限。作为“现代型诉讼”中准实体性程序裁决的一种，为进一步优化其制度功能，规范禁令的审理程序，减少和抑制禁令制度遭到各方主体的滥用而发生异化对民事诉讼程序和国家及社会公共利益带来的损害与冲击，亟有必要通过程序法学理论工具，对知识产权诉讼禁令滥用的实质及其识别与规制重新加以科学检视。

---

① 参见张春波：《罗东川代表建议　制定知识产权诉讼特别审理法》，载《中国审判》2020 年第 10 期。

② 参见宋晓：《涉外标准必要专利纠纷禁诉令的司法方法》，载《法学》2021 年第 11 期。

③ 参见宾岳成：《禁诉令性质的行为保全裁定之考量因素及保障措施——我国知识产权诉讼首例禁诉令裁定解读》，载《法律适用》2021 年第 4 期。

第二节 逻辑前提：知识产权诉讼禁令滥用实质、构成与深层次原因

一、知识产权诉讼禁令滥用的行为实质

禁令制度的滥用是知识产权诉讼中当事人滥用诉讼权利的一种较为特殊的高阶表现形式。诉讼禁令制度是发端于英美衡平法的重要救济手段。若要考察知识产权诉讼禁令滥用的行为实质，首先应当对诉讼权利滥用的概念本质进行考察分析。知识产权禁令滥用的上位概念为“诉讼权利滥用”。禁止权利滥用作为基本法治原则之一，早在古罗马法中便可觅得其渊源，后经英美衡平法系与大陆法系各自演进发展，这一基本原则已成为现代法治社会的基本法哲学共识。滥用诉讼权利关涉民事诉讼法学之正当程序法理、诉的利益与诉讼利益、生效裁判文书的既判力与争点效等基本理论问题，然而无论是英美法系抑或大陆法系主流国家和地区的立法例中均未对滥用诉讼权利的概念进行明确定义。①

我国部分学者认为，程序权利滥用、诉讼权利滥用和诉权滥用往往具有高度的相似性和同质性，通常并不做严格区分。② 但是诉权作为启动诉讼的前提要件之一，其应当被理解为一种请求法院予以司法救济的程序性权利，而诉讼权利往往偏向于指称在正

① 参见侯军：《民事诉讼中权利滥用行为研究》，人民法院出版社 2011 年版，第 35 页。

② 参见陈桂明、刘萍：《民事诉讼中的程序滥用及其法律规制》，载《法学》2007 年第 10 期。

当诉权存在的前提之下，当事人在诉讼过程当中所享有的具体的程序权利。由于在理论和司法实践案例中，诉讼权利滥用和诉权滥用通常混用，本书将不再刻意进行区分，并通称为“诉讼权利滥用”。诉讼法学通说从民事诉讼诚实信用原则和私法权利社会性的角度出发，认为诉讼权利滥用是违背诚实信用原则行为的表现形式之一；[①] 据此，诉讼权利滥用的概念实质应当被界定为当事人违反诚实信用原则，恶意行使诉讼权利的行为。[②]

从诉讼权利滥用的概念出发，诉讼权利滥用行为通常包含两方面特征：一方面，行为具有合法权利外观，即当事人滥用诉讼权利的行为，表面上完全属于其自身诉讼权利的正当行使，如申请管辖权异议、诉讼禁令或财产保全等程序。如果单纯考察其客观行为，而不考虑行为人的主观目的，则诉讼权利滥用与正当行使权利在外观层面不存在任何区别。另一方面，行为目的不当，即当事人合法行使权利的表面下往往是不正当的真实目的，如无故拖延诉讼、冻结对方核心资产、通过诉讼袭扰干预竞争对手的正当生产经营秩序等。知识产权诉讼中的诉讼权利滥用通常可分为通过滥用行为意图直接或者间接获取不正当的利益两种类型。值得注意的是，不正当真实目的并不以造成实际损害为前提，亦即行为人通过滥用诉讼权利行为，不一定实际造成对方当事人的实体或程序权益受损，只要其滥用诉讼权利的行为造成对方当事人的实体权利或程序权利处于被不当影响的风险或威胁当中，便应当认为其已经满足了诉讼权利滥用行为的标准。

因此，从上述两方面特征出发，笔者认为，可以将知识产权

---

① 参见张卫平：《民事诉讼中的诚实信用原则》，载《法律科学（西北政法大学学报）》2012 年第 6 期。

② 参见刘敏：《论诉权滥用的民事诉讼法规制》，载《河南社会科学》2011 年第 5 期。

诉讼禁令滥用的行为实质作如下定义和理解：知识产权诉讼禁令的滥用，是诉讼权利滥用的一种特殊类型和常见表现形式；知识产权诉讼中，滥用诉讼禁令的行为，是申请人在具备合法行为保全禁令程序外观的前提之下，通过禁令的颁发以达到直接通过本案诉讼审理过程或裁判获得不正当利益，① 或间接通过禁令获得不正当竞争优势或其他利益的行为。②

二、知识产权诉讼禁令滥用行为的构成要件

知识产权禁令程序的滥用是诉讼权利滥用的一种。学者多从侵权责任法角度出发并认为，诉讼权利的滥用属于一种侵权行为，其对法益的侵害与《刑法》中的虚假诉讼罪具有较高的相似性。因此，基于法秩序的统一性原则，可以借鉴参照《刑法》中的构成要件理论，笔者从程序法视角的正当程序与权利救济维度出发，对实施知识产权诉讼禁令滥用行为的主体、滥用禁令行为的主观过错方面、滥用行为所损害的行为客体和滥用行为自身属性即其行为的客观方面这四个构成要件，根据诉讼权利滥用的性质与特征，进行逐项详细的拆分解读。

（一）行为主体

知识产权诉讼禁令的滥用主体既包括申请人，又包括被申请人，但通常以申请人实施滥用行为为主。这是因为，首先，通常

---

① 例如，通过知识产权诉讼禁令的审理和颁发，获得诉讼进程的拖延而得到继续生产和销售以获利的时间；或者通过禁令的颁发，打乱被申请人的销售和上市计划（在数码产品、医药产品等销售时效性强的领域特别常见）以获得不正当竞争优势的行为。

② 例如，通过知识产权诉讼禁令的颁发，将竞争对手排挤出某一地域市场，间接性地提升自己的市场份额，或在今后的交易中获得占据主动权和定价权等不正当利益的行为。

禁令滥用的行为程序是由申请人主动启动的，而被申请人一般处于继发性、被动性应对的局面。其次，滥用行为是出于利用知识产权禁令的颁发和审理，意图直接或者间接获取不正当利益，因此持有上述不正当意图的当事人，会通过禁令的启动来实现己方请求，因此其通常不会作为被申请人的身份出现。但是，一个特例在于，如若禁令被申请人无正当理由拒不提交相关证据，或实施其他违背当事人协力诉讼义务的行为，造成知识产权诉讼禁令审理程序的不正当拖延，同样有可能构成诉讼禁令程序的滥用和禁令程序中的证明妨碍行为，可以从证明责任的分配角度加以规制和应对。

此外，对于第三人能否成为滥用禁令的主体，根据程序性裁决既判力的通常原理，禁令的既判力通常不会覆盖案外人或无独立请求权的第三人，且我国《民事诉讼法》和知识产权诉讼有关的司法解释明确规定，行为保全禁令的申请主体只能是当事人。因此，一般情况下，知识产权诉讼的案外人或无独立请求权的第三人不可能成为滥用知识产权诉讼禁令的实施主体。综上所述，本章的讨论将主要聚焦主体是申请人的知识产权诉讼滥用行为，而对于被申请人通过证明妨碍行为拖延禁令的情况，笔者已在第四章证明问题中进行明确分析与讨论，此处不作进一步重复展开论述。

（二）行为主观方面

知识产权诉讼禁令滥用行为的主观方面应当具有过错要件。具言之，过错的形式应当主要表现为故意而不包含过失，而且具有不当干预和影响诉讼程序、侵害对方当事人实体权益和程序权益的动机，即禁令滥用行为的主观方面应当是当事人明知其不具备稳定的知识产权权利基础或胜诉的可能性，为了谋取不当利益而启动禁令程序。如果禁令的申请人在主观层面上确实真诚地相信其具备和符合禁令申请的条件而提交禁令的申请，法院最终查明不具备条件，或者作出禁令后被证明是错误申请的情况，即便上述情况是申请人对法律制度的误读或者对事实情况的误判所导致的，只要并非有意为之，则从理论上同样不应当被理解为禁令的滥用行为，也不能被理解为此时当事人存在主观过错或滥用故意。

知识产权诉讼权利滥用中的主观过错要件，通常仅指“明知故犯型”的直接故意，而不应当被认为包含间接故意的情况，也不能包括出于对法律制度和事实认定的过失情形。[①] 之所以对禁令滥用的主观过错在理论上理解为仅包含直接故意的情况，是因为知识产权制度利益衡量的基本原理。假如对禁令滥用行为的主观过错理解过于宽泛，则不利于保障申请人一方通过知识产权诉讼禁令获得权利保护和临时性救济的积极性，从而导致矫枉过正、过犹不及。综上所述，行为主观过错这一要件要求行为人对其滥用知识产权诉讼禁令的原因和后果应当具备明确清晰的认知，并主动采取措施谋求禁令滥用行为后果，即通过禁令的滥用，试图在诉讼中谋取直接利益或间接利益的发生。

（三）行为客体

客体要件主要是指滥用知识产权诉讼禁令行为应当造成被申请人的实际利益损失或遭受利益损害的现实风险。理论上，知识产权诉讼禁令的滥用有可能造成以下两个层面的利益损失或发生利益损失的风险。

一方面即公共利益遭受损害或损害的现实风险层面。知识产

① 参见刘迎霜：《恶意诉讼规制研究——以侵权责任法为中心》，载《华东师范大学学报（哲学社会科学版）》2020 年第 1 期。

权诉讼禁令滥用带来诉讼秩序的干扰和司法资源的浪费，增加了司法成本的空耗率。法经济学认为，司法资源应当被理解为政治国家供给市民社会的珍贵公共解纷资源，① 一旦遭受滥用，则必然导致整体公共福祉的减损，使公共利益受到损害。而一个国家的司法秩序属于国家公共秩序的重要组成部分，如果被当事人以不当行使禁令申请权而滥用，则将导致司法公信力有可能遭受减损，禁令的滥用意味着法院有可能因此颁发不必要的甚至是错误的行为保全禁令，如上述情况发生，则将导致司法公信力遭受来自被申请人甚至社会公众的怀疑和挑战；根据哈贝马斯的商谈理论和权利理论，如果法院基于禁令滥用行为不当损害当事人的权利，就会导致权利受到不当干预和负面影响的当事人产生司法不公和权利不受尊重的消极直观感受，从而造成对程序正义的消解。②

另一方面是当事人及其下游消费者权利的损害或损害现实风险。知识产权诉讼禁令的滥用，将会造成比财产保全更加严重的不可逆性、实体性后果。例如，知识产权诉讼禁令的错误颁发，将有可能导致被申请人市场优势地位甚至相关地域及商品市场的完全丧失，③ 高许可费率签约造成产业利益受到侵害和企业研发成本大幅提升从而导致企业的创新进程被完全冻结，④ 甚至对被申请

---

① 参见牛正浩、刘允霞：《虚假仲裁规制与案外人权利保障》，载《法律适用》2020 年第 17 期。

② 参见高鸿钧：《权利源于主体间商谈——哈贝马斯的权利理论解析》，载《清华法学》2008 年第 2 期；张继成：《可能生活的证成与接受——司法判决可接受性的规范研究》，载《法学研究》2008 年第 5 期。

③ See Botta & Marco, *The Challenge of Sanctioning Unfair Royalty Rate by the SEP Holder: When, How and What*, 3 World Competition 44 (2021).

④ See Alexander Galetovic& Stephen Haber, *SEP Royalties: What Theory of Value and Distribution Should Courts Apply*, 189 Ohio State Technology Law Journal 17 (2021).

人所产销的某一特定产品的下游消费者造成损害，如医药领域中依赖于被申请人某种特效药的患者，由于禁令影响，在某一地域内被禁止销售，而使患者不得不花费高额成本费用购买其他药品，从而使其利益大幅受损。[①] 上述不可逆损害通常无法凭借单纯损害赔偿救济的方式加以弥补。

应当承认的是，就社会公共利益和当事人及其相关方的利益这两方面的利益而言，并非所有的知识产权诉讼禁令滥用行为都会同时造成两方面利益受损，即滥用行为不一定必然导致当事人权利的损害或直接造成当事人权利遭遇风险；但是一旦滥用诉讼禁令行为发生，则必将损害司法秩序，浪费司法资源。综上所述，滥用诉讼禁令行为的客体并不必然以私人利益受损为构成要件，但必然包含对公共利益和公共秩序的侵害。笔者认为，这也是我国知识产权诉讼行为保全禁令的司法解释将禁令颁发是否会有损社会公共利益作为主要考量因素之一的根本原因。

（四）行为客观方面

知识产权诉讼禁令的滥用具体的行为种类与表现形式具有隐蔽性和多元化的特点，一一将其加以列举，既不现实，也无必要。应当根据其特征的不同，对滥用知识产权诉讼禁令的行为加以归纳总结。笔者基于对司法实践的考察归纳，根据滥用知识产权诉讼禁令行为的不同目的、不同行为特征、禁令的作用指向等因素，通常可将禁令滥用的客观行为模式划分为以下几种情形：第一，直接侵害财产权类型的滥用，即通过滥用知识产权诉讼禁令程序，直接达成不当限制对方生产经营和科技研发活动的滥用行为，如

---

① See Jorge L. Contreras, *Is Biopharma Ready for the Standards Wars*, 43 Texas A&M Journal of Property Law 7 (2021).

无线星球与华为案中，无线星球无正当理由，申请禁令要求华为停止销售包含其标准必要专利的移动终端；[①] 第二，间接侵害营业自由类型的滥用，即虽然禁令本身无法直接阻却相对方的生产经营活动，但被颁发禁令属于公司重大事项，尤其就上市公司而言，禁令将给被申请人带来监管机关的高度关注，导致诸如上市行为中止、股价发生振荡、市场信心受损等不利情况出现，从而实现排除竞争对手、限制营业自由的垄断目的等；[②] 第三，袭扰型滥用。在这种情况下，禁令滥用人通常在自身明知其权利依据缺失、权利基础不稳定的情况下启动禁令程序，造成诉讼进程拖延，使被申请人疲于应对，致使其因应诉、答辩、举证等发生的诉讼成本提高。[③] 诚然，上述三种典型模式是知识产权诉讼禁令滥用最为普遍的存在形态，司法实践中滥用禁令行为的表现形式千变万化，在此不予赘述。

第三节　知识产权诉讼禁令滥用行为深层原因分析

研究知识产权诉讼禁令滥用识别与规制的前提是，从不同理论层次深切剖析禁令之滥用走向异化的根本原因。只有了解滥用的深层次根本原因，方可在理论和实践层面有针对性地通过科学研究构建知识产权诉讼禁令滥用行为的识别方法与规制路径。笔者认为，知识产权诉讼禁令滥用行为不单纯是一项诉讼法学的研

① 参见深圳市中级人民法院民事裁定书，(2017) 粤03民初1673、1674号。
② 参见最高人民法院民事裁定书，(2019) 最高法知民辖终32号。
③ 参见王晓、任文松：《民事诉权滥用的法律规制》，载《现代法学》2015年第5期。

究对象，更是一种基于竞争法政策学上的经济现象和社会现象。因此，对知识产权诉讼禁令滥用原因的深层次理解和分析，应当在现行民事诉讼法规范、制度规范层面展开法教义学研究这一基本路径的同时，兼顾法律经济学和诉讼社会学的研究视角，以便全面、准确、深层次地理解知识产权禁令滥用走向普遍化的真实动因。

一、法教义学动因：现行禁令程序对滥用行为变相“纵容”

我国现行民事诉讼规范体系中，对于知识产权诉讼禁令制度的程序法制度依据主要包括《民事诉讼法》关于行为保全的规定，[①] 以及最高人民法院制定的相应司法解释中关于行为保全的相关条款。[②] 具言之，《民事诉讼法》及《民诉法解释》属于对知识产权诉讼行为保全的框架性、总括性规定；基于特别法优先于一般法适用的原理，当前《知识产权行为保全规定》是知识产权诉讼禁令审理程序中的主要制度依托。然而从法教义学角度出发进行分析可发现，目前我国《知识产权行为保全规定》仅含 21 个条文，对知识产权诉讼禁令的规定失于粗疏，且存在较多不规范、不周延的制度性漏洞，虽然最高人民法院亦同时发布了若干行为保全等禁令程序的指导性案例，但远远不足以弥补程序漏洞，上述漏洞缺憾共同构成知识产权诉讼禁令制度异化的根本制度性动因。例如，采取行为保全的“情况紧急”情形界定不明、担保要求相互矛盾、知识产权效力稳定性规定过于狭窄等问题，上述问题致

---

① 参见《民事诉讼法》（2023 年修正）第 103～105 条、第 108 条。

② 参见《民诉法解释》（2022 年修正，法释〔2022〕11 号）第 152 条、《知识产权行为保全规定》（2019 年实施，法释〔2018〕21 号）第 2～19 条。

使知识产权诉讼禁令申请人滥用权利的空间较大。因此，现行知识产权禁令制度的粗疏，是知识产权诉讼禁令被滥用的直接原因。现针对禁令程序问题最为集中和突出的几方面加以分析说明。

其一，对于行为保全制度中“情况紧急”的构成要件，现行禁令审查程序实际上存在较大漏洞，为申请人对紧迫性要件进行扩大化解释提供了空间。《知识产权行为保全规定》第6条列举了“情况紧急”的几种情况，最后一项是对其他无法穷尽式列举情形的兜底条款。虽然禁令程序采用“列举+兜底”式立法模式的初衷是尽可能将情况紧急的情形包含在内，以最大化促进知识产权权利人获得及时临时性救济的可能性，为权利人提供及时的保护，但是司法实践中，申请人特别是在没有事实依据时，往往会援引该条款使自身权利处于被侵害的紧急情况之下，从而滥用禁令申请权利。有学者指出，在各类知识产权诉讼制度中，当事人的诉讼请求和权利主张发生类似“向兜底条款逃逸”的现象在司法实践中较为普遍。① 上述逃逸现象，客观上是由于禁令审查程序法律规范的结构性缺憾所产生的“监督权力真空”，而为当事人滥用禁令行为提供了空间。

其二，针对是否必须提供担保以及担保的形式问题，我国目前禁令有关法律制度和司法解释出现相互矛盾的情况，造成实践中知识产权诉讼禁令的无担保申请成为普遍现象，即担保制度对当事人审慎申请禁令的约束作用被弱化。逐年考察近年来我国行为保全禁令的案件数量即可直观发现，自2011年行为保全禁令制度在《民事诉讼法》中得到确立直至2015年《民诉法解释》颁布

① 参见刘银良：《著作权法中的公众使用权》，载《中国社会科学》2020年第10期；刘银良：《著作权兜底条款的是非与选择》，载《法学》2019年第11期。

的5年间，我国行为保全禁令制度的适用率极低。① 究其原因之一，在于《民事诉讼法》第103条规定，采取行为保全措施可以责令提供担保，“申请人不提供担保的，裁定驳回申请”②。虽然法律条文规定“可以责令”当事人提供担保，但考察各地司法实践可以发现，法院由于没有明确授权，为避免错误保全承担责任，通常在禁令的审查程序中均会责令当事人提供担保。就行为保全而言，其担保数额的计算评估并没有任何明确的标准，因此实践中法院往往会从严进行要求，即命令行为保全的申请人提供高额担保。然而2022年《民诉法解释》第152条将行为保全担保门槛实质性降低，其明确规定诉讼中行为保全不一定需要提供担保的原则，为法院降低担保数额以及部分情况下当事人不提供担保便可作出行为保全裁定，进一步提供了明确的法律依据。③ 上述制度的变化，是行为保全禁令司法适用率自2016年以来得以迅速发展和提高④的重要因素。然而，2019年《知识产权行为保全规定》中，关于行为保全是否需要提供担保的问题，规定条文之间存在相互冲突的问题。其中，该规定第4条第4项规定，向法院申请行为保全应载明“提供担保的财产或资信证明，或者不需要提供担保的理由”。从上述条文文义直接分析，事实上知识产权诉讼中的

① 根据笔者从公开渠道检索并排除不相关干扰性因素（如一审、二审合并为1件）所获得的裁判文书可以发现，2011年至2015年，全国法院行为保全禁令案件数量分别为：16件、7件、59件、146件、227件。其司法适用率极低。最后检索日期：2021年12月10日。

② 参见《民事诉讼法》（2023年修正）第103条第3款。

③ 参见《民诉法解释》（法释〔2022〕11号）第152条第2款、第3款。上述条款明确，只有在诉前保全的情况下，才应当提供担保；诉讼中的保全，其是否需要提供担保以及担保的数额要根据案件具体情况确定。

④ 2016年至2021年，根据同样检索方式，通过公开渠道检索的案例分析统计，全国法院行为保全禁令案件数量分别为：417件、524件、861件、1307件、967件、426件。最后检索日期：2021年12月10日。

行为保全禁令申请是可以不提供担保的，只要不需要提供担保的“理由”充分即可；而该规定第11条第1款却又明确专门规定，“申请人申请行为保全的，应当依法提供担保”[①]。因此，从上述两个条文可以看出，知识产权行为保全禁令中申请人是否需要提供担保这一简单的问题，司法解释便给出了相互冲突的答案。上述担保金额标准不明确以及是否需要提供担保的相互冲突的规定，为禁令的滥用留下了较大程序漏洞，使担保对限制禁令滥用的作用无法得到充分发挥，成为变相“纵容”禁令滥用的重要因素。

二、法律经济学动因：根据“成本—收益”分析的理性选择

在进行基本的民事诉讼法律教义学分析后，笔者认为，法律制度的规定粗疏是造成滥用行为普遍化的直接原因。而如果要讨论禁令滥用的根本原因，还应从法律经济学角度，对禁令滥用的本质原因进行分析研究。值得关注的是，笔者在此并非意欲对诉讼权利或者禁令滥用的行为或现象构建一个全新的法律经济学模型，否则将陷入经济学的循环论证和理论纠缠之中，与本章所要研究解决的实际问题相互龃龉，且离题太远；因此，笔者只是结合法律经济学所共同承认的一般性原理和理论通说，对知识产权诉讼禁令的滥用，进行原理和本质上的初步诠释和考察。

法律经济学通说认为，基于理性经济人[②]的理论前提预设，在诉讼活动中，各方诉讼参与人在有限经济理性[③]驱动下所进行的任

---

① 参见《知识产权行为保全规定》（法释〔2018〕21号）第4条、第11条。

② See Robert Cooter, *Do Good Laws Make Good Citizens: An Economic Analysis of Internalized Norms*, 1577 Virginia Law Review 86 (2000).

③ See Christine Jolls, Cass R. Sunstein & Richard Thaler, *A Behavioral Approach to Law and Economics*, 1471 Stanford Law Review 50 (1998).

何一项诉讼行动或诉讼策略，均是其经过“成本—收益”分析衡量，通过非情绪化精确计算以实现其自身利益最大化[①]的理智行为。美国法律经济学者波斯纳指出，理性经济人在进行决策时，“成本—收益”分析是决定其行为过程的核心要素。[②] 从博弈论和系统论视角分析，民事诉讼特别是知识产权诉讼，[③] 当事人具有对立性、互动性、策略性特征，其程序选择是诉讼参与方基于信息优势、实力对比等因素进行博弈的结果。[④] 据此，民事诉讼法语境中，诉讼参与人进行的“成本—收益”分析，[⑤] 是指诉讼参与人通过民事诉讼活动精准衡量代价与收益量的大小，希冀以最小化的诉讼成本投入和代价，通过诉讼过程获得最大的收益产出，包括实体上的权利收益和程序上的优势地位。由于理性经济人单纯性逐利的特征，其必然会忽视福利国家假设中作为总体的社会公共利益或群体利益的最大化。正如福柯指出，理性经济人的“自治”与福利国家的“他治”是一对现实不断拉锯的矛盾。[⑥] 在此种情况之下，就会产生大量机会主义诉讼行为。换言之，面对任何政策，行为人作出机会主义行为的根源就在于作为理性经济人的当事人只根据其自身利益出发作出决策，其在决策的过程中通常不会考虑其他的因素，因此往往不顾及功利主义法学或者社会法学理论

① See Matthew A. Edwards, *The FTC and New Paternalism*, 323 Administrative Law Review 60 (2008).

② See Richard A. Posner, *Rational Choice, Behavioral Economics, and the Law*, 1551 Stanford Law Review 50 (1998).

③ 参见朱雪忠、徐晨倩：《337 调查下的企业专利诉讼策略博弈分析》，载《科研管理》2021 年第 6 期。

④ 参见王福华：《程序选择的博弈分析》，载《法治现代化研究》2020 年第 4 期。

⑤ 参见宾凯：《系统论观察下的紧急权：例行化与决断》，载《法学家》2021 年第 4 期。

⑥ See Orly Lobel, *The Renew Deal: The Fall of Regulation and the Rise of Governance in Contemporary Leal Thought*, 342 Minnesota Law Review 89 (2004).

"社会总体效益"的最优化。[①] 从另外一个角度出发，社会公共效益最优化层面的公共治理问题，亦不得强求作为理性经济人的行为人在决策时进行充分考虑，因为这是违背人的自然理性的选择。"法律不强人所难"，任何法律制度特别是程序法治的实现，其制度设计都必将建立在对个体利益的尊重和对自然理性的尊重的基础上，否则实践将证明上述制度设计是竹篮打水、南辕北辙。而就公共治理者的角度而言，应当在政策制定和社会治理的过程中对公共利益、公共秩序进行考量和维护，通过福柯主张的"规训与惩罚"机制将机会主义逐利行为给公共秩序带来的损害控制到最低水平。[②]

从上述原理出发，笔者认为，对于当事人滥用禁令程序的本质问题，其原因在于行为人在经过"成本—收益"分析过程后，如果认定其通过滥用获得的收益远大于成本时，当事人便具有充分动机进行禁令滥用行为。成本方面，由于当前知识产权诉讼禁令程序规定较为粗疏，具有一定的漏洞，且在我国现行司法实践中，法院对滥用禁令的识别与有效规制程序的缺失，即便法官在审查过程中准确地发现了申请人的滥用禁令行为，也往往直接裁定驳回处理了事，而不会进一步作出其他惩罚和追究，因为缺少现行法律规范的授权。因此，滥用行为人付出的成本通常仅包括启动程序的费用即申请费、律师费等成本，如果一旦法院不予支持，则无非损失上述较少的金额即可。此外，禁令的滥用行为作为一种隐形化的权利滥用，通常在我国司法实践的现实背景下，

---

① 参见向俊杰：《"一刀切"式环保政策执行过程中的三重博弈——以太原市"禁煤"为例》，载《行政论坛》2021 年第 5 期。

② 参见李嘉弘：《福柯论对自我和他人的治理》，载《当代国外马克思主义评论》2019 年第 2 期。

将不会面临罚款或其他道德上的谴责约束抑或舆论层面的压力。总之，对知识产权诉讼禁令滥用行为的处罚力度不够，行为人滥用知识产权诉讼禁令的违法违规消极成本极小。而收益方面，笔者已分析过禁令的滥用将有可能给行为人带来本案审理中的主动权，获得天价和解金或定价权，以及由禁令所间接产生的诸如市场份额增加、商誉增值等重大衍生利益，因此滥用禁令行为的回报是极为“丰厚”的。而前述成本与未来的巨大预期收益相比，显然可以忽略不计。这也变相鼓励和支持了申请人“有枣没枣打一杆”，滥用和泛化使用知识产权诉讼禁令。

笔者从滥用知识产权诉讼禁令的成本和收益两个角度分析后得出结论认为：知识产权诉讼禁令滥用给滥用行为者带来的积极收益，通常将会远大于滥用所导致的不利后果即消极成本。在此前提条件下，作为理性经济人的诉讼参与人便具备充分的理由滥用禁令，这也是知识产权禁令被普遍滥用的根本原因。

三、诉讼社会学动因：基于“破窗效应”理论的创新诠释

“破窗效应”理论是法社会学和社会心理学领域的重要研究理论范式，该理论最早由美国社会学者津巴多基于对该国部分街区如纽约皇后区、芝加哥南区的犯罪率高发成因的社会学研究即“汽车实验”[①] 提出，并由美国学者威尔逊和凯令等系统归纳为完善的理论学说。[②]“破窗效应”理论认为，由于行为者和规制者之

---

① See Phillip G. Zimbardo, *The Human Choice: Individuation, Reason, and Order Versus Deindividuation, Impulse, and Chaos*, Nebraska symposium on Motivation, University of Nebraska press, 1969, p. 237 – 307.

② See James Q. Wilson & George L. Kelling, Broken Windows, Atlantic Monthly, Mar. 1982, at 29.

间的信息不对称，违法行为实施者通常依据表层易获知的关于规则秩序的外在信息符号，来推断规制者对违法行为制裁力度的大小，[①] 导致其对违法违规行为所可能遭受的制裁风险水平作出较为低水平的预判，[②] 从而导致某类特定违法违规行为的扩散化和盲目化。[③] 简言之，在公共政策和公共治理视角下，“破窗效应”理论的主要理论观点在于以下三个方面：第一，规制与被规制者之间行为双方始终存在着信息不对称的情况；第二，信息不对称特别是对违法违规行为的力度如果无法适时得到公开或快速彰显，则将有较大可能会导致被规制主体对制裁风险产生过低误判；第三，在基于制裁风险过低预判的主观状态下，政策的不透明程度将导致违法违规行为的发生概率增加，使违法违规行为整体上呈现出较高的盲目性（blinding）与扩散性（diffusive）。[④]

“破窗效应”理论虽起初系为解决“街角社会”场域中的违法行为预测、犯罪治理与控制以及执法资源配置等问题，但在研究现代型诉讼中程序性违法违规行为领域特别是分析知识产权诉讼禁令程序被滥用的社会心理学成因时，同样能够展现出较为丰富的解释力。笔者认为，其具体逻辑如下：首先，在对禁令滥用制裁与否的问题上，基于前述法教义学分析所知知识产权诉讼禁令制度的缺陷，诉讼参与人实质上无法实时预判和掌握裁判者内心的自由心证尺度，加上我国知识产权诉讼禁令制度并不要求法官

---

① See Dan M. Kahan, *Social Influence*, *Social Meaning*, *and Deterrence*, 349 Virginia Law Review 83 (1997).

② See Debra Livingston, *Police Discretion and the Quality of Life in Public Places*: *Courts*, *Communities*, *and the New Policing*, 551 Columbia Law Review 97 (1997).

③ 参见伍德志：《论破窗效应及其在犯罪治理中的应用》，载《安徽大学学报（哲学社会科学版）》2015 年第 2 期。

④ See Erik Luna, *Transparent Policing*, 1107 Iowa Law Review 85 (2000).

随时披露心证，故诉讼参与人对是否因滥用行为受到制裁处于信息不对称的状态之中。其次，上述信息不对称情况和司法实践中滥用禁令行为的普遍性，使诉讼参与人在很大程度上形成对人民法院制裁禁令滥用行为力度弱化、受到制裁风险较低、受到规制的不利后果发生概率较小的行为预判（是否准确在所不问）。最后，由于“法不责众”的侥幸心理以及集体无意识效应的作用，行为人在不会受到惩罚和制裁的预期之下，便会实施知识产权诉讼禁令滥用的行为，造成近年来知识产权诉讼中的禁令滥用行为总体呈现出盲目性与扩散性特征。其盲目性体现为，无论是否具备禁令颁发要件和知识产权实体请求权基础，诉讼参与人均倾向于申请禁令；其扩散性体现为，知识产权诉讼禁令已由偶发性个别行为扩散为知识产权诉讼中的普遍问题。根据笔者多次前往各律所进行调研的情况，实际上，大多数律所的知识产权诉讼律师在知识产权诉讼程序中，倾向于向当事人提供申请知识产权诉讼禁令的法律建议，而无论禁令是否具备真实有效的权利基础或是否具备必要性。“破窗效应”造成诉讼参与人对禁令违法行为被制裁概率的低估和基于低估实施的普遍滥用，便成为禁令盲目性与扩散性的重要原因。

程序法领域中，虽然学者对诉讼权利滥用的识别规制研究成果较多，但是对知识产权诉讼禁令滥用的成因进行细化梳理和考察研究的成果极为有限。为实现对禁令滥用的有效识别与规制，最为重要的是首先对禁令滥用这一现象的成因进行准确的把握和理解。知识产权诉讼程序中的禁令滥用行为呈现普遍化和常态化的特征，原因在于三个方面：第一，从民事诉讼法教义学出发，当前制度的粗疏与不充分是造成禁令被滥用的直接原因；第二，法律经济学原理阐明了禁令滥用的根本原因在于禁令滥用的规制强度不够、惩戒措施有限、违法违规成本较低；第三，个别禁令滥用行为未得到有效惩处产生负面“示范”效果，基于法社会学上的“破窗效应”和集体无意识的摹仿效应作用，行为人进一步低估原本就不高的禁令滥用制裁强度，进而致使禁令滥用行为的盲目性与扩散性。而进行上述原因分析的目的在于“知己知彼、百战不殆”，通过对原因的分析，寻根溯源，以便对将来理论和司法实践中针对禁令滥用的识别与规制方案提供一定程度上思考和参照的基础。

第四节　现实困境：知识产权诉讼禁令滥用的识别规制面临挑战

知识产权诉讼禁令滥用行为普遍化、常态化的异化效应，严重干扰了知识产权诉讼活动的正常高效有序进行。特别是2019年《知识产权行为保全规定》实施以来，知识产权案件审理遭遇禁令程序梗阻的“堰塞湖”现象时有发生。例如，腾讯公司与字节跳动公司之间围绕《斗罗大陆》系列短视频播放权问题持续进行的诉讼案件，仅行为保全禁令的审查和复议便耗费了大量的司法资源，由于双方互相指责对方存在滥用禁令申请权的行为，法官不得不花费大量时间对诉讼禁令进行审查处理。[①] 然而，上述典型案例只是互联网头部企业之间的较量，社会影响范围较广且涉及重大社会公共利益，法院对前述“四类案件”从严审查并投入较多司法成本亦属可以理解的范畴之内；而面对大量随着知识产权诉

① 参见重庆市第一中级人民法院民事裁定书，2021（渝）01行保1号、(2021) 渝01行保1号之一。

讼涌入审判程序的其他知识产权禁令申请，如果参照上述典型案件作同等对待进行处理，人民法院必然会因此出现应对乏力、陷入识别与规制禁令滥用行为的困境泥淖中，消耗大量审判资源而收效甚微。

笔者认为，对于知识产权诉讼禁令的识别规制困境问题，应当拆分为两个方面，即对知识产权诉讼禁令滥用的识别和规制。识别是规制的前提条件，规制是识别的程序价值目的。因此，对于禁令的识别规制困境，应当从识别与规制两方面分别加以研究分析。

一、识别失序：正当行权与禁令滥用缺乏界定标准与识别机制

当前，我国滥用知识产权诉讼禁令识别困境中突出的问题在于如何从理论和司法实践层面准确科学界定正当行使诉讼权利与滥用禁令的边际，且对禁令滥用的有效识别机制处于空白。上述理论边际的模糊和具体识别机制的缺失，导致实践中人民法院对禁令滥用的个案判断出现尺度相互不一的情况，直接导致裁判者无法高效、准确地识别滥用诉讼禁令行为，无法对知识产权诉讼禁令的滥用行为进行有效的司法规制。

（一）正当行权与诉讼禁令滥用的界分标准模糊

哪些行为属于“无害的”权利滥用？诉讼法学界，对于正当行权与权利滥用的边界分野这一亟须解决的问题，早已有所关注。有学者从对滥用诉讼权利典型类型化行为进行总结与列举的角度，通过对大量滥用行为的案例研究，从实证角度梳理了知识产权诉讼中滥用禁令权利的典型行为，并认为对滥用禁令权利行为的判断标准主要分为“恶意提起型”和“不当运用拖延型”

两类。[①] 另一部分学者持较为消极的观点，其认为对于诉讼权利滥用行为鉴别来说，并不具有统一而明确的客观标准，[②] 而是应当通过综合分析考察行为人的主观方面是否存在恶意、客观上所实施的滥用行为模式、是否因此导致当事人之间利益失衡以及行为是否违反权利的客观目的等诸要素。分类性标准指出滥用禁令的典型行为类型与特征，但并未进一步明确其与正当行使权利之间的划分界限；而综合性判断标准诚然为禁令权利滥用提供了基本方向，但模糊化处理正当行权与禁令滥用边界的综合性考量标准，为法官提供了近乎不受限制的程序性自由裁量权的同时，却无法为裁判者进一步严格规范自由裁量权的运用提供指南。综上所述，当前学界的理论研究成果并未明确为正当行权和滥用禁令边际提供准确界定。

司法规范与实践层面，首先，对于知识产权诉讼禁令滥用行为的识别标准问题，并无成文法规范意义上的渊源或制度基础。《知识产权行为保全规定》第 7 条规定，知识产权诉讼禁令审理过程中，人民法院在决定是否颁发禁令时的主要考量因素包括：第一，是否具备事实与法律依据，其重点在于案涉知识产权效力是否稳定；第二，权利面临难以弥补的损害或裁决难以执行的危害；第三，对申请人与被申请人的利益造成影响的相对程度；第四，是否有损社会公共利益。

应当明确的是，上述四个考量因素是法院决定是否颁发禁令的客观考量标准，满足上述客观标准的禁令申请行为，并不必然构成禁令权利的滥用。然而，从法教义学角度出发，对程序理论

① 参见朱雪忠、彭祥飞：《论专利侵权诉讼滥用的规制：价值与模式》，载《西北大学学报（哲学社会科学版）》2019 年第 4 期。

② 参见彭诚信：《论禁止权利滥用原则的法律适用》，载《中国法学》2018 年第 3 期。

的优化完善必然应当以现行程序框架为主要基础。① 因而根据上述考量标准和因素，大致可将滥用行为与正当行权的客观界限概括为以下四个维度，构成滥用行为客观意义上的“四维空间”：第一，制度依据层面：禁令申请显然缺乏事实或法律依据；第二，制度目的层面：难以弥补的损害或裁判难以执行的发生概率明显较低且不需要禁令加以救济；第三，比例原则层面：禁令对被申请人权益的限制或干预远大于申请人因不颁发禁令对申请人造成的损害，且对被申请人权益的限制干预并无实际必要；第四，公共政策原则层面：若禁令获得颁发将构成对社会公共利益的显著损害。行为人的申请行为满足其中之一，则构成禁令滥用。

然而，从现实法规范角度出发提出的禁令滥用行为的客观四维度识别标准，依然并非十分充分、完整。概言之，其原因在于以上标准均从申请人角度的客观行为层面分析讨论知识产权禁令程序滥用与正当行使权利的基本边界，而不包括滥用知识产权禁令的主观恶意程度。基于前述所论及的知识产权诉讼禁令滥用行为主客观标准要件相统一的概念界定，上述识别标准是不完备且不周延的。然而，对于正当行使权利与滥用禁令的主观标准界线如何划定的问题，无法从当前实证法规范当中解读出诉讼参与人在实施滥用禁令行为之时的主观判断标准。司法实践中，各地法院对此问题亦倾向于进行模糊处理：例如，上海知识产权法院认为，申请人的胜诉可能性是确认是否构成滥用行为的首要因素，如果申请人在申请禁令时实体案件的胜诉可能性较低，则禁令的颁发将纵容申请人的滥用行为；② 广州知识产权法院认为，禁令程

① 参见陈刚：《论我国民事诉讼抗辩制度的体系化建设》，载《中国法学》2014 年第 5 期。

② 参见上海知识产权法院民事判决书，(2015) 沪知民初字第 758 号。

序既要依法满足权利人迅速保护权利的正当需求，又要防止滥用禁令损害竞争对手。[①] 自上述针对知识产权诉讼禁令审理具有代表性的案例中可以发现，法院对于滥用禁令主观标准和界限认定问题似乎予以了刻意回避，尽量不讨论行为人申请知识产权诉讼禁令的主观心理状态，而仅从客观层面进行心证公开。换言之，当前知识产权诉讼权利滥用的识别标准呈现单纯客观化趋势，主观标准缺失。

（二）知识产权诉讼禁令滥用有效识别机制缺失

正当行权与禁令滥用边界的模糊化，直接导致现行知识产权诉讼规则中缺乏对滥用禁令程序行为进行有效发现、识别、查证的具体制度设计和程序依托。在作为“现代型诉讼”之典型的知识产权案件中，滥用诉讼禁令行为往往“醉翁之意不在酒”，即行为人通过诉讼程序解决纠纷或寻求救济只是表层现象，而实施禁令滥用的深层实际意图却是服务于行为人的商业目的、经营安排和企业发展战略，因此禁令滥用的作用方向与行为人的全球知识产权产业战略布局呈现高度趋同化特征，且具备合法商业模式和商业战略作为其外观掩护，下举两例详述。

以5G通信领域标准必要专利非专利实施实体行为学上一般诉讼活动轨迹为例，其“以诉牟利”的行为模式是通过滥用知识产权诉讼程序特别是恶意申请禁令程序以“劫持”移动终端生产者、销售者等专利使用人，[②] 通过在一定地域内获得法院所颁发的停止销售侵权终端或停止使用专利等诉讼禁令裁决，获得有利的谈判

---

① 参见广州知识产权法院民事裁定书，（2015）粤知法著民初字第2－1号、（2015）粤知法商民初字第2－1号。

② See Mark A. Lemley& A. Douglas Melamed, *Missing the Forest for the Trolls*, 2117 Columbia Law Review 113 (2013).

地位或缔约主动权，进而迫使后者支付远超“公平、合理、无歧视”原则的高额专利许可使用费。因此，对于非专利实施实体而言，其公司战略目的即获取高额专利许可使用费，而滥用诉讼禁令是其实现商业目的最为重要的程序路径之一。又如，在员工跳槽及新成立公司类型的商业秘密侵权诉讼中，原单位在竞业限制协议之外，通常倾向于利用滥用行为保全禁令，申请针对员工不得从事特定业务或入职某些特定研究机构等方式加以要挟，使离职员工因忌惮禁令的威慑而不敢充分行使就业自由选择权，从而维护原单位自身的优势竞争地位。① 上述行为及其后果已远非知识产权诉讼禁令制度的设立初衷，甚至引发部分学者从宪法理论层面对禁令程序阐发怀疑，认为知识产权诉讼禁令程序虽然属于合法行使权利的形式，但实际上极易遭受滥用。禁令的滥用将致使公民营业自由、平等权及财产权等基本宪法权利受到不当限制和减损。②

根据上述例证，从专利诉讼与商业秘密诉讼中行为人滥用禁令的典型行为模式以斑窥豹便可发现，绝大多数知识产权诉讼禁令滥用行为均以合理的商业策略及表面合法的请求权基础作为其权利外观和掩护。换言之，知识产权禁令滥用行为是一种“高阶”的隐形恶意诉讼行为。因此，相较于虚假诉讼、伪造证据、滥用管辖权异议申请等通常意义上的恶意诉讼行为，其在表面上更为隐秘、更符合逻辑，除非对方当事人在掌握充分证据的情况下提出程序异议或举报，滥用禁令的行为通常难以被人民法院识别发

---

① 参见北京知识产权法院民事判决书，(2015) 京知民初字第933号；北京知识产权法院民事裁定书，(2020) 京73民初850号；北京市高级人民法院民事裁定书，(2018) 京知民终字第500号。

② 参见应振芳、储晓丹：《我国知识产权行为保全制度的合宪性研究》，载《知识产权》2016年第2期。

现。而专利诉讼和商业秘密诉讼中大量滥用禁令的案例足以说明，当前司法实践中缺失对滥用知识产权诉讼禁令的有效识别机制的情况。

二、规制失范：禁令滥用有关制裁理论与制度弱化

（一）禁令滥用的科学制裁理论依据失之薄弱

当前，对于知识产权诉讼禁令程序滥用行为进行规制的理论依据，学术界通常认为是民事诉讼中的诚实信用原则，并以之为理论逻辑原点和上位概念，具体发展演化为针对禁令滥用行为规制的当事人协力诉讼义务、事案解明义务与不得妨害诉讼三方面理论视角。但是无论从上述哪一种理论视角和研究工具出发，针对知识产权诉讼中的禁令程序滥用的制裁问题，均无法获得完全令人满意的解释。

首先，当事人协力诉讼义务直接源自民事诉讼诚实信用原则，该理论认为，当事人具有协助法院进行诉讼程序推进以查明案件事实、准确适用法律的公法上之义务。① 协力诉讼义务虽然强调当事人出于诚实信用原则在诉讼程序中应当协助法院高效查明案件事实，并准确适用法律作出合乎实体公正的裁判，不得滥用程序权利。但是协力诉讼义务对当事人提出的乌托邦式要求过于理想化、绝对化。根据“理性经济人”理论，在存在实质性利益冲突的情况下，无法奢求当事人以牺牲自身利益为代价来协助法院处结诉讼，强求其协助对方查明真相有时无异于与虎谋皮。

其次，事案解明义务是现代德国民事诉讼证据程序中衍生出的基本理论，强调负有证明责任的当事人面临无法具体陈述主张

① 参见占善刚：《证据协力义务之比较法分析》，载《法学研究》2008 年第 5 期。

或举证等不利局面时，对方当事人负有陈述事实、举证等有助于诉讼活动进行事项的义务。[①] 然而，事案解明义务强调超职权主义法院的复归，对以“规范说”为核心的罗森贝克经典证明责任理论的突破程度较深，近年来亦遭受理论层面的怀疑；另外，当事人的事案解明义务理论项下并未明确规定对当事人违反该义务的制裁机制，致使对违背事案解明义务的行为缺乏相应惩戒理论基础，除却当事人违反事案解明义务之时应当承担相应举证不能的结果意义上的证明责任或称“证据失权”责任外，行为人并不会得到进一步惩戒，德国法院判例亦表明此种模式项下，当事人滥用诉讼权利的行为亦不会得到规制。因此，规制理论的缺失，同样属于该事案解明义务理论在规制禁令滥用行为时的一大缺憾。

最后，不得妨害诉讼活动原则，源于普通法上之的权利不得滥用原则，我国民事诉讼程序中对妨害诉讼行为同样规定了若干司法惩戒措施，如训诫、罚款、司法拘留直至追究刑事责任等。不得妨害诉讼活动原则的制度正当性基础根源于我国《宪法》和《人民法院组织法》所确立的人民法院依法行使审判权不受任何组织和个人干预和影响的基本原则。人民法院作为国家机关，其行使审判权的过程，构成广义司法秩序的重要部分。因此，如果行为人通过滥用禁令的行为不当妨害了民事诉讼活动的进行，则属于对司法秩序的扰乱和对司法权威的挑战，造成社会公共利益的减损。而在诉讼法学理论上，不得妨害诉讼活动的原则很大程度上属于一种倡导性义务，并不包含有关的惩戒与规制原理，致使无法从不得妨害诉讼活动原则出发，推导出对滥用知识产权诉讼禁令行为的规制。

---

① 参见潘剑锋、牛正浩：《书证提出命令的理论革新与路径优化——以商业秘密侵权诉讼为切入点》，载《北方法学》2021 年第 6 期。

（二）针对滥用禁令行为的制裁惩戒制度弱化

基于现行程序法的教义学分析可知，对滥用知识产权禁令申请权等诉讼权利行为进行制裁和惩戒的方式，根据其制度依据来源的不同，理论上存在民事责任、司法强制惩戒措施和刑事责任三种可选择路径：其一，民事责任，即对于错误申请行为禁令行为致使对方受到损失的，对方有权提起侵权损害赔偿之诉加以救济，即滥用禁令申请权的行为人受到民事赔偿的制裁；其二，司法强制惩戒措施，即对滥用禁令申请权利行为造成司法秩序受到妨害、司法权威受到挑战的，其行为人应当受到罚款、司法拘留等强制措施的制裁；其三，刑事责任，即对以捏造的事实提起民事诉讼，妨害司法秩序或者严重损害他人合法权益的行为，应当追究行为人虚假诉讼罪的刑事责任。① 虽然理论上对滥用知识产权诉讼禁令的上述三种手段似乎已经较为充分完整，但经过实证研究后可知，三种途径不同程度上均存在若干体制机制性障碍，致使司法实践中针对知识产权诉讼禁令滥用行为的制裁和惩戒效果大打折扣。

其一，错误申请保全损害赔偿案件中，侵权行为的证明标准较高，被侵权人通常由于无法证明知识产权诉讼禁令滥用的侵权行为构成要件而被迫承担结果意义上的证明责任，即败诉的不利后果。虽然《知识产权行为保全规定》粗略规定了“申请错误”的规则原则应当坚持客观归责的基本原则，同时明确了实践中常见的属于“错误申请行为保全”的基本行为类型，即怠于履行起诉权、知识产权效力被否定、实体裁判否定侵权及相关兜底规

① 参见《刑法》（2023 年修正）第 307 条之 1。

定,[①] 但实践中对于知识产权禁令滥用行为的侵权属性究竟是无过错责任即客观规则原则，还是过错推定责任，抑或一般意义上之过错责任，各地法院却莫衷一是。对此，最高人民法院案例中体现出的与《知识产权行为保全规定》基本精神不同的裁判观点认定以禁令滥用为基础的申请保全错误行为，应以行为人主观过错为条件,[②] 从而导致各地区法院大多将错误申请行为保全的归责原则定性为过错责任。[③] 然而，自《民事诉讼法》规定行为保全禁令制度至今共计仅72件因错误申请行为保全侵权案件的裁判文书,[④] 其中原告完成举证责任的仅有2件,[⑤] 绝大多数案件中，法院均以原告无法证明滥用诉讼禁令行为的主观过错、因果关系等构成要件而驳回其诉讼请求,[⑥] 足以说明针对知识产权诉讼禁令滥用行为的民事侵权责任规制路径实践中呈现出较为弱化的现实困境。

其二，滥用知识产权诉讼禁令等权利滥用行为的司法强制惩戒措施缺乏程序法的明确授权依据。当前，我国民事诉讼法律和司法解释并未将滥用禁令程序明确规定为当事人实施妨害诉讼行为的一种，造成各地实践中司法适用标准不统一，随意性空间较大。虽然实践中部分学者与法官倾向于认为应当对滥用禁令行为、滥用管辖权异议等权利滥用的各种表现行为进行一定的司法强制

① 参见《知识产权行为保全规定》(2019年实施，法释〔2018〕21号) 第16条。

② 参见最高人民法院民事裁定书，(2018) 民申字第2027号。

③ 参见辽宁省高级人民法院民事裁定书，(2019) 辽民终330号。

④ 笔者综合运用中国裁判文书网、北大法宝、无讼等网站和检索工具对于此类案件进行了全样本实证研究，共计检索得到72件裁判文书，最后检索日期：2021年10月10日。

⑤ 上述案例分别是：西安市中级人民法院民事判决书，(2015) 西中民一初字第00007号；江苏省高级人民法院民事判决书，(2008) 苏民三终字第0071号（最高人民法院公报案例)。

⑥ 典型案例如：浙江省高级人民法院民事判决书，(2020) 浙民终622号；河北省灵寿县人民法院民事判决书，(2016) 冀0126民初1143号。

惩戒措施,[①] 部分地区法院亦尝试对滥用行为作出一定的处罚措施,[②] 但由于现行《民事诉讼法》并未明确将滥用诉讼禁令行为确认为妨害民事诉讼活动的行为，故最高人民法院在此问题上的态度始终较为审慎，在针对部分全国人大代表提出的对滥用保全禁令进行民事制裁建议的答复中，通常采取较为稳妥保守的司法政策，未轻易突破现行程序法的范围。[③] 因此，司法实践中，对于滥用知识产权禁令的行为进行司法强制惩戒，因缺乏高位阶授权依据而被软化、被弱化。

其三，对于虚假诉讼罪的客观方面行为要件是否包含滥用知识产权禁令申请权，理论上存在争议。虚假诉讼罪法益侵害的实质是对民事诉权制度的损害,[④] 因此对民事诉权造成实质性损害的恶意行使诉权行为，理论上均能够被理解为虚假诉讼行为。我国《刑法》明文规定的虚假诉讼犯罪行为包括两类：第一，利用捏造的事实提起民事诉讼并妨害司法秩序的行为；第二，利用捏造的事实提起民事诉讼并严重损害他人合法权益的行为。前述所归纳的各种知识产权诉讼禁令滥用的典型类型化行为，其共同特征均在于行为人明知自身行为缺乏胜诉要件，依然罔顾事实情况，在一定程度夸大、虚构胜诉事实要件的基础上，提出禁令申请，部分学者将之称为“恶意保全”行为并认为应属于虚假诉讼罪规制

---

① 参见刘远志：《管辖权异议制度之反思与重构—以地域管辖为视角》，载《法律适用》2012 年第 4 期。

② 例如《广东省高级人民法院关于网络游戏知识产权民事纠纷案件的审判指引（试行）》（粤高法发〔2020〕3 号）第 13 ~ 15 条。

③ 参见最高人民法院对十三届全国人大一次会议第 7882 号建议的答复（2018 年 8 月 8 日）、对十三届全国人大二次会议第 7974 号建议的答复（2019 年 7 月 30 日）。

④ 参见田弘杰：《虚假诉讼罪的认定：罪质、罪状与罪量》，载《人民法院报》2021 年 6 月 24 日，第 5 版。

的客观范畴。① 虽然不同的禁令滥用行为中，行为人夸大、虚构的“捏造事实”比例及造成的损害后果程度不同，但刑法通说认为，行为人虚构事实提起保全禁令而严重影响他人的生活、生产经营的行为，应当以虚假诉讼罪论处。② 然而，少部分学者认为，虚假诉讼行为仅指以捏造的事实“提起诉讼”，而不应被扩张解释为包含“提起诉讼禁令”的行为。③ 因此，知识产权诉讼的滥用行为，并不属于虚假诉讼罪规制的范畴。上述理论争议，造成司法实践中人民法院出于“罪刑法定”原则和防止错案的慎重考虑，通常会不同程度地变相限制和排除对滥用知识产权禁令行为的定罪处罚，致使滥用知识产权诉讼禁令制度进行刑事规制的情形极少。

此外，“运动式治理”难以形成针对滥用知识产权诉讼禁令行为进行有力制裁的长效机制。对于滥用诉讼权利行为，人民法院近年来进行突击“运动式治理”专项整治的频率较高，运动式司法特征明显，相关新闻报道经常大量见于各官方主流媒体。“运动式治理”，通常是指治理者超越常规程序，整合协调各方面资源，用强力手段进行规制的治理模式。④ 社会学研究表明，对于虚假诉讼、恶意诉讼、毁灭证据、滥用禁令等滥用诉讼权利行为的专项整治活动，虽然在短时期内因造成违法成本陡然升高而使行为人

① 参见陈恒：《财产保全裁定主文表述概括式抑或明晰式之探讨》，载《人民法院报》2020年9月10日，第8版；赖祎婧：《虚假诉讼罪既遂标志的认定——熊某等五人虚假诉讼案》，载《刑事法判解研究》2020年第1期。

② 参见陈洪兵：《准确解读虚假诉讼罪的构成要件》，载《法治研究》2020年第4期；张雪樵：《当前民间借贷引发刑事犯罪的调查分析——以浙江省为样本》，载《中国刑事法杂志》2013年第9期。

③ 参见蓝寿荣：《民间借贷虚假诉讼的逆向选择与司法应对》，载《政法论丛》2019年第1期。

④ 参见牛正浩、尹伟：《论执行工作“一案双查”制度的实践与完善——基于J省三级法院应对消极执行的实证研究》，载《法律适用》2020年第11期。

有所忌惮并减少诉讼权利滥用行为，但每当治理运动结束后，被治理问题不同程度的“回潮”现象则通常不可避免，成为新的治理难题从而周而复始、治标而难以治本，未形成长效制裁或规制机制。

第五节　理论因应：准实体性程序裁决语境下的程序性制裁理论

知识产权诉讼禁令滥用识别与规制问题，本质上是民事诉讼程序问题，因此，应将研究目光回溯于民事诉讼法学理论与规范的语境之中，加以研究解决。针对前述知识产权诉讼禁令识别失序与规制失范的现实困境，无论是现有民事诉讼诚实信用原则理论，还是罗森贝克证明责任理论，抑或当事人事案解明义务理论均无法有效对其妥善化解提供完整理论因应方案。因此，有必要在现有理论研究成果的基础上科学构建针对禁令滥用行为识别规制的全新理论模型。而任何理论模型的提出，都应当基于特定的适用范围或作用场域；忽略参考系的转换，必然陷入刻舟求剑、缘木求鱼的尴尬境地。知识产权诉讼禁令的滥用，是现代型诉讼中的常见现象。因此，应当从现代型诉讼中作为准实体性程序裁决的禁令制度自身性质和特征出发，以程序性制裁理论作为研究禁令滥用识别与规制的基本理论框架。

一、准实体性程序裁决概念分析

准实体性程序裁决是民事裁决理论在现代型诉讼中的全新发展。通常认为，根据裁决所处理事项不同，可将民事裁决划分为程序裁决和实体裁决。[①] 程序裁决是指其决定事项仅为单纯审判和执行过程中的程序性问题，不涉及当事人实体权益的安排与处分，如回避的决定、补正裁判文书中笔误的裁定、中止诉讼的裁定等。而实体裁决是指其处理事项不仅属于单纯程序性事项，而且亦涉及当事人实体权益和诉讼权利的处分安排，如司法拘留决定、驳回起诉裁定、终结诉讼裁定、撤销或不予执行仲裁裁决裁定等。在普通民事诉讼中，上述分类原则大致成立；然而在以知识产权诉讼为代表的现代性诉讼中，存在一类特殊的裁决，其虽具备单纯程序裁决的外观，但其裁决结果却在很大程度上影响甚至决定了当事人的实体权益，如管辖权异议裁定、书证提出命令裁定、行为保全禁令裁定等。

以行为保全禁令为例，行为保全禁令裁定一旦颁发，将造成被申请人在特定时间、空间之内面临重大生产经营被动局面。以“小i机器人”诉苹果一案为例，前者向上海市高级人民法院申请诉讼禁令，要求苹果公司在全球范围内禁售最新型号苹果手机。[②] 如果上海市高级人民法院颁发此禁令，则将导致苹果公司在专利侵权案件未结束之前在全球范围内销售最新型号苹果手机的行为违法化，将面临违背中国法院禁令的司法强制制裁措施直至刑事责任。但如果苹果公司就此下架最新型号手机，则将导致其在全球范围内与其他手机品牌的竞争中面临极为被动的局面。即便苹果公司在旷日持久的专利侵权案件中获得最终有利判决，由于手机产品更新迭代速度极快，其必然因错过最佳销售时机而面临

① 参见胡思博：《民事裁定的类型对比研究——以种类界定与层次划分为考察基点》，载《法学论坛》2013年第2期。

② 参见董枳君：《小i机器人索赔100亿元要求停售iphone》，载《证券日报》2021年9月11日，第2版。

巨额损失，甚至影响苹果公司持续性市场占有率和客户黏性等市场优势地位的保持。一言以蔽之，此类具备单纯程序裁决外观特征的裁决结果，具备典型的“辐射效应”，即其结果本身及其衍生的放射性影响将对被申请人实体权利义务造成实质性干涉。

基于此类程序裁决的上述特殊属性，笔者将其称为“准实体性程序裁决”。顾名思义，准实体性程序裁决具备两个构成要素：其一，此类裁决关涉诉讼参与人各方实体利益，但由于其裁决内容并非针对当事人实体权益的直接处分，故将其称为“准”（quasi）实体性程序裁决；其二，此类裁决决定的事项具有单纯程序性的外观特征，如行为保全禁令、财产保全、秘密保持命令、书证提出命令等裁决，其表面外观均系对于某特定程序性事项的处理，均属于此类裁决。准实体性程序裁决相对于普通民事诉讼程序，在现代型诉讼中呈现普遍化、常态化的趋势，其特征包括三点：第一，职权主义色彩特征更为鲜明；第二，法院对程序进行创造性变通和适用的可能性较大；其三，准实体性程序裁决之间的关联性较强。

二、程序性制裁理论的基本定义与特征

现代型诉讼中，程序性制裁理论是基于权利不可滥用的诚实信用原则所自然衍生发展出的应有之义。自陈瑞华、陈永生等学者以刑事诉讼领域的诸多程序性违法行为作为主要研究对象而提出程序性制裁理论①以来，该理论已逐渐由刑事诉讼理论逐渐扩展

① 参见陈瑞华：《程序性制裁理论》（第3版），中国法制出版社2017年版，第1页。

至包括民事诉讼程序[①]在内的全部程序法领域，并已成为当代具有中国特色的程序正义基本表达与制度逻辑。通常认为，民事诉讼视域中的程序性制裁理论强调，程序违法行为的制裁结果更应当限于违法程序当中，且“程序违法行为”是一个广义概念，既包括对民事诉讼法律和司法解释所明确规定的程序法规范的违反，又包括对作为诉讼秩序等社会公共利益精练浓缩而成的诚信诉讼原则的违背，究其实质在于，违法进行程序的“回转性无效”。具言之，程序性制裁理论的定义应当主要包括以下两方面基本内容：第一，在民事诉讼程序中，诉讼参与人因自身违反法定程序所攫取的不当诉讼优势地位应归于无效；第二，因违反诚实信用原则而获得的不当诉讼利益应予以褫夺和摒除。[②]

三、程序性制裁理论逻辑原点：诚信诉讼原则

诚信诉讼原则是程序性制裁理论的逻辑原点。2012 年《民事诉讼法》将诚实信用原则纳入基本原则范畴之中，体现出我国民事程序法理念不仅将诚实信用原则作为具有宣示性的立法原则，同时强调其属于兼具可操作性的司法原则，以表征本原则立法与司法制度效能的二元化特质。国家权力机关在有关权威释义中亦反复强调，诚实信用原则应当贯穿民事诉讼活动的全过程。[③] 理论界通常认为，民事诉讼法语境中的诚实信用原则应当理解为主观诚信与客观诚信标准之统一。主观诚信标准是指判断行为人是否

① 关于民事诉讼中的程序性制裁代表性研究成果，参见黄忠顺：《民事程序性制裁理论的基础性构建》，载《内蒙古社会科学（汉文版）》2012 年第 2 期。

② 参见潘剑锋、牛正浩：《书证提出命令程序性制裁理论检视——以商业秘密侵权诉讼为切入》，载《政法论丛》2021 年第 5 期。

③ 参见王胜明主编：《中华人民共和国民事诉讼法释义》（最新修正版），法律出版社 2012 年版，第 32 页。

诚信诉讼，应考察其主观心态；如若行为人无滥用诉讼权利的故意，即便其主张或申请最终未获支持，应理解为不违反诚信原则，立法例如德国《民事诉讼法》第138条①。客观诚信标准，是指通过评价其客观诉讼行为表现例如有无作虚假陈述、有无提出不符合实际的诉讼请求、有无滥用管辖权异议等权利滥用行为，立法例如日本《民事诉讼法》第384条②。笔者认为，当事人的诉讼行为只有同时满足客观与主观诚信标准，才能被认定为诚信诉讼；一旦违反任何一方面的诚实信用原则，则均应认定为滥用诉讼权利。前述对知识产权诉讼禁令滥用行为的定义，同样满足上述主客观相一致的基本原则。我国诉讼法学界代表性观点亦认为，当事人滥用诉讼禁令等制度的行为，构成对诚实信用原则的根本违反。③ 因此，由于当事人滥用禁令申请权等知识产权诉讼权利的行为表面上具有一定合法性"权利外观"，通常不会直接违反诚实信用原则的客观标准，因此，对知识产权诉讼禁令滥用行为加以识别与规制的着重点和出发点应是诚实信用原则的主观标准，即是否善意行使知识产权诉讼禁令程序权利。

四、程序性制裁理论在程序滥用识别规制中的应用

对于程序性制裁理论在准实体性程序裁决权利滥用行为的识别与规制领域的运用，目前尚未引起我国学者的充分关注。实践探索往往优先于理论研究，目前我国部分地区法院在对准实体性

① 参见《德国民事诉讼法》，丁启明译，厦门大学出版社2016年版，第36－37页。

② 参见［日］佐佐木平伍郎：《上诉权滥用的观念——以日本民事诉讼法第384条的两个机能的检证为中心》，韩靖译，载《中山大学法律评论》2019年第2期。

③ 参见张卫平：《民事诉讼法》（第5版），法律出版社2019年版，第51页；汤维建主编：《民事诉讼法学原理与案例教程》（第3版），中国人民大学出版社2018年版，第92页。

程序裁决的审理实践中，已对逐渐发展出遵循程序性制裁理论核心概念之“回转性无效”基本原理进行了各种尝试探索，其中最为典型的实施例是四川、山东两省法院系统利用程序性制裁原理对滥用管辖权异议程序权利行为进行识别与规制的应用。具言之，对于司法实践中越发严重的滥用管辖权异议行为，四川、山东法院先后出台了相关司法规范性文件，[①] 其主要内容可概括为两方面：第一，授权裁判者基于自由心证，对虚构连接点、以相同理由重复提出异议、约定管辖法院后又提出异议等明显（prima facie）[②] 滥用程序权利的行为可以直接不予审查；第二，授权裁判者对其他缺乏事实和法律依据、以拖延诉讼为目的的管辖权异议申请予以不予审查或裁量驳回。上述滥用管辖权异议的行为均属于广义的程序违法行为，因此对程序违法行为进行不予审查或裁量驳回，防止滥用程序权利的行为人通过不法行为获取非法利益，充分体现出程序性制裁的基本价值导向。四川、山东法院系统通过上述管辖权异议申请不予审查以及裁量驳回的机制，对滥用民事管辖权异议权利行为的识别规制取得良好的治理效果，恶意滥用管辖权异议申请的案件逐年大幅递减，[③] 是程序性制裁理论在准实体性程序裁决审查中成功规制权利滥用行为的极好例证。

---

① 参见《四川省高级人民法院关于审理民商事纠纷管辖权异议案件的工作规范（试行）》（川高法〔2017〕352 号）第 5 条、第 6 条、第 7 条；《山东省高级人民法院关于简化民商事纠纷管辖权异议审查程序的意见（试行）的通知》（鲁高法〔2019〕25 号）第 2 条、第 3 条。

② 参见潘剑锋、牛正浩：《构建专家法律意见书裁量采纳机制的思考——基于全国法院 1418 件裁判文书实证分析与比较法研究》，载《理论学刊》2020 年第 3 期。

③ 以上司法实践情况，源于笔者分别与山东省高级人民法院、四川省高级人民法院立案庭多位法官的调研访谈内容整理，访谈日期：2021 年 10 月 10 日。

第六节　治理之维：知识产权禁令滥用有效识别规制的现实方案

一、识别之策：知识产权诉讼禁令滥用行为的精准预警机制

知识产权诉讼中，精准识别滥用诉讼禁令的行为，是对其进行有效规制的前提和基础，宜从行为主体与行为内容两方面并行入手，科学构建知识产权诉讼权利中滥用诉讼权利行为的精准识别机制。

（一）行为主体：构建滥用禁令主体诉讼行为画像机制

行为画像，一般是指通过对特定主体多维度行为特征进行大数据分析，精准抽象概括其典型习惯，并对其未来行为进行预测的过程。[①] 行为科学认为，主体的特定行为具有连贯性和一致性。云计算、司法大数据与人工智能的运用，为人民法院提供了海量丰富的数据资料与研究素材，使智慧司法改革呈现如火如荼的发展之势。云计算[②]是司法大数据的前置性技术，司法大数据技术的核心是对未来的预测功能，其根本目的在于，发现隐藏在数据表象下的规律，并预测未来趋势。[③] 早在2014年，易继明等学者便提出针对专利滥诉行为建立相应的知识产权诉讼预警机制[④]，大数

① 参见黄文彬、徐山川等：《移动用户画像构建研究》，载《现代情报》2016年第10期。

② 参见张玮、牛正浩等：《多目标优化的云计算虚拟集群动态调整方法》，载《济南大学学报（自然科学版）》2014年第5期。

③ 参见中璋：《操纵大数据时代的全球舆论战》，中信出版集团2021年版，第197页。

④ 参见易继明：《遏制专利蟑螂——评美国专利新政及其对中国的启示》，载《法律科学（西北政法大学学报）》2014年第2期。

据科技对滥用禁令申请权行为建立预警机制提供了物质基础。

笔者认为，司法机关不能仅将司法大数据的功能局限于类案检索与保障相似案件作相同处理的案件审理过程，而是应当充分挖掘运用司法大数据的核心价值：行为预测与风险预警，并将其技术合理延伸应用至对“四类案件”的妥善应对[①]，以及对诉讼主体滥用诉讼权利行为识别预警程序。基于现有理论成果，目前我国专利诉讼[②]、商标诉讼[③]、著作权诉讼[④]、商业秘密诉讼[⑤]等均不同程度存在当事人通过滥用禁令谋取不正当利益的情况，滥用诉讼权利类知识产权诉讼近年来呈现激增趋势。有学者提出对司法大数据预测可能导致的被预测主体“污名化”、司法裁判“预设立场”等司法伦理风险的隐忧，[⑥] 但是在行为主体滥用知识产权诉讼禁令损害对方当事人合法权益甚至威胁社会公共利益的情境之下，经过慎重利益权衡之后，从公共利益和保障司法审判效率与公正角度考量，有必要将上述主体的滥诉情况，通过司法大数据分析加以精确识别并将其行为画像，并辅以相关预警制度，以便当滥诉行为主体进行诸如滥用禁令申请、滥用管辖权异议等行为时，

---

① 以笔者对B市人民检察院第四分院的实证调研情况为例，据该院党组副书记、副检察长W同志介绍，该院2021年已建立由“人工智能—司法大数据—人脸识别技术”为核心的四类案件处理机制，能够对敏感案件潜在风险进行实时监测与动态预警。调研日期：2021年5月26日。

② 参见易继明、胡小伟：《标准必要专利实施中的竞争政策——“专利劫持”与“反向劫持”的司法衡量》，载《陕西师范大学学报（哲学社会版）》2021年第2期。

③ 参见李晓秋：《论商标挟持行为的司法控制》，载《现代法学》2017年第4期。

④ 参见吕炳斌：《挟持理论下知识产权停止侵害救济的限制——以“孤儿作品”问题为例》，载《山西师大学报（社会科学版）》2021年第2期。

⑤ 参见北京知识产权法院民事判决书，（2015）京知民初字第933号；北京市高级人民法院民事裁定书，（2018）京民终500号。

⑥ 参见付立华：《大数据与司法社会治理：应用及其伦理》，载《山东社会科学》2021年第4期。

人民法院能够及时发现，重点关注并予以查证或排除。构建滥用知识产权诉讼禁令主体的行为画像机制，亦是推动智慧法院建设工作的应有之义。

（二）行为内容：明确典型滥用知识产权诉讼禁令类型化行为

根据前述讨论，理论上知识产权诉讼禁令滥用典型行为统共包括三类，即直接侵害财产权类滥用、间接侵害营业自由类滥用、袭扰型滥用。根据上述三类滥用情况的细节特征和表现形式的不同，应当通过司法规范性文件以及程序性指导案例等制度，依法将上述三种类型化行为的具体行为模式、表现特征、识别标志等内容在最高人民法院层面上加以明确，并据此指导下级法院在禁令程序审理过程中的司法适用。其中，直接侵害财产权类禁令滥用行为较易识别，对于间接侵害营业自由类滥用和袭扰型滥用行为较难发现。以下分类详述。

第一，对于直接侵害财产权类禁令滥用行为，一般而言，其具体的行为模式是通过知识产权禁令的滥用，直接损害对方当事人的财产权益，即其滥用禁令行为作用的对象为被申请人的合法财产权，既包括知识产权和物权，又包括债权、实现某些特定裁判文书确定债权的权利以及进行缔约的请求权。例如，近年来无线星球公司在各个不同法域中针对华为公司提出的禁诉令申请、[①] IPB 公司在德国法院就 Nozomi 专利包针对华为公司提出的禁诉令[②]均直接损害了华为公司本应通过执行生效裁判获得的权利救

---

① 参见刘枫欣：《国际民事司法合作视野下外国禁诉令之应对》，载《河南财经政法大学学报》2021 年第 5 期。

② 参见祝建军：《标准必要专利禁诉令与反禁诉令颁发的冲突及应对》，载《知识产权》2021 年第 6 期。

济，故其属于此类直接侵害财产权的禁诉令滥用行为。此类滥用禁令权利的行为识别标志包括如下两点：其一，此类滥用行为所针对的客体和直接对象是被申请人的财产权利；其二，侵害的对象既包括原权利本身，亦包括原权利所衍生出的程序救济权利即广义的诉权。

第二，对于间接侵害营业自由类滥用行为，其具体的行为表现形式为禁令程序往往针对对方企业核心知识产权所提起，且一般具备正当程序权利外观表征。其表现特征为，此类禁令滥用行为主要发生于对方当事人企业经营战略布局的关键发展节点之前或之中。对于间接侵害营业自由类知识产权诉讼禁令滥用行为，应把握两个关键识别要素：其一，具备不稳定的请求权基础外观；其二，往往发生于某些商业经营的关键节点。

第三，对于袭扰式禁令滥用行为，其行为模式通常表现为禁令申请明显不具备任何知识产权合法请求权基础，即通常缺乏明显的权利外观。其主要表现特征在于，禁令申请人通常在提起诉讼禁令之时，伴有较为明显的拖延诉讼、怠于举证或鉴定、滥用复议权利等诉讼拖延行为，以及将一个案件在无正当理由的情况下人为故意拆分成若干案件，在不同法院甚至不同法域提起诉讼并申请禁令，以达成通过禁令的申请与审理，阻却本案审理程序正常推进、耗费对方当事人诉讼成本的不当目的。此外，由于知识产权诉讼在起诉的同时，涉案各方将进行谈判以求达成和解后继续商业合作，实践中部分袭扰式禁令亦伴随着禁令滥用者在谈判程序中的消极表现。因此，对于此类知识产权诉讼禁令滥用行为，应当重点把握两方面识别标志：其一，显然缺乏知识产权请求权基础；其二，多与拖延诉讼行为、耗费诉讼成本、怠于谈判等行为共同发生。

二、规制之道：知识产权诉讼禁令滥用行为有效规制路径探寻

识别是规制的前提，规制是识别的目的；识别强调精确，规制强调有效。在从行为主体、行为内容两个维度构成的坐标系中完成对知识产权诉讼禁令滥用行为的精准识别之后，接下来的任务就是研究如何对滥用行为进行有效规制。研究规制的出发点应聚焦于滥用行为的成因，结合程序性制裁理论加以展开。

（一）构建滥用知识产权诉讼禁令行为程序性制裁机制

解铃还须系铃人，任何程序权利滥用的问题，最终亦必然将回归程序法治自身的原点得到解决。滥用知识产权诉讼禁令行为的成因在于现行诉讼程序对滥用行为的规制弱化，致使行为人违法成本低进而铤而走险实施滥用，加之“破窗效应”与滥用治理弱化呈现正反馈的级联放大效应，造成滥用知识产权诉讼禁令的行为出现一般化、普遍化。因此，必然从强化针对禁令滥用的制裁力度、提高滥用行为人的违法成本、对禁令滥用不予审理或裁量驳回以切断“破窗效应”的正反馈链条三方面入手，构建针对禁令滥用的程序性制裁机制。具言之，结合程序性制裁理论，对知识产权禁令滥用行为，应通过以下三种路径加以优化完善。

第一，强化对禁令滥用行为的制裁力度。基于前述理论分析，知识产权诉讼禁令滥用行为应当被认定为属于妨害司法行为的一种。因此，为克服当前知识产权诉讼中禁令程序滥用民事责任举证难、司法强制措施缺乏上位法依据以及刑事制裁存在争议等程序困境，最高人民法院宜通过相应司法解释或规范性文件的出台，适度降低滥用禁令行为相对人的提起民事侵权诉讼的举证责任和证明标准，并将滥用知识产权诉讼禁令的行为明确纳入妨害民事诉讼活动行为的范畴之中，为人民法院依法对滥用行为决定适用

司法强制措施进行罚款、司法拘留，对造成严重损害后果等情节严重的滥用行为依法追究其虚假诉讼罪、敲诈勒索罪等刑事责任提供上位法的正当性依据。事实上，已有部分地方性法规明确要求将滥用诉讼禁令、滥用管辖权异议等准实体性程序裁决申请权的行为纳入司法和刑事制裁的射程范围之内，要求对滥用程序权利拖延诉讼的行为，法院应及时驳回，并依法对上述妨害诉讼行为予以制裁。[①] 应结合各地探索经验，及时将地方性法规吸收进入司法解释或规范性文件中，加大对禁令滥用行为的制裁力度。

第二，大幅提高知识产权诉讼禁令滥用行为人的违法成本。根据法经济学上“理性经济人”的前提预设，当某一违法行为的经济成本显著高于其带来的收益之时，违法行为的发生率将大大降低。据此，应从诉讼费用的承担方面与增设针对滥用禁令的惩罚性赔偿机制入手，提高在知识产权诉讼中滥用禁令行为的司法代价，从根本上减少滥用行为的发生。一方面，应当改革完善我国诉讼费用的承担机制。当前，我国诉讼费用主要根据当事人最终诉讼请求得到支持的比例来衡量和计算当事方各自应当承担的具体诉讼费用，大量的诉中程序成本承担规则并不明确，且诉讼费用的比例划分仅与判决结果有关的模式，忽略了当事人在诉讼过程中的滥用诉讼权利等恶意诉讼行为带来的额外司法成本，致使诉讼费制度作为重要的调整双方权利义务、规制滥诉行为的程序工具价值无法充分得到发挥。因此，应当逐渐将当事人滥用知识产权禁令等行为纳入诉讼费用的承担与分配的考量因素中，增加由滥用禁令等程序权利行为人承担诉讼费的比例。另一方面，应当将滥用禁令的规制与知识产权诉讼惩罚性赔偿制度相结合，

① 例如，《中共四川省委办公厅、四川省人民政府办公厅关于加强知识产权审判领域改革创新若干问题的实施意见》（2018 年 3 月发布）第 10 条。

对于滥用禁令侵害他人合法知识产权的，应当依据司法解释规定的精神，对其依法适用惩罚性赔偿判决。①

第三，明确对禁令滥用的不予审查与裁量驳回机制。根除“破窗效应”带来的禁令滥用乱象，应当通过典型案例判决的示范效应和作用，构筑起对包含滥用主观恶意和客观行为的非诚信禁令滥用行为的不予审查和裁量驳回机制。具言之，一方面，在知识产权诉前禁令受理过程中，如果通过初步审查即可发现当事人存在明确缺乏知识产权请求权基础、在禁令申请被驳回后又变换表述方式以实质性相同的理由再次申请知识产权诉讼禁令、恶意拖延诉讼禁令的审理过程和谈判过程等明显滥用诉讼禁令的情况，可以考虑直接裁定不予审查；另一方面，在知识产权诉中禁令审查过程中，发现当事人滥用知识产权诉讼禁令行为的，应当裁量驳回其禁令申请，即便其禁令申请中包含部分合理的成分和依据，原则上仍然应当对整个知识产权诉讼禁令予以裁量驳回，以迫使当事人承担由于其滥用诉讼权利的非诚信诉讼行为所带来的失权性无效性后果，这亦是程序性制裁理念的基本要求。通过不予审查与裁量驳回机制的构筑，及其典型案例的裁判，逐渐消除知识产权诉讼禁令滥用的普遍化现状，使滥用行为人无法从其行为中获益，我国法院才得以从根本上全面杜绝知识产权诉讼禁令的滥用行为。

（二）协同规制：设置涉嫌犯罪滥用禁令审查移送机制

政治哲学认为，制度是发展的关键变量。② 滥用知识产权诉讼禁令的行为可能涉及对滥用者的刑法规制，然而目前我国现行法

---

① 参见《最高人民法院关于审理侵害知识产权民事案件适用惩罚性赔偿的解释》（法释〔2021〕4号）第1条。

② 参见［美］弗朗西斯·福山：《国家构建：21世纪的国家治理与世界秩序》，郭华译，上海三联书店2020年版，第33－34页。

律和司法解释针对在民事诉讼过程中人民法院发现的刑事犯罪线索，尚未建立任何行之有效的、体系化的移送侦查程序的制度，仅有少量的关于人民法院发现犯罪线索后应当移送侦查机关的原则性、宣言性规定，亦主要分散于少数司法解释[①]及司法规范性文件[②]中，适用比率极低且难以形成制度合力，而且对于何时移送、移送的标准、移送的义务以及不移送的监督制裁及责任等方面的程序机制均未予以明确。这就造成司法实践中，人民法院在面对当事人的诉讼活动中出现滥用程序禁令等违法犯罪行为时，在决定是否移送侦查环节存在较大自由裁量权和监管漏洞，从而容易导致各地司法实践对发现的违法犯罪活动移送标准不一，移送尺度把握不明，且由于缺失制度依据，受移送机关普遍存在立案上的困难，造成对滥用禁令敲诈勒索、窃取商业秘密等犯罪活动的刑事规制手段弱化。

针对非专利实施实体及其诉讼代理人[③]合谋在境内外滥用包括禁令申请权在内的诉讼权利，以合法的诉讼形式作为掩护，进行损害我国国家安全和发展利益或敲诈勒索竞争对手的系列行为，当满足虚假诉讼罪、敲诈勒索罪甚至危害国家安全类犯罪等罪名的刑事立案标准之时，对上述行为进行刑事规制完全具备刑法伦理道德和刑事制裁程序上的正当性，[④] 与刑法的谦抑性原理并不冲

---

① 参见《最高人民法院关于审理民间借贷案件适用法律若干问题的规定》（法释〔2020〕17号）第5条、《最高人民法院关于在审理经济纠纷案件中涉及经济犯罪嫌疑若干问题的规定》（法释〔2020〕17号）第11条。

② 参见《全国法院民商事审判工作会议纪要》（法〔2019〕254号）第101条、第105条、第129条，《2015年全国民事审判工作会议纪要》第69条。

③ 如非专利实施实体的诉讼代理人明知或应知其受托实施的行为涉嫌危害国家安全犯罪、虚假诉讼罪或敲诈勒索罪，而继续进行代理的，依据《律师法》第40条、第49条规定，应依法追究其刑事责任。

④ 参见谢光旗：《论刑法介入专利主张实体的正当性——兼评“专利敲诈第一案”》，载《法律适用》2020年第4期。

突，且我国部分先进地区司法实践中已陆续出现利用刑事制裁规制滥用知识产权诉讼权利行为的类似案例。① 因此，应当从社会化协同治理②的理念出发，尽快建立人民法院与公安机关、国家安全机关等有关侦查机关的协调联动和移送机制，当人民法院识别滥用申请权行为后，应当在充分调查查明上述线索体现出的行为是否满足我国《刑法》关于危害国家安全犯罪、虚假诉讼罪抑或敲诈勒索罪等罪名的构成要件，如果合理相信其行为已构成犯罪构成要件且满足立案标准，应立即裁定中止诉讼，并应及时依职权移送侦查机关，启动立案侦查程序。

构建人民法院审查移送机制的关键核心主要在于确认三方面程序性内容，即移送标准、移送审查程序与移送监督程序。其一，移送标准方面，由于人民法院在审查移送程序当中并不涉及刑事审判权的运行，而仅属于较为特殊的“报案人”角色，故对其移送标准不宜掌握过高，不必达到“事实清楚、证据确实充分”的原则，而是原则上应满足《刑事诉讼法》的刑事犯罪侦查程序启动标准即“有犯罪事实、需要追究刑事责任”③，即应决定移送侦查机关予以追诉。其二，移送审查程序方面，应当主要由人民法院在审查知识产权行为保全禁令过程中依职权进行，作为嵌套其中的“子程序”与禁令的审理程序同步审查即可，没有必要另行设置专门程序加以审查。此外，对于正在进行的诉讼禁令滥用的行为，人民法院有进行释明纠正和制止的义务，即在审理禁令程

① 参见上海市浦东新区人民法院刑事判决书，（2018）沪0115刑初3339号；湖北省随州市中级人民法院刑事判决书，（2016）鄂13刑终52号；北京市海淀区人民法院刑事判决书，（2003）海刑初字第738号。

② 参见潘剑锋、牛正浩：《新时代“枫桥经验”视域下的社会化协同执行机制——基于J省法院的实证研究》，载《东岳论丛》2021年第3期。

③ 《刑事诉讼法》（2018年修正）第112条。

序时，如果发现滥用行为，法院首先有义务加以纠正，并视情节轻重处以司法罚款甚至司法拘留等制裁措施；只有对经反复释明和纠正依然拒不改正的严重禁令滥用行为以及造成严重损害后果的禁令滥用行为，审查后才可作出移送决定。其三，移送监督程序方面，应将法院系统内部督察及监督程序与外部检察监督程序相结合，即首先应依托人民法院内部审判督察部门和纪检监察部门对“有案不移”的情况依法进行监督和纠正；此外，检察机关作为国家法律监督机关,① 应当在滥用禁令行为的规制问题上与法院进行密切协作配合，对其履职过程中依职权发现或接受投诉、举报、检察监督申请等办案过程中发现的移送错误等问题，主动履行监督职责，作为对滥用诉讼禁令行为审查移送机制的重要补充，以充分发挥协同治理的效能优势。

本章小结

作为现代型诉讼中重要的准实体性程序裁决之一，知识产权诉讼禁令程序在实现权利的及时救济、有效制止侵权扩大以及维护国家司法主权和国家安全等领域发挥着越发关键的作用。而当前知识产权诉讼禁令滥用常态化问题，已成为制约禁令程序制度发展的严重桎梏。基于法秩序的统一性原则，通常可以借鉴参照刑法中的构成要件理论，从程序法视角的正当程序与权利救济维度出发，从实施知识产权诉讼禁令滥用行为的主体、滥用禁令行为的主观过错方面、滥用行为所损害的行为客体和滥用行为自身

① 参见牛正浩、潘剑锋：《论检察机关化解政治安全风险的维度》，载《甘肃政法大学学报》2021 年第 4 期。

属性即其行为的客观方面这四个构成要件分析。结合有关司法实践情况，知识产权诉讼禁令滥用行为的原因包括三个方面：第一，从民事诉讼法教义学出发，当前制度的粗疏与不充分是造成禁令被滥用的直接原因；第二，法律经济学原理阐明了禁令滥用的根本原因，即禁令滥用的规制强度不够、惩戒措施有限、违法违规成本较低；第三，个别禁令滥用行为未得到有效惩处产生负面"示范"效果，基于法社会学上的"破窗效应"和集体无意识的摹仿效应作用，行为人进一步低估了原本就不高的禁令滥用制裁强度，进而致使禁令滥用行为的盲目性与扩散性。

识别层面，应当认真检视既有程序理论，并从程序性制裁理论的全新角度出发，在准确分析禁令滥用行为产生的深层原因基础上，科学设置以滥用禁令主体行为画像与典型滥用行为类型化界分并行的禁令滥用行为精准识别机制。行为画像机制在于，对高频滥用主体，通过司法大数据分析加以精确识别并将其行为画像，并辅以相关预警制度，以便当滥诉行为主体进行诸如滥用禁令申请、滥用管辖权异议等行为时，人民法院能够及时发现，重点关注并予以查证或排除；行为层面，应通过类案检索制度和指导性案例制度，明确典型滥用知识产权诉讼禁令类型化行为，为各地法院依法进行准确识别滥用行为提供制度保障。

规制层面，应通过构建滥用知识产权诉讼禁令行为程序性制裁机制与涉嫌犯罪滥用禁令行为的审查移送机制相结合的综合治理措施：一方面，滥用知识产权诉讼禁令行为的成因在于现行诉讼程序对滥用行为规制弱化，致使行为人违法成本低进而铤而走险实施滥用，加之"破窗效应"与滥用治理弱化呈现正反馈的级联放大效应，造成滥用知识产权诉讼禁令的行为呈现一般化、普遍化。因此，必须从强化滥用禁令的制裁力度、提高滥用行为人的违法成本、对禁令滥用不予审理或裁量驳回以切断“破窗效应”的正反馈链条三个方面入手，构建针对禁令滥用的程序性制裁机制。另一方面，构建人民法院审查移送机制的关键核心主要在于确认三方面程序性内容，即移送标准、移送审查程序与移送监督程序。移送标准方面，其一，人民法院移送标准不宜掌握过高，不必达到“事实清楚、证据确实充分”的原则，而是原则上应满足《刑事诉讼法》的刑事犯罪侦查程序启动标准即“有犯罪事实、需要追究刑事责任”，即应决定移送侦查机关予以追诉；其二，移送审查程序方面，应当主要由人民法院在审查知识产权行为保全禁令过程中依职权进行，作为嵌套其中的“子程序”与禁令的审理程序同步审查即可；其三，移送监督程序方面，应将法院系统内部督察及监督程序与外部检察监督程序相结合。从程序性制裁机制和移送机制两方面角度出发进行制度建构，可以实现对知识产权诉讼禁令程序滥用的有效规制。

结 论

知识产权诉讼禁令制度是知识产权和竞争纠纷诉讼程序之前或之中，人民法院为防止当事人权利遭受不可逆转、无法恢复的损害，以及生效裁判无法执行，运用司法权对特定当事人作为或不作为特定行为的禁止性裁定。结合我国民事诉讼法律体系制度，知识产权诉讼禁令主要分为诉前禁令和诉中禁令两种。知识产权诉讼禁令具有程序性、紧迫性和准实体性等特征性质，知识产权诉讼禁令制度属于民事程序法范畴，知识产权诉讼禁令的申请权是一种重要的诉讼权利和程序权利。对知识产权诉讼禁令的理论研究和分析，应当结合程序利益论、利益衡量论、多元解纷论和程序性制裁论等基本原理。基于现有公开渠道检索查询到的知识产权诉讼禁令裁决文书分析可知，当前我国知识产权诉讼禁令的总体司法适用情况呈现出整体适用比率低、适用案由不均衡、时空分布较为集中的特点，通过仔细分析具体裁判文书可知，知识产权诉讼禁令的审查程序存在管辖问题理解不一、听证程序不健全、技术事实查明机制缺失、复议程序形式化、担保数额计算方式模糊、救济机制缺位等问题，这使知识产权诉讼禁令制度面临三个层次的程序困境和挑战，亟须进行专门化、精细化的理论研究和制度构建。

分析比较英美普通法系和大陆法系主流国家和地区同源性制

度，即美国法上的中间禁令制度、英国法上的临时禁令制度、德国法上的假处分制度的规范学理渊源和最新司法实践情况，能够得出以下几条基本结论：第一，针对知识产权诉讼禁令的颁发标准问题，英美普通法系的考量因素较为多元，且主要以无可弥补之损害、胜诉可能性、利益衡量、公共利益这四个要素及其衍生因素作为标准。我国知识产权诉讼禁令程序也主要参考了英美普通法系的通行制度和规范。而大陆法系假处分制度主要参考两方面要素，即真正的争议和假处分的必要性，较少体现公共利益和双方当事人利益之间的衡量。笔者认为，英美普通法系的四要素理论较为适合我国当前知识产权诉讼的审判实际。第二，针对知识产权诉讼禁令的审理程序问题，无论是英美法系抑或大陆法系的国家或地区具有代表性的立法例均认为，应当以听证审理为原则，以保障当事人的法定听审请求权和言词辩论权利，只有在少数情况下，如紧急、当事人对抗禁令等情形中，法院才可依职权单方经过审查后颁发禁令。因此，在未来我国知识产权诉讼禁令程序中，应当将当前的非正式“询问”程序向更为规范和正式的听证程序过渡，并明确规定原则上应当听证审查的一般情况和不听证审查的特殊情况，以保障当事人特别是被申请人的诉讼权利。第三，针对知识产权诉讼禁令的担保问题，英美普通法系采用较为灵活、较为动态的担保金额计算和调整方式，随着案件事实的查明和案件进展的走向，法院有权追加或减少被申请人的担保金额，而大陆法系的假处分制度中并没有相应的程序设置。笔者认为，应当增设担保金的动态调整机制，这在我国知识产权司法实践中已经有部分地区法院进行了禁令动态担保金的试点工作，取得良好的解纷效果，未来可适时吸收进入司法解释中予以明确；此外，反担保解禁的程序，无论是大陆法系抑或英美普通法系，均可被视为一种较为常态化的程序，不应因担心被申请人的行为影响案件进展而因噎废食，完全置被申请人的合法程序权益于不顾，应当将是否解禁的权利由申请人转移至法院，即是否解禁原则上不应当由申请人决定。第四，程序救济层面。一方面，英美法系的禁令程序和德国、日本假处分程序均允许当事人在不服禁令时，向上级法院提起上诉或抗告审查以获得程序救济，向上级法院寻求救济，能够及时纠正禁令错误，使监督更加实质化。而我国台湾地区智慧财产案件程序中，不允许当事人仅针对定暂时状态假处分进行上诉，故复议的效果一般。因此，未来在知识产权诉讼禁令的救济机制当中，应当规定对知识产权诉讼禁令裁决不服的当事人向上级法院申请复议或上诉的机制，实现对法官自由裁量权利的内部实质性监督。另一方面，对于因错误申请禁令而导致损害赔偿的侵权案件，应当将归责原则由过去的无过错责任原则调整为过错责任原则，并在适当降低被申请人的举证责任的情况下，积极引导申请人对其没有过错或过失的事实进行举证，以促进法院在查明禁令是否存在错误的基础上，实现对受损害方权利的有效救济。

从知识产权诉讼禁令本身出发可以发现，当前我国知识产权诉讼禁令审查程序面临程序效率难以得到保障、程序公正难以得到实现、程序滥用成为普遍化、程序救济呈形式化的多重问题，上述程序困境在具体禁令程序中的表现形式为禁令审查程序中的多重问题，即禁令管辖程序设置不合理、禁令审查听证程序缺失、技术事实查明规定为空白、禁令裁决复议程序形式化、禁令担保问题不明确以及禁令出现错误时纠正和解除机制不完善等。应然层面的知识产权诉讼禁令审查机制应当采用协同主义的诉讼构造，并以利益衡量原则、正当程序原则、公正与效率相统一原则作为禁令审查程序的指导性原理。在上述理论基础上，应当从以下几个方面对知识产权诉讼禁令的程序进行优化完善：第一，管辖层面，就禁令审查程序与管辖权异议程序关系问题方面，应当坚持“互相独立、互不影响”的原则，在禁令审查的地域管辖方面，应当坚持禁令管辖的最密切联系原则。第二，听证层面，应明确将知识产权诉讼禁令的一般审查模式和基本原则确立为听证程序；而特殊情况下，如情况确实紧急时，可以不经过听证，直接颁发行为保全禁令。第三，技术事实查明方面，应明确技术调查官在禁令审查程序中的法定调查职权，明确技术调查意见的证据属性，并可以参照适用有关鉴定意见的程序，允许当事人公开举证质证，理顺知识产权诉讼禁令和技术调查官程序相互矛盾之处。第四，复议层面，应将禁令复议的管辖法院规定为颁发禁令的上级法院，进一步明确规定和设计禁令的复议审查程序，使知识产权诉讼禁令的复议程序更加实质化。第五，担保层面，应从理论层面加以明确，知识产权诉讼禁令制度中，应当授予法院在决定是否提供担保问题上的自由裁量权，即申请人不一定需要提供担保；对担保金额标准和方法的问题，应当逐步构建动态化的担保金额调整机制，允许有条件的反担保解除禁令制度。第六，禁令错误救济之诉层面，应适度降低禁令救济之诉的原告方证明标准，并将“申请并获颁停止侵权的禁令，结果实体生效判决不认定为侵权”的错误保全情形删除。此外，由于检察机关有着国家法律监督机关和公共利益维护者的双重角色，应明确其对知识产权诉讼禁令的审查程序和裁决结果具有法律监督权，检察机关对禁令的监督应当遵循精准监督原则和补位监督原则，并且采取“检察建议监督为原则，职务犯罪侦查为补充”的检察监督方式。

从证据法理论出发，知识产权诉讼禁令程序理论界和实务界当前面临的三重困境之一的证明问题，表现为知识产权诉讼禁令的证明责任分配和证明标准选取两个方面。笔者结合知识产权诉讼禁令的司法实践，进行较为细致的理论研究后发现，对于证明责任分配问题，我国知识产权诉讼禁令有关的司法解释仅进行了原则性粗略规定，造成司法实践中的大量困惑。作为一类重要的程序性裁决，知识产权诉讼禁令程序的证明责任分配问题，应当原则上遵循罗氏规范说，并且结合事案解明义务理论和程序性制裁理论对其进行补充修正：其一，可以考虑在未来的知识产权诉讼程序法或相关司法解释中对事案解明义务进行明确规定，即通过授予法院在进行知识产权诉讼禁令举证责任审查之时，发生有举证妨碍行为或者由申请人承担证明责任将导致极端不公正情形的，可以进行证明责任转换的权力。但是知识产权诉讼禁令审查程序中的程序性事案解明义务，应当以阻却证明妨碍行为、促进协力诉讼作为基本启动条件。其二，未来司法实践中，在审查知识产权诉讼禁令程序中双方当事人的诉讼活动时，裁判者应基于民事程序法规范和诚实信用原则的要求，对程序性违法事实依职权加以调查，如果发现当事人进行程序性违法行为，则应当视情况直接推定当事人的证明责任成就或不成就。通过不正当行为阻碍对方证明责任要件证立的，视为该要件已经由对方完成证明责任；通过不正当行为试图将本无法证明的证明责任要件成就的，视为该证明要件不成就，即未完成证明责任。对于证明标准选取问题，当前无论是《民事诉讼法》抑或司法解释，均未对禁令的证明标准进行任何规定。考察比较法立法例和我国司法实践可知，当前对知识产权诉讼禁令的证明标准主要有三种理论学说，即优势证据标准说、高度盖然性标准说和多元化证明标准说。经过比较分析研究可以得出结论，当前多元化证明标准说可以作为我国知识产权民事诉讼证明标准的最优解。在理论上采纳该理论学说的同时，未来知识产权司法审判实践方面，关于禁令证明标准的选取问题，应当从目前的高度盖然性为主的实操标准向多元化弹性标准转向和过渡，在知识产权特别审理法或其配套的司法解释中，明确规定行为保全禁令的审理程序所应当适用的多元化弹性证明标准的一般基准即优势证据标准，明确原则性标准授予法官对知识产权诉讼禁令证明标准的动态识别与弹性选择权，通过不断完善程序性裁决相关的类案识别与强制检索机制，以及更大范围和更深程度的程序性裁决裁判文书公开机制，促进法官在裁判文书中加强说理，及时公开自由心证，尽量减少在禁令审理程序中出现突袭裁判和滥用自由裁量权的情况出现，实现对法官在禁令证明标准选取过程中自由心证的有效监督和规制。

最后，在禁令滥用的制裁层面，随着新技术革命浪潮席卷全球，知识产权诉讼禁令制度日益成为守成国家向新兴科技强国进行技术劫持与限制的重要工具，境外主体在国际平行诉讼中滥用知识产权诉讼禁令，损害我国国家安全与发展利益的情况呈现常态化，逐渐成为制约知识产权诉讼禁令制度发展完善的三大困境之一。禁令程序的异化与滥用具有法教义学、法经济学及法社会学三方面原因，致使我国法院在识别规制日益普遍化、常态化的知识产权诉讼禁令滥用行为时面临识别失序与规制失范两个方面的实践困境。对此，应以程序性制裁理论为基础，对现有禁令程序加以整合优化，同时充分运用人工智能和大数据技术，构建针对禁令申请权滥用的行为画像精准动态识别机制，并辅之以惩罚性赔偿、失权性裁量驳回、司法惩戒与司法移送制度等配套程序设置，实现对知识产权禁令滥用行为的有效规制。

参考文献

一、中文专著

［1］安雪梅：《知识产权交叉案件专门化审判改革研究》，人民出版社 2020 年版。

［2］北京知识产权法院组织编写：《技术调查官制度创新与实践》，知识产权出版社 2019 年版。

［3］毕潇潇：《临时禁令制度研究》，法律出版社 2022 版。

［4］曹志勋：《民事一审裁判技术研究：以事实认定技术为中心》，法律出版社 2022 年版。

［5］陈杭平、卢佩、巢志雄、史明洲：《新范式下的民事诉讼标的理论》，中国法制出版社 2020 年版。

［6］陈航：《民刑关系基础理论研究》，商务印书馆 2020 年版。

［7］陈瑞华：《论法学研究方法》，法律出版社 2017 年版。

［8］程书锋：《事案解明义务研究》，法律出版社 2021 年版。

［9］崔起凡：《论知识产权诉讼中的证据收集——基于比较法的视角》，上海交通大学出版社 2020 年版。

［10］丁道勤：《专利标准化的法律规制研究：从专利至上主义到创新至上主义》，中国法制出版社 2017 年版。

［11］段文波：《民事程序构造研究》，法律出版社 2020 年版。

［12］樊玉成：《审判委员会研究》，人民出版社 2017 年版。

［13］范愉：《非诉讼程序（ADR）教程》（第 2 版），中国人民大学出版社 2012 年版。

［14］房保国主编：《专家证人制度研究》，中国政法大学出版社 2020 年版。

［15］冯晓青主编：《知识产权法热点问题研究》（第 5 卷），中国政法大学出版社 2019 年版。

［16］管荣齐：《知识产权司法保护专题研究》，法律出版社 2020 年版。

［17］广东省高级人民法院知识产权审判庭：《通信领域标准必要专利法律问题研究》，知识产权出版社 2020 年版。

［18］国家知识产权局专利审查协作江苏中心组织编写：《移动通信领域美国知识产权诉讼研究》，知识产权出版社 2018 年版。

［19］国家知识产权运营公共服务平台组织编写、朱宁主编：《知识产权运营实务》，知识产权出版社 2020 年版。

［20］何炼红：《知识产权行政与司法保护绩效研究》，中国社会科学出版社 2018 年版。

［21］胡仕浩、龙飞主编：《多元化纠纷解决机制改革精要》，中国法制出版社 2019 年版。

［22］黄武双、阮开欣、刘迪等著译：《美国专利损害赔偿：原理与判例》，法律出版社 2017 年版。

［23］纪格非：《民事诉讼中的真实——路径与限度》，中国政法大学出版社 2013 年版。

［24］江伟、肖建国主编：《民事诉讼法》（第 8 版），中国人民大学出版社 2018 年版。

［25］姜世明：《举证责任与真实义务》，厦门大学出版社

2017年版。

［26］姜世明：《新民事证据法论》，厦门大学出版社2017年版。

［27］金海军：《知识产权实证分析（Ⅰ）：创新、司法与公众意识》，知识产权出版社2015年版。

［28］孔祥俊：《法官如何裁判》，中国法制出版社2017年版。

［29］李捷：《域外专利侵权惩罚性赔偿法律制度研究与借鉴》，中国政法大学出版社2018年版。

［30］李晶：《我国专利侵权损害赔偿制度的法经济学研究》，知识产权出版社2019年版。

［31］李明德、闫文军：《日本知识产权法》，法律出版社2020年版。

［32］李文江：《国外专利权限制及我国适用研究》，知识产权出版社2017年版。

［33］李扬：《法政策学视点下的知识产权法》，知识产权出版社2017年版。

［34］梁上上：《利益衡量论》（第2版），法律出版社2016年版。

［35］廖永安等：《民事诉讼制度专题实证研究》，中国人民大学出版社2016年版。

［36］刘春田主编：《知识产权法》，高等教育出版社、北京大学出版社2010年版。

［37］刘春田主编：《〈中华人民共和国民法典〉"知识产权编"专家建议稿》，知识产权出版社2018年版。

［38］刘芳：《民事诉讼担保制度研究》，武汉大学出版社2021年版。

［39］刘加良：《当下中国纠纷解决的基本立场》，北京大学出版社 2014 年版。

［40］刘家兴、潘剑锋主编：《民事诉讼法学教程》（第 5 版），北京大学出版社 2018 年版。

［41］刘哲玮编：《民诉小全书》，北京大学出版社 2022 年版。

［42］刘知函：《知识产权诉前禁令制度研究》，中国政法大学出版社 2018 年版。

［43］马一德主编：《FRAND 案例精选》（第 1 卷），科学出版社 2018 年版。

［44］马一德主编：《FRAND 案例精选》（第 2 卷），科学出版社 2018 年版。

［45］马一德主编：《FRAND 文献精选》，知识产权出版社 2019 年版。

［46］孟欣然：《影响性诉讼案件环境因素研究》，浙江工商大学出版社 2021 年版。

［47］倪静：《知识产权仲裁机制研究》，厦门大学出版社 2013 年版。

［48］倪静：《知识产权争议多元化解决机制研究》，法律出版社 2015 年版。

［49］诺恒经济咨询编译：《知识产权诉讼及管理中经济分析的运用》，法律出版社 2010 年版。

［50］秦善奎：《知识产权民事审判证据实务研究——以智慧的方式善待智慧》，知识产权出版社 2018 年版。

［51］全国人大常委会法制工作委员会民法室编：《中华人民共和国民事诉讼法条文说明、立法理由及相关规定》，北京大学出版社 2007 年版。

[52] 全国人大常委会法制工作委员会民法室编：《民事诉讼法立法背景与观点全集》，法律出版社 2012 年版。

[53] 任泽平、罗志恒：《全球贸易摩擦与大国兴衰》，人民出版社 2019 年版。

[54]《日本知识产权法》，杨和义译，北京大学出版社 2014 年版。

[55] 邵明：《现代民事诉讼基础理论：以现代正当程序和现代诉讼观为研究视角》，法律出版社 2011 年版。

[56] 邵明：《现代民事之诉与争讼程序法理："诉·审·判"关系原理》，中国人民大学出版社 2018 年版。

[57] 邵明编：《民事诉讼法一本通：中华人民共和国民事诉讼法总成》（第 3 版），法律出版社 2020 年版。

[58] 沈达明编著：《比较民事诉讼法初论》，对外经济贸易大学出版社 2015 年版。

[59] 宋河发：《面向创新驱动发展与知识产权强国建设的知识产权政策研究》，知识产权出版社 2018 年版。

[60] 宋建宝：《专利司法政策与案件裁判》，法律出版社 2018 年版。

[61] 宋小海：《民事抗诉论》，社会科学文献出版社 2017 年版。

[62] 苏力：《制度是如何形成的》（增订版），北京大学出版社 2007 年版。

[63] 苏力：《法治及其本土资源》，北京大学出版社 2015 年版。

[64] 谭袁：《标准必要专利核心争议探究及制度建构》，中国社会科学出版社 2019 年版。

[65] 唐要家：《标准必要专利许可滥用反垄断研究》，知识产权出版社 2020 年版。

[66] 陶凯元主编：《我国建立知识产权法院相关问题研究》，人民法院出版社 2019 年版。

[67] 王洪：《拉德布鲁赫公式——司法判决证立问题研究》，中国政法大学出版社 2019 年版。

[68] 王胜明主编：《中华人民共和国民事诉讼法释义》，法律出版社 2012 年版。

[69] 王亚新：《对抗与判定——日本民事诉讼的基本结构》（第 2 版），清华大学出版社 2010 年版。

[70] 吴汉东主编：《知识产权国际保护制度研究》，知识产权出版社 2007 年版。

[71] 吴汉东：《知识产权精要：制度创新与知识创新》，法律出版社 2017 年版。

[72] 吴汉东：《知识产权应用问题研究》，中国人民大学出版社 2019 年版。

[73] 吴汉东：《知识产权基础问题研究》，中国人民大学出版社 2019 年版。

[74] 吴汉东：《无形财产权基本问题研究》（第 4 版），中国人民大学出版社 2020 年版。

[75] 习近平：《论坚持全面依法治国》，中央文献出版社 2020 年版。

[76] 肖建国：《中国民事强制执行法专题研究》，中国法制出版社 2020 年版。

[77] 肖建华主编：《诉讼证明过程分析：民事诉讼真实与事实发现》，北京大学出版社 2018 年版。

[78] 徐棣枫、孟睿、严骥、闫宇晨：《专利权的不确定性与专利诱饵的法律规制》，知识产权出版社2020年版。

[79] 徐兴祥：《专利侵权判定研究》，法律出版社2020年版。

[80] 许尚豪：《程序利益论：民事诉讼程序运转的逻辑基础与社会动力》，法律出版社2020年版。

[81] 杨秀清、谢凡：《再审制度与审级制度衔接研究》，法律出版社2021年版。

[82] 尹腊梅：《知识产权抗辩体系研究》，知识产权出版社2013年版。

[83] 俞飞：《民事诉讼诚实信用原则之适用研究》，厦门大学出版社2020年版。

[84] 喻中：《乡土中国的司法图景》，法律出版社2013年版。

[85] 占善刚：《民事诉讼运行的内在机理研究》，武汉大学出版社2020年版。

[86] 张步文：《司法证明原论》，商务印书馆2014年版。

[87] 张嘉军等：《程序法治70年：中国民事诉讼一审程序实证研究（1949-2019）》，社会科学文献出版社2022年版。

[88] 张黎：《〈中华全国律师协会律师办理商业秘密法律业务操作指引〉释解》，北京大学出版社2017年版。

[89] 张南宁：《事实认定的逻辑解构》，中国人民大学出版社2017年版。

[90] 张鹏：《知识产权基本法基本问题研究：知识产权法典化的序章》，知识产权出版社2019年版。

[91] 张卫平：《转换的逻辑：民事诉讼体制转型分析》，法律出版社2007年版。

[92] 张卫平：《民事证据法》，法律出版社2017年版。

[93] 张卫平：《民事诉讼法》（第 4 版），中国人民大学出版社 2019 年版。

[94] 张延来：《法眼电商》，法律出版社 2018 年版。

[95] 张越：《立法技术原理》，中国法制出版社 2020 年版。

[96] 郑成思：《知识产权论》，社会科学文献出版社 2007 年版。

[97] 周一颜：《民事专家证据司法控制机制研究》，法律出版社 2019 年版。

[98] 朱冬：《知识产权侵权损害赔偿救济制度研究》，知识产权出版社 2018 年版。

[99] 最高人民法院民事审判第三庭编著：《中国法院知识产权司法保护状况（2009－2013）》，人民法院出版社 2014 年版。

[100] 最高人民法院民一庭编著：《最高人民法院新民事诉讼证据规定理解与适用》（上、下），人民法院出版社 2020 年版。

[101] 最高人民法院修改后民事诉讼法贯彻实施工作领导小组编著：《最高人民法院民事诉讼法司法解释理解与适用》（上、下），人民法院出版社 2015 年版。

[102] 最高人民法院知识产权审判庭、最高人民法院知识产权司法保护研究中心编：《知识产权司法实务新型疑难问题解析：专利、商标和著作权热点问题》，中国法制出版社 2017 年版。

[103] 左卫民、王海萍等：《审判委员会制度改革实证研究》，北京大学出版社 2018 年版。

二、中文译著

[1] 《德国民事诉讼法》，丁启明译，厦门大学出版社 2018 年版。

［2］［德］德特尔·梅迪库斯：《请求权基础》，陈卫佐、田士永、王洪亮、张双根译，法律出版社 2012 年版。

［3］［德］弗诺克·亨宁·博德维希（Frauke Henning－Bodewig）主编：《全球反不正当竞争法指引》，黄武双、刘维、陈雅秋译，法律出版社 2015 年版。

［4］［德］古斯塔夫·拉德布鲁赫：《法哲学》，王朴译，法律出版社 2013 年版。

［5］［德］康拉德·赫尔维格：《诉权与诉的可能性：当代民事诉讼基本问题研究》，任重译，法律出版社 2018 年版。

［6］［德］莱奥·罗森贝克：《证明责任论》（第 5 版），庄敬华译，中国法制出版社 2018 年版。

［7］［德］罗森贝克、施瓦布、戈特瓦尔德：《德国民事诉讼法》（上、下），李大雪译，中国法制出版社 2007 年版。

［8］［德］马克斯·韦伯：《社会科学方法论》，韩水法译，商务印书馆 2013 年版。

［9］［德］西尔克·冯·莱温斯基：《国际版权法律与政策》，万勇译，知识产权出版社 2017 年版。

［10］［古希腊］亚里士多德：《政治学》，吴寿彭译，商务印书馆 1965 年版。

［11］美国法学会编：《知识产权冲突法原则》，杜涛译，北京大学出版社 2020 年版。

［12］［美］J. M. 穆勒：《专利法》（第 3 版），沈超、李华等译，知识产权出版社 2013 年版。

［13］［美］Larry M. Goldstein、［英］Brian N. Kearsey：《技术专利许可》，祖侃、骆苏华，译，法律出版社 2018 年版。

［14］［美］劳伦斯·鲍姆：《从专业化审判到专门法院　专门

法院发展史》，何帆、方斯远译，北京大学出版社 2019 年版。

［15］［美］理查德·L. 哈森：《民事救济法：案例和解释》，吴国喆译，商务印书馆 2020 年版。

［16］［美］罗伯特·莫杰思、刘芳：《商业知识产权战略》，中国法制出版社 2020 年版。

［17］［美］罗伯特·莫杰思：《知识产权正当性解释》，金海军、史兆欢、寇海侠译，商务印书馆 2019 年版。

［18］［美］塞缪尔·亨廷顿：《文明的冲突与世界秩序的重建》，新华出版社 2018 年版。

［19］［美］斯蒂文·N. 苏本、马莎·L. 米卢等：《民事诉讼法——原理、实务与运作环境》，傅郁林等译，中国政法大学出版社 2004 年版。

［20］［美］谢尔登·W. 哈尔彭、克雷格·艾伦·纳德、肯尼恩·I. 波特：《美国知识产权法原理》，宋慧献译，商务印书馆 2013 年版。

［21］［美］亚历克斯·斯坦（Alex Stein）：《证据法的根基》，樊传明、郑飞等译，中国人民大学出版社 2018 年版。

［22］《日本民事诉讼法典》，曹云吉译，厦门大学出版社 2017 年版。

［23］［日］高桥宏志：《重点讲义民事诉讼法》，张卫平、许可译，法律出版社 2007 年版。

［24］［日］青山纮一：《日本专利法概论》，聂宁乐译，知识产权出版社 2014 年版。

［25］［日］田中成明：《现代社会与审判：民事诉讼的地位与作用》，郝振江译，北京大学出版社 2016 年版。

［26］［日］新堂幸司：《新民事诉讼法》，林剑锋译，法律出

版社2008年版。

［27］［日］伊藤真：《民事诉讼法》（第4版补订版），曹云吉译，北京大学出版社2019年版。

［28］［日］伊藤滋夫：《要件事实的基础》，许可、［日］小林正弘译，法律出版社2022年版。

［29］［日］增井和夫、田村善之：《日本专利案例指南》（原书第4版），李扬等译，知识产权出版社2016年版。

［30］熊元襄编、［日］松冈义正口述：《民事诉讼法》，上海人民出版社2013年版。

［31］［印］罗德尼·D. 莱德、阿什文·马德范：《知识产权与商业：无形资产的力量》，王肃译，知识产权出版社2020年版。

［32］［英］伯特兰·罗素：《权威与个人》，储智勇译，商务印书馆2012年版。

［33］［英］威廉·特文宁（William Twining）：《证据理论：边沁与威格摩尔》，吴洪淇、杜国栋译，中国人民大学出版社2015年版。

三、中文论文

［1］毕潇潇：《利益衡量视角下行为保全适用条件研究》，载《当代法学》2019年第4期。

［2］陈桂明、赵蕾：《中国特别程序论纲》，载《法学家》2010年第6期。

［3］陈健：《知识产权动态化探析——基于知识产权使用规则》，载《中国政法大学学报》2019年第5期。

［4］陈隆修：《中国思想下的全球化管辖规则》，载《中国国际私法与比较法年刊》2013年卷。

［5］丁文严：《民事行为保全的申请与审查》，载《人民司法（应用）》2017 年第 34 期。

［6］董涛：《新冠疫情下知识产权的危机与未来》，载《知识产权》2020 年第 11 期。

［7］杜涛：《欧盟跨国民事诉讼制度的新发展——评欧盟〈布鲁塞尔第一条例〉之修订》，载《德国研究》2014 年第 1 期。

［8］傅向宇：《人格权紧急救济之诉的程序机制与阶梯式证明》，载《国家检察官学院学报》2022 年第 6 期。

［9］傅郁林：《审级制度的建构原理——从民事程序视角的比较分析》，载《中国社会科学》2002 年第 4 期。

［10］傅郁林：《先决问题与中间裁判》，载《中国法学》2008 年第 6 期。

［11］傅郁林：《新民事诉讼法中的程序性合意机制》，载《比较法研究》2012 年第 5 期。

［12］傅郁林：《多层次民事司法救济体系探索》，载《当代法学》2013 年第 2 期。

［13］傅郁林：《最高人民法院巡回法庭的职能定位与权威形成》，载《中国法律评论》2014 年第 4 期。

［14］葛晓燕：《总体国家安全观下的知识产权司法保护战略路径》，载《人民法院报》2019 年 1 月 3 日，第 7 版。

［15］管育鹰：《标准必要专利权人的 FRAND 声明之法律性质探析》，载《环球法律评论》2019 年第 3 期。

［16］何其生：《〈海牙判决公约〉谈判与知识产权的国际司法合作》，载《法学研究》2021 年第 1 期。

［17］胡宏雁：《跨国并购中的国家安全审查问题及应对——知识产权的利益考量视角》，载《北方法学》2020 年第 6 期。

［18］黄志慧：《人民法院适用不方便法院原则现状反思——从“六条件说”到“两阶段说”》，载《法商研究》2017 年第 6 期。

［19］黄志慧：《我国涉外民事诉讼中禁诉令的法理阐释与规则适用》，载《法律科学（西北政法大学学报）》2022 年第 5 期。

［20］江伟、肖建国：《民事诉讼中的行为保全初探》，载《政法论坛》1994 年第 3 期。

［21］蒋玮：《欧盟禁止重复起诉原则及其判例》，载《人民法院报》2021 年 1 月 15 日，第 8 版。

［22］孔祥俊：《〈民法典〉与知识产权法的适用关系》，载《知识产权》2021 年第 1 期。

［23］郎贵梅：《知识产权国际保护对司法裁判提出的挑战及应对——涉国际贸易知识产权纠纷疑难问题研究》，载《法律适用》2019 年第 7 期。

［24］李曼：《行为保全标准中“难以弥补的损害”的裁量》，载《北京科技大学学报（社会科学版）》2019 年第 5 期。

［25］李曼：《行为保全制度的标准构建——以美国法中间禁令制度的衡量标准为参考》，载《烟台大学学报（哲学社会科学版）》2019 年第 5 期。

［26］李庆明：《美国新冠疫情诬告滥诉的违法性分析》，载《法律适用》2020 年第 21 期。

［27］李伟民：《知识产权行政执法与司法裁判衔接机制研究》，载《中国应用法学》2021 年第 2 期。

［28］李扬：《中国需要什么样的知识产权行为保全规则》，载《知识产权》2019 年第 5 期。

［29］刘珏、严泽岷：《我国跨行政区划检察院改革对策研

究》，载《北京科技大学学报（社会科学版）》2019 年第 1 期。

[30] 刘孔中：《论标准必要专利公平合理无歧视许可的亚洲标准》，载《知识产权》2019 年第 11 期。

[31] 刘仁山、陈杰：《我国面临的国际平行诉讼问题与协调对策》，载《东岳论丛》2019 年第 12 期。

[32] 刘义军：《完善我国知识产权侵权诉讼域外管辖权的若干思考》，载《科技与法律》2016 年第 4 期。

[33] 刘韵：《精细化诉讼程序视域下民事诉讼争点整理现状及其发展——基于规则和裁判文书的实践分析》，载《法学家》2021 年第 2 期。

[34] 罗霞：《优化专利权保护协作机制形成保护合力》，载《中国应用法学》2021 年第 2 期。

[35] 马谨斌：《从检察视角看知识产权的刑事司法保护》，载《人民检察》2017 年第 4 期。

[36] 民进中央：《建议制定〈知识产权诉讼特别程序法〉》，载《民主》2021 年第 2 期。

[37] 潘剑锋：《第一审民事案件原则上应由基层法院统一行使管辖权》，载《法律适用》2007 年第 6 期。

[38] 潘剑锋：《论司法确认》，载《中国法学》2011 年第 3 期。

[39] 潘剑锋：《民诉法修订背景下对“诉调对接”机制的思考》，载《当代法学》2013 年第 3 期。

[40] 潘剑锋：《论建构民事程序权利救济机制的基本原则》，载《中国法学》2015 年第 2 期。

[41] 潘剑锋：《民事证明责任论纲——对民事证明责任基本问题的认识》，载《政治与法律》2016 年第 11 期。

［42］邵怿：《论域外数据执法管辖权的单方扩张》，载《社会科学》2020 年第 10 期。

［43］沈红雨：《我国法的域外适用法律体系构建与涉外民商事诉讼管辖权制度的改革——兼论不方便法院原则和禁诉令机制的构建》，载《中国应用法学》2020 年第 5 期。

［44］沈伟：《论金融制裁的非对称性和对称性——中美金融“脱钩”的法律冲突和特质》，载《上海对外经贸大学学报》2020 年第 5 期。

［45］沈伟：《中美贸易摩擦中的法律战——从不可靠实体清单制度到阻断办法》，载《比较法研究》2021 年第 1 期。

［46］宋晓明、王闯、夏君丽、郎贵梅：《〈关于审查知识产权纠纷行为保全案件适用法律若干问题的规定〉的理解与适用》，载《人民司法》2019 年第 7 期。

［47］宋鱼水、杜长辉、冯刚、蒋利玮：《知识产权行为保全制度研究》，载《知识产权》2014 年第 11 期。

［48］苏力：《如何说好中国故事？——在中西文化交流的语境中》，载《东方学刊》2020 年第 4 期。

［49］苏力：《制度竞争与思想的谱系》，载《中外法学》2020 年第 6 期。

［50］王凤涛：《最高人民检察院巡回检察厅前景报告》，载《中山大学法律评论》2018 年第 1 期。

［51］王凤涛：《最高人民检察院知识产权检察室构造研究》，载《法治社会》2019 年第 2 期。

［52］王利明：《论侵害人格权的诉前禁令制度》，载《财经法学》2019 年第 4 期。

［53］王利明：《论侵害人格权禁令的适用》，载《人民司法》

2020 年第 28 期。

［54］王淑君：《国际平行诉讼中外国禁诉令签发的主要事由》，载《人民法院报》2021 年 1 月 29 日，第 8 版。

［55］王晓晔：《标准必要专利反垄断诉讼问题研究》，载《中国法学》2015 年第 6 期。

［56］王晓晔、丁亚琦：《标准必要专利卷入反垄断案件的原因》，载《法学杂志》2017 年第 6 期。

［57］王岩：《受诉国在对外直接责任案件中的司法管辖权问题研究》，载《上海法学研究》2020 年第 22 卷。

［58］魏宁：《中美贸易争端中的强制技术转让问题研究》，载《国际经济法学刊》2020 年第 2 期。

［59］吴汉东：《新时代中国知识产权制度建设的思想纲领和行动指南——试论习近平关于知识产权的重要论述》，载《法律科学（西北政法大学学报）》2019 年第 4 期。

［60］吴汉东：《知识产权惩罚性赔偿的私法基础与司法适用》，载《法学评论》2021 年第 3 期。

［61］吴汉东：《试论“民法典时代”的中国知识产权基本法》，载《知识产权》2021 年第 4 期。

［62］吴汉东：《专利间接侵权的国际立法动向与中国制度选择》，载《现代法学》2020 年第 2 期。

［63］吴汉东：《试论知识产权制度建设的法治观和发展观》，载《知识产权》2019 年第 6 期。

［64］吴汉东：《中国知识产权法律变迁的基本面向》，载《中国社会科学》2018 年第 8 期。

［65］吴汉东：《中国知识产权法院建设的理论与实践》，载《知识产权》2018 年第 3 期。

[66] 吴汉东：《知识产权损害赔偿的市场价值分析：理论、规则与方法》，载《法学评论》2018 年第 1 期。

[67] 吴英姿：《民事略式诉讼程序初论》，载《中外法学》2022 年第 6 期。

[68] 毋爱斌、向恭谱：《知识产权行为保全中担保数额认定之路径选择》，载《河南财经政法大学学报》2019 年第 4 期。

[69] 肖建国：《从立法论走向解释论：〈民事诉讼法〉修改的实务应对》，载《法律适用》2012 年第 11 期。

[70] 肖永平、焦小丁：《从司法视角看中国法域外适用体系的构建》，载《中国应用法学》2020 年第 5 期。

[71] 徐文进：《防范化解重大风险视阈下平行诉讼制度的反思与完善——以 90 份裁判文书的实证分析为视角》，载《湖湘论坛》2020 年第 2 期。

[72] 杨晓娇、易继明：《5G 发展关键性战略资源管理与技术治理制度研究》，载《中共中央党校（国家行政学院）学报》2019 年第 6 期。

[73] 薛虹：《知识产权仲裁的特殊法律问题研究》，载《商事仲裁与调解》2021 年第 1 期。

[74] 阎学通、徐舟：《数字时代初期的中美竞争》，载《国际政治科学》2021 年第 1 期。

[75] 杨蓉：《从信息安全、数据安全到算法安全——总体国家安全观视角下的网络法律治理》，载《法学评论》2021 年第 1 期。

[76] 杨泽宇：《不方便法院原则在涉外民事诉讼中适用的条件》，载《人民司法（案例）》2017 年第 35 期。

[77] 姚建军：《诉中行为保全纠纷应由采取保全措施的法院

管辖》，载《中国商报》2019 年 11 月 4 日，第 7 版。

［78］姚志坚、柯胥宁：《知识产权恶意诉讼的司法认定及规制》，载《人民司法》2019 年第 1 期。

［79］伊鲁：《论中国反禁诉令制度的构建》，载《中国海商法研究》2020 年第 2 期。

［80］易继明：《构建集中统一的知识产权行政管理体制》，载《清华法学》2015 年第 6 期。

［81］易继明：《国家治理现代化进程中的知识产权体制改革》，载《法商研究》2017 年第 1 期。

［82］易继明：《构建知识产权大司法体制》，载《中外法学》2018 年第 5 期。

［83］易继明：《我国知识产权司法保护的现状和方向》，载《西北大学学报（哲学社会科学版）》2018 年第 5 期。

［84］易继明：《司法体制改革中的知识产权法庭》，载《法律适用》2019 年第 3 期。

［85］易继明：《改革开放 40 年中美互动与中国知识产权制度演进》，载《江西社会科学》2019 年第 6 期。

［86］易继明：《中美关系背景下的国家知识产权战略》，载《知识产权》2020 年第 9 期。

［87］易继明：《后疫情时代“再全球化”进程中的知识产权博弈》，载《环球法律评论》2020 年第 5 期。

［88］易继明：《跨境电商知识产权风险的应对——以中国电商在美被诉为例》，载《知识产权》2021 年第 1 期。

［89］易继明、胡小伟：《标准必要专利实施中的竞争政策——“专利劫持”与“反向劫持”的司法衡量》，载《陕西师范大学学报（哲学社会科学版）》2021 年第 2 期。

［90］元明、李大扬：《民事知识产权类案件诉讼监督实证研究》，载《知识产权》2019 年第 10 期。

［91］詹映：《“通知 – 移除”规则在专利领域的适用性分析》，载《法商研究》2017 年第 6 期。

［92］张利民：《国际民诉中禁诉令的运用及我国禁诉令制度的构建》，载《法学》2007 年第 3 期。

［93］张申：《普通法不方便法院原则及其应用》，载《人民法院报》2020 年 9 月 18 日，第 8 版。

［94］张淑钿：《论解决国际诉讼竞合的四种国内法机制》，载《前沿》2005 年第 3 期。

［95］张卫平：《民事诉讼中的诚实信用原则》，载《法律科学（西北政法大学学报）》2012 年第 6 期。

［96］张卫平：《当事人文书提出义务的制度建构》，载《法学家》2017 年第 3 期。

［97］张卫平：《诉的利益：内涵、功用与制度设计》，载《法学评论》2017 年第 4 期。

［98］张卫平：《民刑交叉诉讼关系处理的规则与法理》，载《法学研究》2018 年第 3 期。

［99］张卫平：《诉讼系属中实体变更的程序应对》，载《环球法律评论》2018 年第 3 期。

［100］仲春：《专利国际诉讼中反禁令的司法应对》，载《知识产权》2018 年第 4 期。

［101］周翠：《行为保全问题研究——对〈民事诉讼法〉第 100 – 105 条的解释》，载《法律科学（西北政法大学学报）》2015 年第 4 期。

［102］朱斌、邱友根：《跨行政区划检察院设立模式研究》，

载《人民检察》2017 年第 4 期。

［103］朱理：《台湾地区“智慧财产法院”诉讼制度考察与借鉴》，载《知识产权》2015 年第 10 期。

［104］祝建军：《我国应建立处理标准必要专利争议的禁诉令制度》，载《知识产权》2020 年第 6 期。

［105］祝建军：《标准必要专利全球许可费率司法裁判问题研究》，载《知识产权》2020 年第 10 期。

四、英文专著

［1］Bently, Lionel & Brad Sherman et al., *Intellectual Property Law. Fifth ed.*, Oxford University Press, 2018.

［2］Born & Gary B., *International Commercial Arbitration in the United States*, Wolters Kluwer, 2001.

［3］Brown & Abbe E. L. et al., *Contemporary Intellectual Property: Law and Policy. Fifth ed.*, Oxford University Press, 2019.

［4］Donald Earl ChildressIII, Michael D. Ramsey & Christopher A. Whytock, *Transnational Law and Practice*, Wolters Kluwer, 2015.

［5］Geiger & Christophe et al., *Intellectual Property and the Judiciary. Cheltenham, UK; Northampton, MA, USA*, Edward Elgar Publishing, 2018.

［6］Ghosh, Shubha & Irene Calboli, *Exhausting Intellectual Property Rights: A Comparative Law and Policy Analysis*, Cambridge University Press, 2018.

［7］Gilchrist, John & Brian Fitzgerald, *Copyright, Property and the Social Contract: The Reconceptualisation of Copyright*, Springer International Publishing AG, 2018.

［8］ Harriss, David & Hilary Newiss, *International Intellectual Property Litigation*, Sweet & Maxwell, 1998.

［9］ Hillner & Matthias, *Intellectual Property*, *Design Innovation*, *and Entrepreneurship*, Springer International Publishing AG, 2021.

［10］ Jeremy Counseller, Eric Porterfield, *Civil Procedure in Focus*, Wolters Kluwer, 2018.

［11］ Joseph W. Glannon, Andrew M. Perlman & Peter Raven – Hansen, *Civil Procedure A Coursebook*, Wolters Kluwer, 2017.

［12］ Kokkoris & Ioannis et al. , *Competition Law and Intellectual Property in China*, Oxford University Press, 2019.

［13］Nuyts & Arnaud, *International Litigation in Intellectual Property and Information Technology*: *European Commission Research Project on Judicial Cooperation in Matters of Intellectual Property and Information Technology*, Wolters Kluwer, 2008.

［14］ Shadikhodjaev & Sherzod, *Industrial Policy and the World Trade Organization*: *Between Legal Constraints and Flexibilities*, Cambridge University Press, 2018.

五、英文论文

［1］ Annis, M. R. , & Pursel, B. L. , *Intellectual Property Valuation under U. S. GAAP and the Impact on Intellectual Property Litigation*, 373 AIPLA Quarterly Journal 38 (2010).

［2］ Cornwell, J. , *Intellectual property litigation at the court of session*: *A first empirical investigation*, 192 The Edinburgh Law Review 21 (2017).

［3］ Berryman, J. B. , *When will a Permanent Injunction be*

Granted in Canada for Intellectual Property Infringement: *The influence of eBay v. merc – exchange*, 159 Intellectual Property Journal 24 (2012).

[4] Czarnitzki, D. & Van Criekingen, K., *New Evidence on Determinants of Intellectual Property Litigation*: *A Market – based Approach*, 93 International Journal of the Economics of Business 26 (2019).

[5] Farrell Joseph, Hayes John, Shapiro Carl, Sullivan Theresa, *Standard Setting*, *Patents*, *and Hold – Up*, 603 Antitrust Law Journal 76 (2007).

[6] Harms, L. T. C., *The Role of the Judiciary in the Enforcement of Intellectual Property Rights*: *Intellectual Property Litigation under the Common Law System with Special Emphasis on the Experience in South Africa*, 483 European Intellectual Property Review 26 (2004).

[7] Jolls & Christine et al., *A Behavioral Approach to Law and Economics*, 1471 Stanford Law Review 50 (1998).

[8] Karet, I., *Intellectual Property Litigation*: *Jurisdiction in Europe*, 317 Intellectual Property Quarterly 3 (1998).

[9] Larouche Pierre, Zingales Nicolo, *Injunctive Relief in Disputes Related to Standard – Essential Patents*: *Time for The CJEU to Set Fair and Reasonable Presumptions*, 551 European Competition Journal 10 (2014).

[10] Lee William F., Melamed A. Douglas, *Breaking the Vicious Cycle of Patent Damages*, 385 Cornell Law Review 101 (2016).

[11] Lemley Mark A., Shapiro Carl, *Patent Holdup and Royalty Stacking*, 1991 Texas Law Review 85 (2007).

[12] Lemley Mark A., Melamed A. Douglas, *Missing the Forest for the Trolls*, 2117 Columbia Law Review 113 (2013).

[13] Mai J., & Stoyanov A., *Anti-foreign bias in the Court: Welfare Explanation and Evidence from Canadian Intellectual Property Litigations*, 21 Journal of International Economics 117 (2019).

[14] Maldonado Kassandra, *Breaching RAND and Reaching for Reasonable: Microsoft v. Motorola and Standard-Essential Patent Litigation*, 419 Berkeley Technology Law Journal 29 (2014).

[15] Miller Joseph Scott, *Standard Setting, Patents, and a Access Lock-In: RAND Licensing and the Theory of the Firm*, 351 Indiana Law Review 40 (2007).

[16] Nemec D. R., & Rifai-Bashjawish H., *In a nutshell: What to Expect in Intellectual Property Litigation*, 3 Intellectual Property & Technology Law Journal 26 (2014).

[17] Ono N., *In Search of Positive Developments in International Intellectual Property Policy: Intellectual Property Litigation System Reform in Japan*, 459 The Journal of World Intellectual Property 8 (2005).

[18] Perez R. G., *Injunctions in Intellectual Property Cases: What is the Power of the Courts?*, 87 Intellectual Property Quarterly 1 (2016).

[19] Phillips J., *Summary Judgment in Intellectual Property Litigation: The Three of Harts*, 64 Journal of Intellectual Property Law & Practice 1 (2005).

[20] Rothstein M., *Access to Justice and Intellectual Property Litigation*, 1 Intellectual Property Journal 27.

[21] Schankerman M., & Scotchmer S., *Damages and injunctions in protecting intellectual property*, 199 The Rand Journal of Economics 32 (2001).

[22] Shapiro & Steven E., *Preliminary Injunction Motions in Patent Litigation*, 323 The Journal of Law and Technology 33 (1993).

[23] Van Hooft A., *Brexit and the Future of Intellectual Property Litigation and Arbitration*, 541 Journal of International Arbitration 33 (2016).

[24] Warrier Navanitha A., *Demystifying the Concept of Deceptive Similarity under Trade Mark Law*, 1103 International Journal of Law Management & Humanities 5 (2022).

[25] Winston D. C., & Schou C. M., *Intellectual Property Litigation: Recent Supreme Court Precedent's Effect on Remedies, Declaratory Judgment Actions and Litigation Strategies*, 32 The IP Litigator 15 (2009).